JN109910

ライブラリ 心理学の杜 2

臨床心理学概論

若島孔文・佐藤宏平
平泉　拓・高木　源　共著

サイエンス社

監修のことば

　心理学はどの大学でも，もっとも人気のある科目の一つです。一般市民向け
の講座でも，同様です。心理学への関心の高さは，人間とは何かという尽きぬ
疑問のせいもありますが，一方で，暴力と虐待，環境と災害，紛争と差別，少
子化など，様々の社会問題に人の心の特質が関与しているからと思われるから
でしょう。心理学に携わる者にとっては，人々のこうした関心に応えるために
も，心理学の知識を社会に対して正しく伝えていく責務があります。その中核
を担うのは大学教育です。

　実証科学としての心理学では，日々，新しい知見がもたらされ，新しい理論
が提起され，新しい技術が開発されています。脳科学，遺伝学，情報学など隣
接諸学とのコラボレーションも進み，新展開を見せている心理学分野がある一
方で，社会の諸課題に挑戦する応用分野でも心理学者の活発な活動が見られま
す。知識体系，技術体系としての心理学の裾野は益々広がりを見せています。
大学における心理学教育も，これらの発展を踏まえ，教育内容を絶えず書き換
え，バージョンアップしていく必要があります。

　近年，我が国の心理学界では大きな動きがありました。2017 年より公認心
理師法が施行され，心理専門職の国家資格がスタートしました。これに先立っ
て，心理学を講ずる各大学や関連諸学会では，大学における心理学教育の在り
方をめぐって精力的に検討が行われ，いくつかの団体から標準カリキュラムの
提案もなされました。心理学徒の養成を担う大学での今後の心理学教育は，こ
うした議論や提案を踏まえたものになる必要があり，このためにも，そこで使
用される心理学テキストの内容については抜本的見直しを行うことが急務です。

　本ライブラリは，これらのことを念頭に構想されました。心理学の基本とな
る理論と知識を中核に据え，これに最新の成果を取り入れて構成し，現代の心
理学教育にふさわしい内容を持つテキスト・ライブラリを刊行することが目標
です。公認心理師養成課程はもちろん，それ以外の心理学専門課程や教養とし
ての心理学にも対応できるよう，教師にとって教えやすい簡明な知識の体系化
をはかり，同時に，学生たちが読んで分かりやすい内容と表現を目指します。

監修者　大 渕 憲 一
阿 部 恒 之
安 保 英 勇

まえがき

　本書は，これから臨床心理学を学び始める方を主な読者対象としています。初学者にとってわかりやすく，基本事項を落とさないように配慮しながら，臨床心理学の基本的な考え方，心理支援の方法に関する専門的な知識がまとめられています。また，支援の現場で実践者が必携したくなる「そばに置けるテキスト」であることを目指して，書かれている事柄は用語の解説にとどまらず，臨床心理学を築いてきた重要な人物の考え方とそのヒントを含めて編纂されています。臨床心理学の専門的な知識と技術はバラエティ豊かで，独特の面白さや深みがあります。心理支援について先人の考え方にふれることができ，専門的な知識や技術の要諦を見極められるよう，具体的な説明を心がけました。

　平成27（2015）年9月16日に公認心理師法が公布され，平成30（2018）年からは心の健康の保持・増進を業とする国家資格である公認心理師の教育課程がスタートしました。この公認心理師教育課程にある科目「臨床心理学概論」のテキストとしても活用できるように，公認心理師大学カリキュラム標準シラバスを参照しながら，臨床心理学の成り立ち，代表的な心理療法の理論と技法，初学者が把握すべき不可欠な事柄を厳選し，できるだけ平易な表現で説明するようにしました。公認心理師試験で基本的な姿勢を問う設問，設問に対応するために前提となる知識を網羅的にカバーしています。さらに，心理支援を要する人がどのような対象で，対象となる人々の心理の理解や支援はいかにして可能であるか，といった臨床心理学の基本的な問いに対応する知識がバランスよくまとめられています。このように，通読することで臨床心理学を全体的に理解できるようになっていることが本書の大きな特徴です。

　近年，臨床心理学の科目を配置する大学が増えています。公認心理師を養成する教育課程だけでなく，看護師・社会福祉士・精神保健福祉士・教職課程その他の専門職を養成する教育課程，さらには，教養科目としてカリキュラムに臨床心理学の科目を設けている大学もあります。こうした大学教育の動向を踏まえて，あらゆる大学の講義においても教科書として活用できるようにセメス

ターで標準的な全 15 回の講義に対応した章立てとして，講義テキストとして
の利便性も図りました。

　本書は 3 部から構成されています。第 I 部は，臨床心理学の基本的な考え方
を示した上で，対象となる人々とメンタルヘルスの問題をまとめています。第
1 章「臨床心理学とは」から始まり，第 2 章から第 5 章までは，幼児期・児童
期，中年期，高齢期というライフステージごとにメンタルヘルスの問題を説明
しています。第 II 部は，心理アセスメントの基本的な考え方を示した上で，そ
のツールである検査法についてまとめています。第 6 章は心理アセスメントの
基本的な考え方を，第 7 章では認知機能検査を，第 8 章ではパーソナリティ検
査を紹介しています。第 III 部は，代表的な心理療法の理論と技法についてまと
めています。第 9 章では精神分析的心理療法，第 10 章では人間性心理学に基
づく心理療法，第 11 章では行動療法，第 12 章では認知行動療法，第 13 章で
は家族療法，第 14 章ではナラティブセラピーについて説明しています。第 15
章では，日本で独自に発展してきた森田療法，内観療法，臨床動作法を扱って
います。

　各章末には，知識の習得を確認できる復習問題を設けています。また，学習
を深めるための参考図書を紹介しています。このように，大事なポイントを復
習するきっかけになり，学び足りないところをさらに学習できるような工夫が
施されています。

　本書を通じて，臨床心理学の学習がさらに楽しくなり，心理支援を要する人
の福利に寄与できるのであれば，私たち著者にとって大きな喜びです。本書が
有益に活用されることを願ってやみません。

　最後になりますが，本ライブラリの監修者である東北大学名誉教授の大渕憲
一先生，東北大学の阿部恒之先生，安保英勇先生には，本書の執筆という貴重
な機会を与えていただいただけでなく，原稿を非常に丁寧に見ていただき，完
成に至るまで多くの有益な助言をいただきました。特に，安保先生には草稿の
段階で細部に至るまで目を通していただき，適切なご指摘をいただいたことで，
本書の完成度を高めることができました。また，サイエンス社編集部の清水匡
太氏には，本書の企画や編集作業，本書の根幹にあたる部分での調整等で大変

お世話になりました。この場をお借りし，感謝を申し上げます。

2023 年 5 月

著者を代表して　若島孔文・平泉　拓

目　次

第8章　さまざまなパーソナリティ検査　122

第Ⅲ部　さまざまな心理療法　137

第9章　精神分析的心理療法の理論と技法　138

第10章　人間性心理学の理論と技法　160

第 11 章　行動療法の理論と技法　180

第 12 章　認知行動療法の理論と技法　201

第 13 章　家族療法の理論と技法　223

第14章　ナラティブセラピーの理論と技法　241

第15章　その他の心理療法の理論と技法　257

第 I 部

臨床心理学と
臨床心理学的支援
の対象

臨床心理学とは

1

臨床心理学は，個人や集団を対象としてアセスメントを行い，疾患や問題を改善するために，理論や介入の仕方を構築する心理学分野です。歴史的には，ヴント心理学に対するアンチテーゼとしてさまざまな潮流が生まれ，それぞれの主義に基づき多様な論理的基盤を示しています。臨床心理学では，他の心理学領域と同様の研究法が採用されていますが，特徴的な研究法や研究倫理も示されています。本章では，「臨床心理学とは」と題して，臨床心理学の視点，歴史，研究法について解説していきます。

1.1 臨床心理学の視点

臨床心理学（clinical psychology）の定義は次のようなものです。

> 「心理的検査および診断や心理療法の領域を含む心理学の領域。方法論的には実験心理学と対照をなしている。ドイツにおいては，主として心理療法の分野のことをいう。フランスではより広い意味で使われる。個人の深層だけではなく，集団の深層に関する観察，解釈や精神病理学も含まれる。心理学史からいえば新しい研究領域である。」
>
> （『誠信心理学辞典』p.459）

つまり，臨床心理学とは，疾患や問題を呈する個人あるいは集団の心理状態や置かれている状況を**アセスメント**し，解釈し，改善に向けた介入を行うための研究を行い，理論を構築していく心理学分野といえます。また，それらの知

見は以下のような業務に反映されることになるでしょう（参考として，一般財団法人日本心理研修センター，2018）。

- 「心理に関する支援を要する者の心理状態を観察し，その結果を分析すること。」（公認心理師法第2条第1号）
- 「心理に関する支援を要する者に対し，その心理に関する相談に応じ，助言，指導その他の援助を行うこと。」（公認心理師法第2条第2号）
- 「心理に関する支援を要する者の関係者に対し，その相談に応じ，助言，指導その他の援助を行うこと。」（公認心理師法第2条第3号）
- 「心の健康に関する知識の普及を図るための教育及び情報の提供を行うこと。」（公認心理師法第2条第4号）

1.1.1 何を対象とするのか

　臨床心理学において，対象とする疾患は幅広く，一般的には精神医学的疾患を想定しやすいと思いますが，それにとどまるものではありません。心因を中心とした精神医学的疾患では，それがどのようなパーソナリティや認知・行動により構成されているのかについて，見立て（アセスメントと解釈）という作業を行う必要があります。一方で，がんのような疾患や事故によるけがなど身体的な疾患や障害の場合，パーソナリティや認知・行動がその疾患や障害を構成しているわけではないため，どのようなサポートが心理的支援になるかを見立てて介入していくことになります。ここでは両極端な疾患を例としましたが，実際にはこのように明瞭に理解することができない事例も存在します。たとえば，パニック症などでは，従来心理的要素の影響が大きいと考えられていましたが，医学的研究の発展とともに，身体的要素による影響が大きい疾患として理解され始めています。このように研究の発展とともに，見立てが変化し，介入も同様に変化していくことになるわけです。

　また，臨床心理学では，私たちの生活の中で生じるさまざまな問題をも対象としています。たとえば，夫婦関係，親子関係の問題や，職場の人間関係やハラスメント，学校のいじめや学業不振の問題，あるいは生き方そのものなどが

挙げられます。そのため，こうしたケースでは，個人のパーソナリティや認知・行動を対象に見立てることに加え，集団力動やシステム理論に基づく見立てなどを必要とすることとなります。

1.1.2　集団力動やシステム理論という視点

　臨床心理学における見立ては，個人のパーソナリティや認知・行動を把握し，理解するだけでは十分とはいえません。なぜなら，個人に影響を与える環境という要因が大変大きいと考えられるためです。ランバート（Lambert, 1992）はさまざまな心理療法において共通の治療要因があると指摘しています。彼は心理療法の効果的要因をメタ分析により明らかにし，心理療法の効果的要因は，治療外要因が40％，治療関係要因が30％，技法・モデル要因が15％，期待・希望・プラシーボ要因が15％と算定しています。このパーセンテージに関してはその後いくつかの批判はあるものの，心理臨床を行う上で，参照すべき研究結果だといえるでしょう。もっともパーセンテージの大きい治療外要因とは，クライエント自身の要因や置かれている環境に関する要因であり，そのすべてがクライエント側に属するものと考えられます。そのため，心理療法において，生活の中でのクライエント自身や環境の変化を扱うことは非常に重要です。

　クライエントは日常の中でさまざまなシステム，たとえば，家族システム，職場システム，地域社会システムなどと密接な関係を有しており，さまざまな相互作用（互いに影響を与え合う相互影響プロセス）を行っています。さらには個人を取り巻くシステム環境は，個人のパーソナリティや認知・行動的傾向以上に大きな影響を与える可能性もあります。たとえば，震災などの甚大な災害や犯罪に巻き込まれたならば，どのような個人的傾向をもっていたとしても，その環境やシステムから多大な影響を受けることになるためです。

1.1.3　見立て——アセスメントと解釈

　見立てというのは臨床心理学において，よく使用される用語といえるでしょう。見立てとは，アセスメントとその解釈（理解）を意味しています。臨床心理学にはさまざまなアセスメント・ツールがあり，より分かりやすいものでは

心理テストや知能検査などが挙げられます。しかしながら，アセスメント・ツールは見立てのごく一部分にすぎず，見立ては面接中にセラピストがさまざまな理論・モデルに従い，行っていくものといえるでしょう。

　どのような理論・モデルを背景としているセラピストも共通して行わなければならないアセスメントがあります。それはクライエントによって訴えられた症状が了解可能か，了解不可能かということです。この了解可能性というのは，たとえば，クライエントが気分の変調（浮き沈み）を訴えたとき，その症状が出現する前に，どのような心理的影響を与える出来事があったかということにより吟味されることになります。セラピストがそのクライエントの特徴を加味した上で，そうした気分の変調をうまく説明できる出来事があったと理解されるならば，それは了解可能ということになります。もし了解ができない，つまり，そうした気分の変調が生じるような出来事が見当たらないのであるならば，それは心理的影響による疾患ではないかもしれません。たとえば，甲状腺機能低下症や甲状腺機能亢進症（バセドウ病），脳の疾患など，心理療法において改善が見込まれない疾患である可能性が指摘できるでしょう。もし改善が見込まれないにもかかわらず，心理療法を行うことで，それらの疾患が悪化していくことは避けなければなりません。したがって，もっとも見落としてはならないアセスメントは，訴えられた症状が了解可能か，了解不可能かということになるわけです。その後，力動的心理療法では精神力動的見立てを行うでしょうし，**認知行動療法**では認知・行動的見立てを，また**家族療法**では家族システムに関する見立てを行うことになるでしょう。あるいはこれらのさまざまな見立てを統合的に行うかもしれません。

　多くのセラピストは統合や折衷という立場をとっていますが，数百といわれる心理療法モデルを統合・折衷することは難しく，これら数百のうちいくつかを統合・折衷しているということになります。いずれにしろ専門的訓練を受けていることが大切であり，常に**スーパービジョン**を受けて見立てる力量を高め，研ぎ澄ませていく努力が必要となることはいうまでもありません。

1.1.4　心理療法の効果的要因

　先にも言及しましたが，ランバートによる心理療法の効果的要因では，治療外要因40％，治療関係要因30％，技法・モデル要因15％，期待・希望・プラシーボ要因15％とされていました。治療外要因については先述したので，ここではそれ以外の要因について概説します。

　治療関係要因というのは，セラピストとクライエントが良質な関係を構築していることによるものです。良質な関係というのは，クライエントがセラピストとの共同作業に対する動機づけが高い状態を意味しています。十島（2018）は心理療法の歴史上の最初の記録として，釈迦による阿闍世の治療について言及しています。

　阿闍世は王である親を殺して自分が王になりましたが，親殺しの後，ひどい皮膚病に悩むことになります。これはこのひどい皮膚病が心因によるものであることを意味しています。その後，殺された父は阿闍世の夢枕に立ち，「釈迦に会いなさい」と告げ，阿闍世は自身のみすぼらしい姿を世間にさらすことを嫌いつつも，釈迦に会いに行きます。釈迦はたくさんの聴衆の前におり，阿闍世は一番後ろに，そっと聴衆に紛れるように座りました。釈迦は阿闍世に気づき「王よ！阿闍世大王！」と呼びかけます。そのとき，阿闍世は釈迦に相談することを決めたのでした。その後，釈迦に相談すると，年老いた釈迦が「阿闍世のために涅槃に入らず」と言いました。すると，不思議なことに阿闍世の皮膚病が治っていきました。

　この話は治療関係要因をシンボリックに示す事例といえるでしょうし，さらには（釈迦に会うことで）変化が生じるのではないかという期待・希望・プラシーボ要因も含んでいます。心理療法へのクライエントの期待は体験する変化の流れに少なからず影響を与えるものといえます。

　技法・モデル要因がランバートによって過小に見積もられているといういくつかの批判もありますが，治療外要因や治療関係要因の重要性が明確化された点は特に重要です。また，決して技法・モデル要因が小さいわけではなく，あくまで治療外要因や治療関係要因との比較で，相対的に小さいということになります。技法やモデルは治療外要因や治療関係要因の土台の上で機能する，と

考えるのは大切なことです。

1.1.5　臨床心理学という学問

　臨床心理学という学問は，個人のパーソナリティや認知・行動，そして個人が置かれている状況やシステムを研究するとともに，それらを理解するツールの開発や，それらに基づいた心理療法の開発，そして**効果研究**などによって，**エビデンス**を蓄積する学問です。しかしながら，エビデンス＝クライエントへの反映という図式を描いてはいけないと思います。エビデンスはあくまでも一般論であり，臨床という実践の場では，クライエント特有のあり方を支援することが問われる場であるためです。たとえば，「自尊感情が高い群は低い群に比べて，精神的健康度が高い」というエビデンスはあくまでも一般論であり，すべての人間の自尊感情を高めることを方向づけるのが心理療法というわけではありません。学校のクラス全員の自尊心が高い状態を想像してみてください。それで果たしてそのクラスはうまくいくのでしょうか。また，そのような社会は空想の世界でしかありえないとはいえないでしょうか。その人特有のあり方を支援していく，そのための研究を進めることが臨床心理学の意義であり，固有の学問として意味をもつのだと思います。

1.2　臨床心理学の歴史

　臨床心理学の歴史は，祈祷師や悪魔祓いにさかのぼることもできるといわれています。また，十島（2018）が述べるように釈迦による阿闍世王への治療から始まったと考えることができるかもしれません。しかしながら，ここでは現代心理学の潮流として，臨床心理学の歴史を述べていきたいと思います（参考として，山村・髙橋，2017）。

1.2.1　ヴント心理学に対するアンチテーゼとして

　近代心理学の祖，実験心理学の父といわれるのがヴント（Wundt, W. M.；1832-1920）です。ヴントは心理学に自然科学的方法を導入した客観性の高い

科学的心理学を目指しました。彼は，1879年にドイツのライプチヒ大学に心理学実験室を開設し，実証的研究を始めました。ヴントの方法は，被験者（参加者）に特定の刺激を与えて，そのときに経験される意識を報告させるというもので，**内観法**とよばれています。この直接経験された意識を分析的方法により感覚と単一感情の2つの要素に分けて心的要素とし，これら心的要素の結合により，意識内容を解明しようとしたわけです。しかし後に，このヴントの心理学に対しては，**意識主義**，要素—連合主義と名づけて批判されたり，内観法という研究手法自体が客観性を欠くとの指摘がなされたりすることとなりました。

　こうした観点からみると，意識主義に対するアンチテーゼとしての**精神分析**，要素—連合主義に対するアンチテーゼとしてのゲシュタルト心理学，内観法という主観性に対するアンチテーゼとしての**行動主義**心理学という歴史的流れを描くことができるでしょう。

1.2.2　精神分析

　精神分析はフロイト（Freud, S.；1856-1939）により創始されましたが，意識ではなく，無意識を想定し，その理論の中心に据えたことが特徴といえます。これはヴント心理学を批判しようとしたわけではなく，フロイトが催眠療法に出会ったことに由来します。つまり，催眠療法における不随意運動や催眠時に語られる物語に着目したことが無意識に着目するきっかけとなったと考えられます。また，フロイトだけでなく，ユング（Jung, C. G.；1875-1961）やアドラー（Adler, A.；1870-1937）なども同様に無意識に着目しました。

　催眠トランスという現象の発見に貢献をしたのは，スイスとドイツの国境近くの村で生まれたメスメル（Mesmer, F. A.；1734-1815）です。メスメルによる催眠トランス現象の発見以来，その方法は欧州全土に拡散し，応用されていきました。科学者や医者たちの間では，この現象をめぐって大きな混乱が起こります。催眠トランス状態では，患者に，思考作用の鋭敏さ，幻覚体験など不可思議な現象が観察されました。当初はフロイトも催眠に関心を抱き，催眠にのめり込んでいきます。しかし，催眠は万人に適用できず，フロイトは催眠に

頼らない**自由連想法**という独自の方法を開発します。フロイトが対象としたのは，当時，欧州，そしてフロイトの開業するウィーンの街で比較的頻繁にみられたヒステリーの患者たちでした。**ヒステリー**は現在の診断名でいうと，転換性障害に該当し，主な症状は，心因による身体症状・身体の麻痺です。転換性障害は現在の日本においてはまれな症状であり，いまだエビデンスの示される治療法は確立されていません。無意識にある葛藤が症状を引き起こすというのがフロイトの考え方の中心です。そして，無意識に抑圧された葛藤を，自由連想法を用いながら洞察に導くことが精神分析家の仕事になります。フロイトはいくつかの事例を報告していますが，その治療が長期的にみて成功しているのか失敗しているのかは見解が分かれる点ではありますが，報告された事例からは，身体の麻痺の理由を自由連想により語らせ，洞察されることを支援することで，症状が一時的にでも消失するということがわかります。

　1932 年，ナチスによるユダヤ人迫害が厳しさを増し，ユダヤ人であったフロイトも 1938 年にはパリを経由して，イギリスのロンドンに亡命しました。そして 1939 年，末期のがんのため，安楽死を選択し，自らの生涯を閉じることになります。

　フロイトの思索は無意識に関することにとどまりませんでした。パーソナリティの形成にとって幼児期体験が重要であるというフロイトの主張は，現代の発達心理学に多大な影響を与えることとなりました。

　なお，フロイトの精神分析とまったく異なり，無意識の活用と身体へのアプローチを重視したセラピストにエリクソン（Erickson, M. H.：1901-1980）がいます。エリクソンは**ブリーフセラピー**の成立に多くの貢献をしました。現在でも催眠療法には一般的催眠療法とエリクソニアン催眠の 2 つの学派が存在しています。

1.2.3　ゲシュタルト心理学

　「全体は部分と部分の総和ではない」とする，すなわち「全体性」を重視するのが**ゲシュタルト心理学**です。これは要素―連合主義に対するアンチテーゼといえるでしょう。代表的なゲシュタルト心理学者としては，ウェルトハイマ

ー（Wertheimer, M.；1880-1943），コフカ（Koffka, K.；1886-1941），ケーラ
ー（Köhler, W.；1887-1967）らが知られています。ウェルトハイマーとケーラ
ーは仮現運動の実験により，部分に還元できない全体性という性質を，またケ
ーラーは**洞察学習**という現象により，ゲシュタルトという性質を提唱しました。

　さらに，パールズ（Perls, F. S.；1893-1970）とその妻ローラは，ゲシュタル
ト心理学および実存主義を参照して，1951年にゲシュタルト療法を完成させ
ました。ゲシュタルト療法は，クライエントの全体性のバランスが崩れている
ことを問題とし，「今，ここ」での全体性の統合を目指すアプローチで，環境
における「今，ここ」での気づきに着目する心理療法です。ただし，ゲシュタ
ルト心理学を忠実に応用した心理療法であるかについては異論のあるところと
されています。

　また，家族療法にみられるシステム理論は，同様に「全体は部分と部分の総
和ではない」という全体性をその特徴として重要視しています。

1.2.4　行動主義心理学

　心理学が自然科学と同等な科学として成立するために，より客観的な方法で
研究することの重要性を指摘したのがワトソン（Watson, J. B.；1878-1958）で
す。ワトソンは，意識のような内的体験は主観的であるため，刺激（S: Stimu-
lus）―反応（R: Response）という，より客観的に観察可能なものを研究対象
にするべきであると主張しました。ワトソンの考え方は，内的過程ではなく，
観察可能な行動を研究の対象とすることから，**行動主義**，S―R図式とよばれ
ています。

　しかしながら，私たちは心に内的過程があることを「知っている」わけです。
行動する前に，あるいは行動しなくとも，観察不能な思考や感情は働いていま
す。そして，その思考や感情は人により異なっています。このような事実から，
行動主義に対する批判がなされることは必然でした。

　こうした中，「刺激（S）―生活体（O: organism）―反応（R）」というように，
S―Rの間に生活体（O）という要因を考慮する**新行動主義**が成立することに
なります。トールマン（Tolman, E. C.；1886-1959），ハル（Hull, C. L.；1884-

1952），スキナー（Skinner, B. F.；1904-1990）などが代表的な研究者です。ま
た，その後，情報処理理論をパラダイムとする認知心理学が誕生し，発展，展
開していきました。認知心理学は，臨床心理学領域において**認知療法**や**認知行
動療法**に大きな影響を与えています。

1.2.5　人間学的心理学

　精神分析と行動主義心理学を批判する立場として，実存主義哲学の影響を受
け，人の生活や人生を大切にするヒューマニズムに基づくアプローチが誕生し
ます。人間の個別性，主体性，自由，有限性などが重要視されるのが**人間学的
心理学**の特徴であるとされ，フランクル（Frankl, V. E.；1905-1997），マズロ
ー（Maslow, A. H.；1908-1970），ロジャーズ（Rogers, C. R.；1902-1987）が
広く知られています。マズローは1960年代にヒューマニスティック心理学会
を設立し，ロジャーズもそこに参加していました。マズローは欲求階層説（生
理的欲求，安全欲求，社会的（所属・愛）欲求，承認・自尊欲求，自己実現欲
求）で著名な心理学者で，ロジャーズは来談者中心療法の提唱者です。マズロ
ーもロジャーズも，自己実現を重要視する点で共通しています。**自己実現**とは，
「人間個々がもつ潜在的可能性を最大限に発現し，完全な自己・自分らしさを
目指そうとする人間特有の欲求」を指しています。
　ロジャーズの来談者中心療法は受容的という点で，フロイトの弟子であった
フェレンツィ（Ferenczi, S.；1873-1933）やランク（Rank, O.；1884-1939）の
影響を受けているとも考えられています。また，セラピストの考えを中心とし
たものではなく，クライエントを中心に据えた心理療法の必要性を説いたのは
ランクでした。この考え方はフェレンツィからランクが学んだものであり，さ
らにランクからロジャーズへと受け継がれたと考えられています。

1.2.6　システミック・アプローチ

　システミック・アプローチは，**システム理論**に基づく心理療法です。システ
ミック・アプローチの中心人物の一人であるワツラウィックら（Watzlawick et
al., 1967）は，新行動主義のS—O—Rにおける「O」がブラック・ボックスと

なるのは，人間を観察する単位が個人に閉ざされているためだと指摘しました。たとえば，家族という単位で観察すれば，ブラック・ボックスは消えて，観察可能なコミュニケーションに焦点があてられると考えました。こうした考え方は，さまざまな**家族療法**やブリーフセラピーへと発展していくことになりました。家族療法やブリーフセラピーはその後，システム理論のみでなく，**構成主義**やポストモダンの影響を受けて，**ナラティブセラピー**へと展開していきました。また，近年では**サインズ・オブ・セイフティ**や**オープン・ダイアローグ**などといった新たな方法もみられています。

　また，**ブリーフセラピー**はアメリカで生まれたアプローチですが，ブリーフセラピー，すなわち**短期療法**はフロイトと同時代に生きた本邦の森田正馬（1874-1938）が先駆者といってよいでしょう。なぜなら，過去にとらわれず現在のパターンに焦点化した点，逆説的心理療法を提起した点では短期療法の先駆けと考えられるためです。

1.3　臨床心理学の研究法

　臨床心理学の研究法は他の心理学領域と同様に，①観察法，②調査法，③実験法，④事例研究法など**質的研究法**から成り立っています。他の心理学領域であまりみられない研究法には，実験など何らかの心理学的介入により，その効果を実証的に検証する⑤効果研究があり，またこれまでの研究をより高次から検討する⑥メタ分析などがあります。ここでは，効果研究，メタ分析と効果量，事例研究，そして，最後に近年重要視されている研究倫理について解説していきます。

1.3.1　効果研究

　効果研究というのは，一定の介入の効果を検討する研究です。たとえば100人をAという集団に50人，Bという集団に50人無作為に割り振ったとしましょう。無作為に割り振るのはAとBが均質な集団となることを保証するための手続きです。介入の効果以外のさまざまな変数が心理学的影響を与えるこ

とになりますが，無作為に割り振られた両集団はそれらの影響を同等に受けると想定されるため，介入以外のさまざまな変数の影響は相殺されると考えられます。このように，無作為に割り振られた集団の一方に一定の介入をすることになります。たとえば，A に一定の介入を行う場合には，「何かをする」というだけで，心理的な影響を受ける可能性を考慮する必要があります。いわゆる**プラシーボ効果**です。したがって，一定の介入をしない B に対しても一定の介入とは別の「何かをする」という課題を与える必要があります。こうした手続きを行うことで，両群におけるプラシーボ効果の影響を相殺して，介入の効果を検討することが可能になります。以上のような方法は，**ランダム化比較試験**（RCT; Randomized Controlled Trial）とよばれています。

1.3.2　メタ分析と効果量

メタ分析というのは高次元分析を意味しています。これは，RCT を中心として，すでに報告された研究の知見を系統的にレビューして介入の効果量を検討する研究手法であり，いわばこれまで研究された結果の統合的な研究といえるでしょう。代表的な研究としては，先述したランバートらの心理療法の効果要因に関するものが挙げられます。

一般的な有意確率が，検定の結果が統計的に有意か否かを判断する材料となるのに対して，効果量は「検出したい差の程度」や「変数間の関係の強さ」を意味する数値です。近年の研究では，有意確率に加え，効果量を掲載した研究が増えてきています。

1.3.3　事例研究

統計的手法は仮説検証を行ったり，一般化可能性を確認したりするものであり，一般的法則性は臨床心理学のエビデンスを確立し，心理療法の指針を決める上で重要なものです。一方で，臨床心理学のように多様なクライエントを扱う場合には，個別性こそが重要であり，その複雑性を理解することが必要となります。

事例はその理解が進めば進むほど，その個別性は際立つものとなり，調査や

実験的手法ではその複雑性を理解することはできません。また，実際の臨床事例はセラピストとの相互作用が不可避であるため，相互作用的要因を取り払った説明は不可能です。こうしたことが事例研究法が重要となる理由であり，**事例研究**は特に仮説生成の基盤となる研究法でもあります。

1.3.4　研究倫理

　臨床心理学の研究は，時に生きることや死ぬことといった人生においてきわめて繊細な領域を研究の対象とせざるを得ません。それを回避してしまっては結局のところ，真に臨床上，大切なことを扱わない研究となり，学問的な意味を失ってしまうことにつながりかねません。しかしながら，いや，だからこそ，研究の倫理は一方で非常に大切な事柄となってきます。

　研究倫理で大切な点は 2 つの点に集約されます。1 つ目は**インフォームド・コンセント**，すなわち，説明と同意です。2 つ目は心理的侵襲性への配慮です。心理的侵襲性というのは，その研究によって対象者の心理に否定的影響をどの程度与える可能性があるかという程度を意味しています。

　また，研究論文や学会での発表に関しても，その旨の了解・同意が必要となりますが，それだけで十分とはいえません。人の考えは変わりやすいものですし，一方で研究論文などは一度世の中に示したならば，その論文はこの先ずっと残ることになるためです。特に事例研究は，この点を考慮することが必要になります。したがって，事例論文を執筆する際は，問題と目的から考察までを書き終えた後，論文の結論に必ずしも必要のない個人情報などを掲載しないようにするなど**倫理的な配慮**が不可欠となります。

復 習 問 題

1. 臨床心理学の対象と見立ての方法を説明してください。

2. 臨床心理学の歴史的な流れについて，それぞれの主義やアプローチの特徴を説明してください。

3. 臨床心理学において特徴的な研究法について説明してください。

参 考 図 書

野島 一彦・岡村 達也（編）（2023）．臨床心理学概論　第 2 版　遠見書房

　臨床心理学の概念，方法，理論などが本書とは異なる観点でまとめられた書籍です。公認心理師試験の勉強をする方には，臨床心理学の射程と考え方を学ぶ上で非常に参考になる一冊です。

幼児期・児童期の
メンタルヘルス

　第2章から第5章では，幼児期から高齢期までの発達の特徴と，それぞれの時期に生じやすいメンタルヘルスの問題を概観します。第2章では，幼児期と児童期を取り上げます。幼児期は，満1歳から6歳（小学校就学）までの時期であり，歩行能力と言語が獲得される未就園児と，保育園や幼稚園に通う未就学児が該当します。学童期は，6歳から12歳までの時期であり，運動・会話がほぼ自由になってから第二次性徴が出現する頃までの小学生が該当します。なお，類似語には学齢期があり，これは義務教育課程（小学生および中学生）を指します。まずは，メンタルヘルスの問題を概観する前に，人間の発達を理解することから始めましょう。

2.1　ライフサイクルにおける幼児期および児童期

2.1.1　定型発達および非定型発達

　人間は，身体，心理，社会的な側面の総合体であり，生涯にわたって発達し続ける存在です。発達とは，受精から死に至るまでの質的・量的な心身の変化をいいます。この心身の変化には，年齢とともに身長，体重および語彙数が増えるといった**量的な変化**と，ハイハイしかできなかった赤ちゃんが一人歩きをするようになるなどの**質的な変化**があります。バルテス（Baltes, P. B.；1939-2006）が論じるように，人間の生涯は獲得と喪失の連続体であり，人間は環境に適応して生存するために特定の力を**獲得，維持，喪失**し続けていきます（Baltes, 1987）。

　幼児期および児童期の発達を理解するため，まず考えるべきことは，「当該

表2.1　幼児期の定型的な行動発達の特徴
（Sadock et al., 2015；四宮・田宮監訳 2016 を基に改編して作成）

年　齢	運動と感覚行動	適応行動	対人および社会的行動
15か月	よちよち歩きをする 階段を這って登る	目新しいものに興味を示す	服を着せてもらう時に協力する 遊びの際や拒否の印に物を投げる
18か月	バランス良く歩き，転ぶことがほとんどなくなる， ボールを強く投げる 片手をつないで階段を登る	3つか4つの積み木を積み上げる 自発的に落書きをして，字を書く動作を真似る	一部の食事を自分でできるようになるがこぼす 少し遅れて，誰かの行動を真似る
2歳	上手に走り転ばない 大きなボールを蹴る	縦線や円を真似て書く 6つか7つの積み木を積み上げる	単純な服を自分で着る 自分の名前を呼ぶ 母親に "いや" と言う
3歳	交互の足で階段を上る	9つか10つの積み木を積み上げる 3つの積み木で橋を真似てつくる	靴をはく 自分で上手に食事する 順番を理解する
4歳	足を交互に出して階段を下りる 片足立ちが5～8秒できる	十字を模写する 4つの数を復唱する	歯を磨く 他の子どもと協力して遊ぶ
5歳	足を交互に使いながらスキップする 肛門括約筋のコントロールが完全にできる	四角を模写する 頭，体，四肢をもった人とわかる絵を描く	自分で着替えができる 競争的な体を使った遊びができる
6歳	自転車（補助輪なし）に乗る	三角を描写する 名前を書く	靴ひもを結ぶ

年齢における "標準" は何か」ということです。表2.1 は，幼児期の定型的な行動発達の特徴を示しています。このような定型発達の行動特徴を知ることで，目の前の子どもの行動と知識との差異から，子どもの発達をより適切に見立てることができます。ある年齢で正常な行動——たとえば2歳のかんしゃくがもつ意味は，他の年齢のかんしゃくがもつ意味とは異なるからです。たとえば，どうしていいかわからずに床に寝転がって手足をばたつかせながら叫んでいる子どもがいたとします。その行動をどのように見立てるのかは，その子が2歳

であるか7歳であるかによって大きく異なります。

　年齢ごとの標準的な発達のことを**定型発達**（typical development）といいます。定型発達の対となる概念は，**非定型発達**（atypical development）です。非定型発達は，病理を表していると誤解されることもありますが，あくまで標準的な発達と対になる概念であり，発達に問題があることを表すものではありません。非定型のタイプには，**注意欠如・多動症**（Attention-Deficit Hyperactivity Disorder; ADHD），**自閉スペクトラム症**（Autism Spectrum Disorder; ASD）などの**神経発達症群**が挙げられます。ただし，「定型発達が良く，非定型発達が悪い」ということではありません。非定型発達だから注意や集中力が向上しないのではなく，注意・集中力の成長の仕方が他の人と異なり，加齢とともにゆっくり，またはある時期になると急激に成長していきます。したがって，一人ひとりの成長を個別的に理解し，成長促進的に関わることこそが大切になります。

2.1.2　発達段階と発達課題

　発達段階（developmental stage）とは，学童期，青年期のように発達の過程を質的な差異によって分割したものです。この発達段階には，それぞれに中心的な課題（**発達課題**（developmental task））があります。発達課題の内容は，発達のどの領域に焦点をあてるかによって，また論者によってもさまざまです。もっとも包括的な課題を示しているのはハヴィガースト（Havighurst, R. J.；1900-1991）です。また，エリクソン（Erikson, E. H.；1902-1994）は，それぞれの発達段階には，克服すべき2つの命題とその危機があることを論じています（図2.1）。彼は，この命題と危機を克服すると，人間としての強みとなる新しい特性が加わると想定しています。具体的には，乳児期（第1ステップ）は，「**基本的な信頼**」と「**不信**」が命題であり，前者が後者よりも好ましい割合で発達することによって欲求と希望という人間性を獲得するとされています（表2.2）。

　幼児前期（第2ステップ）は，「**自律的な意志**」と「**恥と疑惑**」が命題で，前者がより好ましい割合で発達することで自制心と意志を獲得するようになり

図2.1 エリクソンによる心理社会的発達理論

エリクソンが提唱した，社会関係の中で段階的に心の要素を獲得する過程に関する理論

発達段階 発達の過程を質的に分割したもの	発達課題 発達段階ごとの中心的な課題
関係性 発達上の重要な他者 主な社会関係	要素 危機を通じて 〈強み：新しい特性〉が加わる

表2.2 エリクソンによる心理社会的発達理論の要諦 (Erikson, 1950 を参考に作成)

発達段階	関係性の広がり	発達課題：危機	要素
乳児期	母親	基本的信頼：不信	希望
幼児前期 (1〜3歳)	両親	自律的な意志：恥と疑惑	意思
幼児後期 (3〜6歳)	家族	自発性：罪悪感	目的
学童期	学校および地域社会	勤勉性：劣等感	勤勉性
青年期		同一性：混乱・拡散	忠誠
成人期前期	家族および地域社会	親密性：孤独	愛
成人期後期		世代性（生殖）：停滞	世話
高齢期		統合：絶望	英知

ます。幼児後期（第3ステップ）は，「自発性」が「罪悪感」よりも好ましい割合で発達し，これにより目的や方向性を獲得するとされています。学童期（第4ステップ）は，「勤勉性（生産性）」と「劣等感」が命題で，前者がより好ましい割合で発達することで勤勉さを獲得するといわれています。

　発達段階と発達課題に関する主要な理論には，この他にも，ピアジェ（Piaget, J.；1896-1980）による**認知発達理論**（theory of cognitive development）が挙げられます（Piaget, 1952）。ピアジェは，子どもが外界を認知するための

表 2.3　ピアジェによる認知発達の段階と特徴

1　**感覚運動期** 　（誕生～2 歳）	自己と物とを区別する。自己を活動を起こす主体として認識し，知的に活動し始める。たとえば，ひもを引っ張っておもちゃを動かしたり，ガラガラを振って音を出したりする。
2　**前操作期** 　（2～7 歳）	言葉を使って，イメージや単語によって物を表象することを学習する。思考は依然として自己中心的で，他者の視点を理解することが困難である。対象を 1 つの特徴によって分類することはできる。たとえば，赤い積み木すべてをその形に関係なく 1 つにまとめたり，色に関係なく四角の積み木を 1 カ所に集めることができる。
3　**具体的操作期** 　（7～11 歳）	対象物や出来事を論理的に思考することができる。位置の保存（6 歳），量の保存（7 歳），重さの保存（9 歳）の概念を獲得する。いくつかの特徴によって対象を分類することができ，それらを 1 つの次元によって，たとえば大きさによって並べることが可能になる。
4　**形式的操作期** 　（11 歳以上）	抽象的な命題を論理的に思考し，仮説を立てて，系統的に検証することができるようになる。仮説的な問題，将来の問題や観念的な問題にも対処できるようになる。

以上に示す年齢は平均的なものであり，知的能力，文化的背景，社会経済的要因によってかなり変動があります。発達の順序は，あらゆる子どもに共通しているとされています。

心的枠組みである**スキーマ**（schema）と認知の発達に注目しました。ピアジェによると，スキーマは，物理的な世界や社会的な世界がどのように作用しているかに関する体系を指します。また，**認知**（cognition）とは，考える，知る，覚える，コミュニケーションすることに関連する精神活動を指し，認知はスキーマの下位の概念に相当します。ピアジェは，スキーマや認知が，環境との活発な相互作用によって段階的に変化する過程を示しました（**表 2.3**）。

　子どものメンタルヘルスへ心理師が介入する際は，症状の軽減や問題の解消とともに，一人ひとりの子どもの成長に注目することが大切です。それにより，子どものメンタルヘルスの問題をより立体的に描くことができ，さらに，子どもの発達に応じて心理師の反応を適合させ，より効果的に子どもと接することができます。

2.1.3 気質と相性

気質（temperament）とは，発達段階の初期からみられる行動特徴の個人差を表す用語です。どのような気質が現れるかは，遺伝的な性質（生まれ）と環境的な経験（育ち）が影響し合います。気質の概念は，①行動の個性を認め，明確に示すこと，②行動発達における遺伝的・素質的要因の関与を認めること，③問題行動の発生の予測に役立つことから，メンタルヘルスの問題を理解するのに有用です（Rutter, 1982）。

精神科医のチェス（Chess, S.）とトーマス（Thomas, A.）は，ニューヨーク縦断研究（NYLS; New York Longitudinal Study）と名づけられた研究で，養育者にインタビューを実施し，9つの気質を挙げています（Chess & Thomas, 1977）。さらに，9つの気質の組合せによって「扱いづらい子ども」（10%）と「扱いやすい子ども」（40%），「順応に時間がかかる子ども」（15%），「平均的な子ども」（35%）という4つのタイプに類型化しました。

チェスとトーマスによると，扱いづらい子どもは，刺激に強く反応する過覚醒という特徴をもっています。たとえば，刺激に強く反応し（大きな音に対して簡単に泣く），あまり睡眠をとらず，食事の時間が不規則で，なだめることが難しいなどです。他方，扱いやすい子どもは，食事や排泄，睡眠などが規則的であるという特徴をもっています。変化や新しい刺激に煩わされることはなく，泣いたときも簡単になだめることができます。

親子間の調和したやりとりは，**相性**（goodness of fit）といわれます。気質と親との相性の不適合に関する事例として，不適切な養育（児童虐待を含む）が挙げられます。一般的に，不適切な養育では，養育者の問題や状況がリスク要因の一つに挙げられますが，養育者にとっての「子どもの育てにくさ」という視点も大切になります。乳幼児期の生まれつきの気質と養育者の特性並びに**コミュニケーション**（communication）に悪循環がないかを注意深く観察すると，養育者にとって扱いづらい子どもである様がみえてくることがあります。そのことに気づかずに，養育者は「自分がうまく子育てができていない」と感じたり，子どもの睡眠や食事がうまくいかないと「うまくできないのは自分が子どもの育て方を間違っているからだ」と自責してしまうことがあります。養

育者に対しては支持的な態度で臨み，具体的な問題の解決や解消のため，養育者と子どもをペアとした**親子相互交流療法**（parent-child interaction therapy），**行動的家族療法**（behavioral family therapy）およびペアレント・トレーニング（parent training）など，養育者の行動の修正，子どもと養育者の**相互交流**（parent-child interaction）および**育児スキル**（parenting skill）の習得を支援するアプローチを行います。

2.2　幼児期・児童期にみられるさまざまな心理的問題

精神疾患（mental disorders）は，医学的な疾病分類です。DSM-5（「精神疾患の診断・統計マニュアル　第5版」）による精神疾患の定義では，次の通りです（DSM は現在，精神医学分野でもっとも影響力のある診断分類法です）。

> 精神疾患とは，精神機能の基盤となる心理学的，生物学的，または発達過程の機能不全を反映する個人の認知，情動制御，または行動における臨床的に意味のある障害によって特徴づけられる症候群である。精神疾患は通常，社会的，職業的，または他の重要な活動における意味のある苦痛または機能低下と関連する。よくあるストレス因や喪失，例えば，愛する者との死別に対する予測可能な，もしくは文化的に許容された反応は精神疾患ではない。社会的に逸脱した行動（例：政治的，宗教的，性的に）や，主として個人と社会との間の葛藤も，上記のようにその逸脱や葛藤が個人の機能不全の結果でなければ精神疾患ではない。
>
> 　　　　　　　　　　（American Psychiatric Association, 2013 髙橋・大野監訳 2014）

このように，精神疾患は，①どのような苦痛があるか，②どのような機能不全（日常生活（社会的，職業的生活）の支障）があるか，から検討されます。機能不全というのは，日常生活に支障があることを指します。どのような苦痛があり，どのような日常生活の支障があるかによって，**抑うつ障害群**（depressive disorders）に分類されたり，**統合失調スペクトラム障害**（schizophrenia spectrum disorders）に分類されることになります。このことを理解した上で，メイヤーズによる精神疾患の定義をみてみると，DSM-5 の輪郭がより明確になります。

　　（精神疾患とは）逸脱して苦痛で機能不全をもたらす思考，感情，行動
　　の様式　　　　　　　　　　　　　　　　　（Myers, 2013 村上訳 2015）

　「様式」とは，一定のあり方のことです。すなわち，ある人が一定して示す思考や感情，行動（「症候群」）に対して，医師と患者が「現在のあり方だと苦痛で生活に支障がある」と了解し，医師が診断基準を参照し「何がしである」と診断し，説明と同意を経て，その症状が治療の対象となります。
　精神疾患の**診断**（diagnosis）は，治療（計画，経過や結果）の役に立つために行われるものです（これを**臨床的有用性**（clinical utility）といいます）。これは医学的見地から正常と異常の判断を行うスキーマであり，治療に進むパスポートであり，臨床家のコミュニケーションのための共通言語にもなります。なお，診断の分類とマニュアルは，前述の DSM-5 の他に WHO（世界保健機関）による **ICD-11**（「**国際疾病分類　第 11 版**」）があります。ICD は DSM と比べて医学や行政の疾病分類として使用されることが多いものの，精神医療の現場では ICD と DSM の両方が医師や病院の意向により柔軟に用いられています。その他，HiTOP（精神病理学の階層的分類学）（Hierarchical Taxonomy Of Psychopathology）とよばれる患者のパーソナリティ特性や認知スキルに着目した評価法もあります。
　子どもの精神疾患は，伝統的な分類である，外在化型と内在化型とよばれる 2 つのタイプがあります。**外在化型の障害**（externalizing disorder）は，破壊的，反抗的，衝動的といった，より外部指向的な行動によって特徴づけられます。このタイプには，DSM-5 の分類カテゴリでは，注意欠如・多動症，反抗挑発症，間欠爆発症，素行症などが含まれます。他方，**内在化型の障害**（internalizing disorder）は，より内面指向的な体験によって特徴づけられます。このタイプには，子どものうつ症，不安症群などが含まれます。この外在化型と

内在化型は，ICD-10の診断基準（「小児〈児童〉期および青年期に通常発症する行動および情緒障害」）における「行動」と「情緒」に相応するものです（Achenbach & Edelbrock, 1989）。

　以下では，DSM-5の分類を中心に，幼児期・児童期によく診断される精神疾患を概観します。いずれも，**早期発見・早期対応**，**長期的な支援および医療・福祉・教育機関の連携**が大切です。特に，早期発見・早期対応では，保育園，幼稚園および小学校との連携，児童相談所との連携，行政による**1歳半健診**や**3歳児健診**が，長期的な支援では，各種の子育てサポートや制度の活用，放課後等デイサービスの活用などが有用です。なお，以下の2.2.1〜2.2.4項は神経発達症群であり，知的能力障害，限局性学習症，自閉スペクトラム症，注意欠如・多動症，コミュニケーション症群，チック症群，発達性協調運動症，常同運動症などが含まれます。

2.2.1　知的能力障害（知的発達症），限局性学習症

　知的能力障害（Intellectual Disability; ID）は，発達期に発症し，概念的，社会的，実用的な領域における知的能力と適応機能の両面において欠如している状態を指します。かつては精神遅滞および知的障害とよばれていました。**知的能力**（知能；intelligence）とは，知能検査で測定される能力です。知的能力のうちの概念的な領域は，記憶，言語，読字，書字，数学的思考，実用的な知識の習得，問題解決，および新奇場面における判断についての能力です。社会的な領域は，特に他者の思考・感情・および体験を認識すること，共感，対人的コミュニケーション技能，友人関係を築く能力および社会的な判断についてです。実用的な領域は，セルフケア，仕事の責任，金銭管理，娯楽，行動の自己管理，および学校と仕事の課題の調整といった実生活での学習および自己管理についてです。これらの知的機能は，**臨床的評価**と**知能検査**（intelligence test）によって確かめられます。

　軽度の知的能力障害や特定の学習困難は，小学校入学後まで気づかれずに，学校での勉強や友だちと接触し始めるようになったときに現れることもあります。具体的な支援が必要なケースでは，しばしば，子どもの問題の背景に**限局**

性学習症（specific learning disorder）や，軽度の**知的能力障害**があるケースがあります。限局性学習症は，学習や学業的技能の使用に困難があり，それを対象とした介入が提供されているにもかかわらず，書字，意味理解，綴字，数学の概念や計算などの困難さが，少なくとも1つ以上存在し，6カ月間持続している状態です。

2.2.2　自閉スペクトラム症，注意欠如・多動症

通常，幼児期から青年期にかけてはじめて診断されます。**自閉スペクトラム症（ASD）**は，主に発達早期の段階で出現します。社会的コミュニケーションおよび対人的相互反応における持続的障害，限定された反復的な様式の行動，興味または活動が主な症状です。**注意欠如・多動症（ADHD）**は，不注意症状が6カ月以上にわたって一定数持続しており，多動性，衝動性の症状が6カ月以上にわたって一定数持続している場合に診断されます。不注意優勢に存在，多動性―衝動性優勢に存在，混合して存在の3種類があります。これらは，脳の先天的で気質的な特性で，機械的記憶，計算能力や感性等の突出した知性と精神性がある場合があります。

2.2.3　コミュニケーション症群

コミュニケーション症群（communication disorders）は，言語症，語音症，小児期発症流暢症，社会的コミュニケーション症等から構成される症群です。**言語症（language disorder）**は，理解や表出の機能不全です。理解しているが表出が困難である表出性言語の障害と，理解と表出が困難である受容―表出混合性の障害の2種類があります。**語音症（speech sound disorder）**は，語音の産出の持続的な困難さがあります。会話がわかりにくく，または言語的コミュニケーションによる意思伝達ができません。**小児期発症流暢症（吃音）（child-hood-onset fluency disorder（stuttering））**は，流暢さの途絶を伴います。しばしば社交不安症を併発します。**社会的（語用論的）コミュニケーション症（social（pragmatic）communication disorder）**は，言語的および非言語的なコミュニケーションの社会的使用における持続的な困難さが特徴です。

言語症について，言語能力の発達の遅れは親が心配しやすい事柄です。一般的には，18カ月までに単語を使えない子どもや2歳半から3歳までに2語文を使えない子どもには検査が必要になります。また，通常の言葉の手がかりを理解していなかったり，多くの言葉をまったく理解してなかったりするようであれば検査を行います。検査と介入は**言語聴覚士**（speech-; language-hearing therapist）との連携により行います。

2.2.4　運 動 症 群

運動症群には，**発達性協調運動症**（developmental coordination disorder），**常同運動症**（stereotypic movement disorder），**トゥレット症**（Tourette's disorder），**持続性（慢性）運動または音声チック症**（persistent（chronic）motor or vocal tic disorder）などがあります。子どものメンタルヘルスの評価では**自閉スペクトラム症**や**反応性アタッチメント障害**（Reactive Attachment Disorder; RAD）など，よく知られた問題群のみに着目するのではなく，発達性協調運動症などの知覚―運動の共応関係の障害にも目を向けることが大切です。著しく運動が苦手な子どもが学校の中で自信を著しくなくすことになったり，不随意に動いてしまうことを落ち着きのなさだと誤解されて罪悪感を抱くことになるなどの2次的な問題が起きることはよくみられる事象だからです。

2.2.5　小児の心的外傷およびストレス因関連障害

心的外傷や強いストレスを伴う出来事の既往が関連する疾患に，反応性アタッチメント障害，脱抑制型対人交流障害，乳幼児・児童・青年の心的外傷後ストレス障害があります。

1.　反応性アタッチメント障害および脱抑制型対人交流障害

反応性アタッチメント障害（RAD）は，不適切な養育を経験したことにより，正常な愛着行動の発達が阻害された状態で示される症状です。不適切な養育には児童虐待，マルトリートメント（避けるべき子育て），施設での養育などがあります。養育の不良が必要条件になっています。中核症状は，正常な愛着行動の異常です。9カ月〜5歳以前に症状が現れていること，症状が1年以

上存在していることが診断要件の一部にあります。たとえば，大人の養育者に対して苦痛があってもほとんど表現しないか安楽を求めない，他者との対人交流と感情の表現が最小限である，陽性の感情（嬉しい，楽しいなど）を表現することが少ない，養育者が威嚇的でなくてもいら立たしさや悲しさ，恐怖を示すなどです。

脱抑制型対人交流障害（Disinhibited Social Engagement Disorder; DSED）は，RAD と診断の要件が共通している部分がありますが，現れる症状は真逆になります。見知らぬ大人に対して，言語的にもあるいは身体的にも過度に親密に，積極的に接近したり交流したり，ほとんどまたは何のためらいもなく見慣れない大人に進んでついていこうとするなどの行動が挙げられます。

2. 乳幼児・児童・青年の心的外傷後ストレス障害

心的外傷後ストレス障害（Post-Traumatic Stress Disorder; PTSD）は，心的外傷的な出来事にさらされた後，1カ月以上にわたり持続する出来事に関連する侵入症状（反復的で不随意および侵入的で苦痛な記憶，悪夢，フラッシュバックなど。子どもの場合は，出来事に関連した表現の遊びを繰り返すこともある），出来事に関連する刺激の持続的回避，出来事と関連した認知と気分の陰性の変化（罪悪感，遊びの抑制を含め活動への関心や参加の減退など），出来事と関連した覚醒度と反応性の著しい高まり（攻撃性，自己破壊的な行動，驚愕反応，集中困難など）の4つを主症状とする障害です。

6歳以上の子どもは，成人と同様の症状を示すのがわかっていることから，診断基準は6歳以上の子どもと6歳以下の子どもで分かれています。一般的には，年齢が低いほど漠然とした不安・退行・身体症状を表出しやすいといわれています。

2.2.6　身体症状症

身体症状症（somatic symptom disorder）は，既知の身体疾患になっていると誤解して，身体的な徴候や症状に強い不安と持続的な懸念を抱くのが特徴です。この障害は，病気にかかっていることへの恐怖または病気にかかっているという観念へのとらわれが続くものであり，他の精神疾患あるいは身体疾患で

は説明できず，身体症状症の患者自身の病識は乏しくなります。

　小児では，頭痛，腹痛，吐き気など，漠然とした症状が1つ以上現れます。身体症状はしばしば心理的な苦痛および病理を伴っています。身体症状が現れ，その症状について過剰に考えをめぐらせ，症状に関連した行動をとるようになります。たとえば，このような症状と起こり得る結果について過剰に心配するなどです。また，小児が欠陥とみなしているものが想像上のものであるにもかかわらず，小児の頭がその欠陥でいっぱいになったり，重篤な病気にかかっていると思い込んでいることもあります。

　診断は，各種の検査を行って症状の原因が身体的な病気である可能性を否定した後に，症状に基づいて下されます。身体症状症の子どもは，一般に精神医学的治療に抵抗しますが，それが内科的治療状況で行われ，ストレスの軽減並びに慢性疾患への対処法教育に焦点をあてるものであれば，治療を受け入れる子どももいます。

2.2.7　小学校における不登校

　不登校とは，文部科学省の定義によれば，何らかの心理的，情緒的，身体的あるいは社会的要因・背景により，児童生徒が30日以上登校しない，あるいはしたくてもできない状況にあること（ただし，病気や経済的な理由による者を除く）です。単に不登校といっても，学校生活の影響による，非行による，無気力による，不安による，意図的な拒否によるものなど多様な要因や背景があります。大別すると，学校生活に起因するもの，家庭生活によるもの，本人の特性や問題によるものなどがあります。ただし，因果関係の推定は本人も自覚していない場合があり，実際に不登校の原因が不明であることもしばしばあるので原因の過度な追求が悪循環になることもあります。保健室登校，別室登校および**フリースクール**（不登校の子どもに対し，学習活動，教育相談，体験活動などの活動を行っている民間の施設）を出席や登校として扱うかは学校長の裁量によります。

　不登校の児童生徒への支援は，学校に登校するという結果のみを目標にするのではなく，教育の機会を保障し，当該の児童生徒が進路および社会的な自立

を目指せるように働きかけることが基本になります。文部科学省による「不登校児童生徒への支援の在り方について（通知）」に則りつつ，不登校の理由に応じた働きかけ，不登校による生活上の苦痛や支障の軽減，学業の遅れや進路選択上の不利益および社会的自立へのリスクの軽減，並びに家庭・学校・関係機関の連携を図ります。なお，児童生徒にとっては，不登校の時期に休養できたり，学校生活での危険から回避ができるなどの意味をもつ場合があります。2005（平成 17）年からは不登校児童生徒等の実態に配慮した特別の教育課程を編成する必要があると認められる場合，特定の学校において教育課程の基準によらずに特別の教育課程を編成することができる特例（「**不登校特例校**」）が認められ，特例校の開設が増えています。

2.2.8　不適切な養育（児童虐待を含む）

　家庭において生じる問題には，養育者の子どもに対する**不適切な養育**（maltreatment）（**児童虐待**（child abuse）を含む）が挙げられます。児童虐待とは，殴る蹴るなどの身体的な虐待，言葉による脅し，目の前で暴力を振るうなどの心理的虐待，家に閉じ込める，食事を与えない，ひどく不潔にするなどのネグレクト，並びに子どもへの性的行為，性的行為を見せるなどの性的虐待があります。家族にはそれぞれの**養育信念**（養育者のもっている子どもに対する見方，考え方），**家族の情緒的風土**があり，**家族の尊重**が大切であるのはもちろんですが，その一方で，**子どもの権利擁護**は絶対的に不可欠です。まずは問題の**早期発見・早期対応**，支援に関わる専門職の**多職種連携・地域連携**を行うことが大切になります。

　児童虐待に関する必要な支援では，**アウトリーチ**（多職種による訪問支援），**親子分離**，**親子関係調整**，**家族再統合**（family reunification）などがあります。家族再統合とは，自宅外措置を受けた子どもを実の家族と再び関係づける，計画に基づいた援助過程であり，子どもたち，その家族，里親，またはその他のサービス提供者へのさまざまなサービスと支援を用いて行われるものです。

2.2.9　その他

　この他にも，さまざまな疾患や問題があります。以下に，育児相談で一般的に寄せられる相談内容のうち，トイレットトレーニング，睡眠，社交場面に関する問題を取り上げます。

1.　排泄症群

　排泄症群（elimination disorders）は，生理的または心理的要因による排泄の障害です。腸の調節ができない遺糞症，膀胱の調整ができない遺尿症の2つの疾患があります。なお，排泄関連でもっとも多い訴えは夜尿ですが，夜尿には親が見逃しやすい夜尿以外の症状（過活動膀胱症状，睡眠関連障害，神経発達症）の有無を確認することが重要になります。

2.　睡眠時随伴症群

　睡眠時随伴症群（パラソムニア（parasomnia））とは，睡眠開始時，睡眠中，あるいは睡眠からの覚醒時に生じる望ましくない身体現象です。睡眠の間に通常にはない行動，体験が認められるのが特徴です。下位分類に，ノンレムパラソムニア，レムパラソムニア，その他のパラソムニアがあります。ノンレムパラソムニアには小児期に多い錯乱性覚醒，睡眠時遊行症，睡眠時驚愕症などがあります。

3.　選択性緘黙

　選択性緘黙（かんもく）（selective mutism）とは，他の状況では話せるにもかかわらず，特定の状況では，話すことを拒否し続けることが特徴です。独立した疾患ですが，主に選択的な社交場面で言葉が出ないという症状から，社交不安症と関連すると考えられています。その特徴は，1つ以上の特定の社交場面（もっとも典型的には学校）での，一貫した発語の欠如です。学校で完全に沈黙したままかあるいはそれに近い状態を示すこともあれば，中にはささやくようにしか話さない子どももいます。通常は不安を喚起するような社交場面でなければ完全に流暢に話すことができます。

2.3 幼児期・児童期の子どもとの面接における基本姿勢

　どのような支援であっても，基本的な支援は，子どもや養育者の心理状態の観察と分析（**アセスメント**），**子どもへの心理療法**，**保護者支援**（心理教育，発達相談他）および関係者への**コンサルテーション**を行うことになります。子どもの場合は，病院の中や家庭や養護施設など，どのような場所であっても生活環境の中でケアされるよう働きかけます。**リハビリテーション療育**，保育園，幼稚園および学校における**合理的配慮**の提供，**特別支援教育**も大切です。

　幼児期・児童期の子どもとの面接における基本姿勢は，最初のステップである出会いがもっとも重要です。子どもは自分の感情を表現することや現実的な思考が大人よりも苦手であることから，ほとんどすべての子どもが初対面の心理師に対して言外に警戒心を示します。また，面接の開始が子どもの自己決定やタイミングよりも大人の都合やタイミングであることもあります。そのため，どのような対応であっても，もっとも重要なことは，**安心感の保障**です。何かを提供するよりも以前に，心理師が「子どもや家族を傷つけない」ということに細心の注意を払う必要があります。基本的な対応では，子どもと家族が「コントロールできている」という感覚を取り戻すことが，治療や支援目標の一つとなります。したがって，子どもと家族との間に信頼関係を構築し，彼らのニーズを大切にすることが不可欠です。

　面接は，子どもにとって話したい，または話してもいいことから聞きとりをします。子どもが自分の気分や内的体験を伝えることは上手にできても，時系列でうまく状態や症状を語ることができなかったり，問題に至った行動については話してくれなかったりすることもあります。自分の経験を説明できないこともありますが，大人との遊びの中でなら感情や心配事をうまく表現できることもあります。

　子どもとの面接の過程では，面接に来た理由を子どもがどう理解しているかを探ります。面接者は，子どもが「問題を起こしたから」面接を受けているのでも，「悪い」行為への罰として面接を受けているのでもないことをはっきり伝えます。子どもに自分の気持ちを表現させる方法には，絵を描いてもらって，

その後に絵について質問する方法，相手の描いたでたらめな描線から相互に何かを見つけ描いていく方法（**スクイグル法**），3つの願いごとを聞いてみること，最高の出来事と最悪の出来事を聞いてみること，無人島で遭遇したらよいと思う人の名前を言ってもらうなど，ゲームや空想の要素を用いる会話も有用です。学童期には，いくつかの選択肢を示しながら，知能の発達を考慮して開いた質問，1〜10の尺度（最低の気分から最高の気分の間で今の気分を答えてもらう），今の気分を示す絵を選択する質問，簡単な閉じた質問（はい，いいえ）で答えられるように工夫することもあります。

　子どもの**語りと行動観察**から得られる言語および言外の情報を統合し，子どもの困っていることや願っていること（**主訴**）を明らかにしていきます。ただし，既往歴と生活歴および子どもの状態を包括的に評価するために，養育者や学校等関係者と面接を行うこともあります。最初に子どもだけに会い，現状について聞くこともありますが，養育者との面接から始めることもあります。子どものケースでは，子どものほうから来談を希望することはほとんどなく，保護者や学校関係者あるいは福祉・行政機関からの依頼の場合が多いからです。したがって，子どもの権利をいかに擁護し子どもの発達を支えるかだけでなく，**親としての発達**をいかに支えるか，という問いも成り立ちます。いずれにせよ，子どもを中心に，子どもおよび養育者の自律性を妨げることのないよう留意しながら，「子どもや家族を傷つけない」ことを旨として，子どもと家族が問題を「コントロールできている」という感覚を取り戻すことができるように，治療や支援の目標を立て，介入します。必要があれば医療機関にリファーし，心理検査や知能検査をすることもあります。

　子どもに関する情報を得るときに，親，先生，その他関係者などから寄せられる内容には異なる情報，時には矛盾する情報があります。このような場合，すべての情報を勘案して診断をつけ，今後の方針を示すことができるのは主治医になります。

　関連法規のうち，教育分野では，**教育基本法**，**学校教育法**，**学校保健安全法**，**いじめ防止対策推進法**の4法，福祉分野では，**児童福祉法**，**発達障害者支援法**，**障害を理由とする差別の解消の推進に関する法律**，**障害者虐待の防止**，**障害者**

の養護者に対する支援等に関する法律の4法の理解は必須です。

復 習 問 題

1. 子どものメンタルヘルスを評価する上で，定型発達および非定型発達を理解する意義を説明してください。

2. 子どものメンタルヘルスを評価する上で，発達段階および発達課題を理解する意義を説明してください。

3. 子どものメンタルヘルスの介入における基本姿勢を説明してください。

参 考 図 書

滝川 一廣 (2017). 子どものための精神医学　医学書院

　熟達の児童精神科医による画期的基本書です。日々の暮らしの中で子どもたちと直接関わる人たち，職域にある人，そして親たちが，子どもの心の病気や失調，障害を理解したりケアしたりするために役立つことを目指す本です。

村瀬 嘉代子 (2020). 新訂増補　子どもの心に出会うとき──心理臨床の背景と技法──　金剛出版

　子どもとの面接の基本的な考え方，子どもを取り巻く環境との関わりなど，子どもの心理臨床の基礎が述べられている必読の書です。

村中 直人 (2022).〈叱る依存〉がとまらない　紀伊國屋書店

　子育てで起こる事象を「叱ること」と「依存」からとらえる一般向けの書。子どもと養育者の間で何が起きているか，何が起きやすいかを考えることができます。

思春期・青年期の
メンタルヘルス

前章では幼児期，児童期にみられやすいメンタルヘルス上のさまざまな問題について学びました。本章では，前章に続き，思春期および青年期（前期・中期・後期）にみられるさまざまな心理的問題について概観していきます。思春期は第二次性徴を迎える時期でもあり，身体的にも子どもから大人へと大きな変化が生じる時期となります。さらに思春期に続く青年期前期（15〜17，18歳）は，疾風怒濤（Sturm und Drang（シュトルム・ウント・ドラング）（独語））の時期であり，親から親友へと依存の対象が変わる精神的離乳を果たす時期でもあります。エリクソンは，青年期を，アイデンティティの確立の時期とし，アイデンティティの確立がうまくいかない場合には，アイデンティティの拡散に陥ると指摘しました。さらに青年期中期から後期にかけては，就職，結婚，出産，育児などを経験する時期となります。こうした時期特有のメンタルヘルスの問題にはどのようなものがあるのかについて，本章で扱っていきます。

3.1 　思春期・青年期にみられるさまざまな心理的問題

3.1.1　不登校

　不登校は，文部科学省によると「何らかの心理的，情緒的，身体的あるいは社会的要因・背景により，登校しないあるいはしたくともできない状況にあるために年間30日以上欠席した者のうち，病気や経済的な理由による者を除いたもの」と定義されています。統計的には，長期欠席児童生徒から，病気による欠席と経済的な理由による欠席を引いたものとなっています。

　図3.1は，1966（昭和41）年度以降の不登校児童生徒数の推移を，図3.2は，

図3.1 **不登校児童生徒数の推移（昭和41（1966）年度〜令和2（2020）年度）**
（文部科学省，2022）

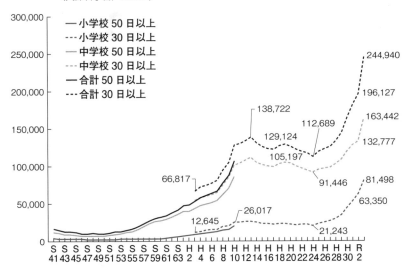

図3.2 **不登校児童生徒の出現率の推移（昭和41（1966）年度〜令和2（2020）年度）**
（文部科学省，2022）

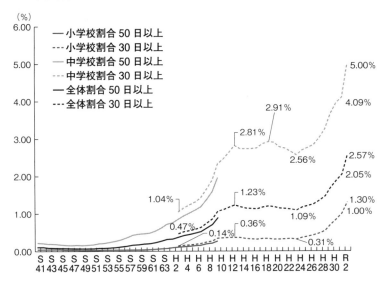

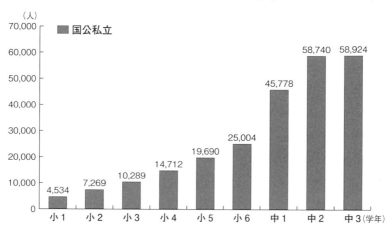

図3.3　学年別不登校児童生徒数（2021（令和3）年度）（文部科学省，2022）

不登校児童生徒の出現率の推移を示したグラフです。1991（平成3）年度以前は，欠席の基準が現行の30日ではなく50日であったため，グラフが途切れている形となっています。また，図3.3は，2021（令和3）年度の小中学校における学年別の不登校児童生徒数を示したグラフです。

　これらをみると，①若干の波はあるものの，不登校児童生徒数および出現率は増加する傾向にあること，②2021（令和3）年度の中学校の不登校の出現率は，小学校の不登校の出現率に比べ年ベースで約3倍となっており，特に小6から中1にかけて大幅に増加すること，③2021（令和3）年度の小学校および中学校の不登校の出現率は2.57％（小学校1.30％，中学校5.00％）と過去最多となっていること，④小学校において，2012（平成24）〜2021（令和3）年度までの10年間に，0.31％から1.30％へと4倍以上増加していることなど，看過できない状況となっていることが読みとれます。また，図には示されていませんが，高校の不登校生徒に関する統計は，義務教育でないこともあり，統計がとられはじめたのは2004（平成16）年度からとなっています。高校における不登校生徒の出現率は，おおむね1.5〜1.7％前後で推移しています。

3.1.2　ひきこもり

　ひきこもりは,「様々な要因の結果として社会的参加（義務教育を含む就学,非常勤職を含む就労,家庭外での交遊など）を回避し,原則的には6ヵ月以上にわたって概ね家庭にとどまり続けている状態（他者と交わらない形での外出をしていてもよい）」を指す概念です（厚生労働省,2010）。なお,ひきこもりは「原則として統合失調症の陽性あるいは陰性症状に基づくひきこもり状態とは一線を画した非精神病性の現象とするが,実際には確定診断がなされる前の統合失調症が含まれている可能性は低くないことに留意すべきである。」とされています（厚生労働省,2010）。

　また,無作為に選択した4,134人を対象に,調査員の戸別訪問による面接調査を行った結果,20～49歳の者（1,660人）のうち,「過去にひきこもりを経験したことのある者」の割合は1.14%,また「現在ひきこもり状態にある子どものいる世帯」の割合は0.56%であり,全国推計では約26万世帯の家庭にひきこもりの子どもがいると推定されています（川上,2007）。

3.1.3　精神医学的問題（精神疾患）

　幼児期,児童期では,心の不調は,身体症状や問題行動という形で表現される傾向があります。しかし,思春期以降,成人同様,多様な精神症状がみられるようになっていきます。ここでは,思春期,青年期にみられやすい精神医学的問題（精神疾患）について概説していきます。

　ところで,精神疾患の診断基準には,WHO（1999）によるICD-11（International Classification of Diseases-11）の「第5章　精神と行動の障害」とアメリカ精神医学会（APA; American Psychiatric Association）によるDSM-5（Diagnostic and Statistical Manual of Mental Disorders-5）（APA, 2013）[1]の2つが広く用いられており,分類や疾患名が若干異なっています。**表3.1**にDSM-5にお

---

[1] DSMの初版はDSM-I（1952）,その後DSM-II（1968）,DSM-III（1980）,DSM-III-R（1987）,DSM-IV（1994）,DSM-IV-TR（2000）,DSM-5（2013）と改訂が繰り返されてきました。DSM-5からは,ローマ数字からアラビア数字に表記が変更されています。これは,5.1,5.2とアップデートをする際の表記に適しているためです。

表3.1　DSM-5における主な精神疾患（APA, 2013 髙橋・大野監訳 2014）

Ⅰ　神経発達症群／神経発達障害群
知的能力障害（知的発達症／知的発達障害）（Intellectual Disability（Intellectual Developmental Disorder）
言語症／言語障害（Language Disorder）
語音症／語音障害（Speech Sound Disorder）
自閉スペクトラム症／自閉症スペクトラム障害（Autism Spectrum Disorder）
注意欠如・多動症／注意欠如・多動性障害（Attention. Deficit／Hyperactivity Disorder）
限局性学習症／限局性学習障害（Specific Learning Disorder）
チック症群／チック障害群（Tic Disorders）
トゥレット症／トゥレット障害（Tourette's Disorder）

Ⅱ　統合失調症スペクトラム障害および他の精神病性障害群
統合失調症（Schizophrenia）

Ⅲ　双極性障害および関連障害群
双極Ⅰ型障害（Bipolar Ⅰ Disorder）
双極Ⅱ型障害（Bipolar Ⅱ Disorder）

Ⅳ　抑うつ障害群
うつ病／大うつ病性障害（Major Depressive Disorder）

Ⅴ　不安症群／不安障害群
全般不安症／全般性不安障害（Generalized Anxiety Disorder）
パニック症／パニック障害（Panic Disorder）
限局性恐怖症（Specific Phobia）
社交不安症／社交不安障害（社交恐怖）（Social Anxiety Disorder（Social Phobia））

Ⅵ　強迫症および関連症群／強迫性障害および関連障害群
強迫症／強迫性障害（Obsessive-Compulsive Disorder）
抜毛症（Trichotillomania（Hair-Pulling Disorder））

Ⅶ　心的外傷およびストレス因関連障害群
反応性アタッチメント障害／反応性愛着障害（Reactive Attachment Disorder）
脱抑制型対人交流障害（Disinhibited Social Engagement Disorder）
心的外傷後ストレス障害（Posttraumatic Stress Disorder）
急性ストレス障害（Acute Stress Disorder）
適応障害（Adjustment Disorders）

Ⅷ　解離症群／解離性障害群
解離性同一症／解離性同一性障害（Dissociative Identity Disorder）
解離性健忘（Dissociative Amnesia）

Ⅸ　身体症状症および関連症群
身体症状症（Somatic Symptom Disorder）
病気不安症（Illness Anxiety Disorder）
変換症／転換性障害（機能性神経症状症）(Conversion Disorder（Functional Neurological Symptom Disorder））

Ⅹ　食行動障害および摂食障害群
異食症（Pica）
神経性やせ症／神経性無食欲症（Anorexia Nervosa）
神経性過食症／神経性大食症（Bulimia Nervosa）

Ⅺ　排泄症群
遺尿症（Enuresis）
遺糞症（Encopresis）

XⅡ　睡眠／覚醒障害群
不眠障害（Insomnia Disorder）
過眠障害（Hypersomnolence Disorder）
ナルコレプシー（Narcolepsy）
概日リズム睡眠－覚醒障害群（Circadian Rhythm Sleep-Wake Disorders）

XⅢ　性機能不全群
勃起障害（Erectile Disorder）
女性オルガズム障害（Female Orgasmic Disorder）
男性の性欲低下障害（Male Hypoactive Sexual Desire Disorder）

XⅣ　性別違和
小児の性別違和（Gender Dysphoria in Children）
青年および成人の性別違和（Gender Dysphoria in Adolescents and Adults）

XV　秩序破壊的・衝動制御・素行症群
反抗挑発症／反抗挑戦性障害（Oppositional Defiant Disorder）
間欠爆発症／間欠性爆発性障害（Intermittent Explosive Disorder）
素行症／素行障害（Conduct Disorder）
窃盗症（Kleptomania）

XVI　物質関連障害および嗜癖性障害群
アルコール中毒（Alcohol Intoxication）
カフェイン中毒（Caffeine Intoxication）
大麻中毒（Cannabis Intoxication）
鎮静薬，睡眠薬，または抗不安薬中毒（Sedative, Hypnotic, or Anxiolytic Intoxication）
精神刺激薬中毒（Stimulant Intoxication）
ギャンブル障害（Gambling Disorder）
インターネットゲーム障害（Internet Gaming Disorder）

XVⅡ　神経認知障害群
せん妄（Delirium）
認知症（Major Neurocognitive Disorder）

XVⅢ　パーソナリティ障害群
猜疑性パーソナリティ障害／妄想性パーソナリティ障害（Paranoid Personality Disorder）
シゾイドパーソナリティ障害／スキゾイドパーソナリティ障害（Schizoid Personality Disorder）
統合失調型パーソナリティ障害（Schizotypal Personality Disorder）
反社会性パーソナリティ障害（Antisocial Personality Disorder）
境界性パーソナリティ障害（Borderline Personality Disorder）
演技性パーソナリティ障害（Histrionic Personality Disorder）
自己愛性パーソナリティ障害（Narcissistic Personality Disorder）
回避性パーソナリティ障害（Avoidant Personality Disorder）
依存性パーソナリティ障害（Dependent Personality Disorder）
強迫性パーソナリティ障害（Obsessive-Compulsive Personality Disorder）

ける主な精神疾患名を記しました。

1. 統合失調症

　統合失調症（schizophrenia）は，2002 年までは精神分裂病とよばれていた
10 代後半から 20 代前半にかけて好発する精神疾患であり，有病率は0.6〜
0.9％程度と決して低くない疾患です。原因は，遺伝と関連することが推定さ

表 3.2　ICD-10 および DSM-5 における統合失調症の診断基準
（APA, 2013 髙橋・大野監訳 2014）

Ⅰ　ICD-10 における統合失調症の診断基準
1. 考想化声，考想吹入あるいは考想奪取，考想伝播。
2. 支配される，影響される，あるいは抵抗できないという妄想で，身体や四肢の運動や特定の思考，行動あるいは感覚に関するものである。それに加えて妄想知覚。
3. 患者の行動を実況解説する幻声，患者のことを話し合う幻声。あるいは身体のある部分から聞こえる他のタイプの幻声。
4. 宗教的あるいは政治的身分，超人的力や能力などの文化的にそぐわないまったくありえない他のタイプの持続的妄想（たとえば，天候をコントロールできるとか宇宙人と交信しているなど）。
5. どのような種類であれ，持続的な幻覚が，感情症状ではない浮動性や部分的妄想あるいは持続的な支配観念を伴って生じる，あるいは数週間か数カ月間毎日継続的に生じる。
6. 思考の流れに途絶や挿入があるために，まとまりのない，あるいは関連性を欠いた話し方になり，言語新作がみられたりする。
7. 興奮，常同姿勢あるいはろう屈症，拒絶症，緘黙，および昏迷などの緊張病性行動。
8. 著しい無気力，会話の貧困，および情動的反応の純麻あるいは状況へのそぐわなさなど，通常社会的引きこもりや社会的能力低下をもたらす「陰性症状」。それは抑うつや向精神薬によるものでないこと。
9. 関心喪失，目的欠如，無為，自己没頭，および社会的引きこもりとしてあらわれる，個人的行動のいくつかの側面の質が全般的なに，著明で一貫して変化する。

統合失調症の診断のために通常必要とされるのは，上記の 1 から 4 のいずれか 1 つに属する症状のうち少なくとも 1 つの明らかな症状（十分に明らかでなければ，ふつう 2 つ以上）。あるいは 5 から 8 の少なくとも 2 つの症状が，1 カ月以上，ほとんどいつも明らかに存在していなければならない。

Ⅱ　DSM-5 における統合失調症の診断基準
(A) 以下のうち 2 つ（またはそれ以上），おのおのが 1 カ月間（または治療が成功した際はより短い期間）ほとんどいつも存在する。これらのうち少なくとも 1 つは 1 か 2 か 3 である。
1. 妄想
2. 幻覚
3. まとまりのない発語（例：頻繁な脱線または滅裂）
4. ひどくまとまりのない，または緊張病性の行動
5. 陰性症状（すなわち感情の平板化，意欲欠如）
(B) 障害の始まり以降の期間の大部分で，仕事，対人関係，自己管理などの面で 1 つ以上の機能のレベルが病前に獲得していた水準より著しく低下している（または，小児期や青年期の発症の場合，期待される対人的，学業的，職業的水準にまで達しない）。
(C 以下は省略)

れるものの，環境との相互作用等，詳細はいまだ明らかとなっていません。また，発症までに数カ月～数年，前駆症状として不登校やひきこもり状態がみられることもしばしばあるため，注意が必要です。

　表3.2の統合失調症の診断基準にみられるように，主な症状として，以下のようなものがあります。

(1) 妄　　想

　「宇宙人に監視されている」「隣の家から発せられる電波によって物事を考えることができない」「FBIに追われている」といったように明らかに誤った考えや信念であり，周囲がいくら説得しても決して揺るがず訂正できないものを指します。妄想の内容によって，被害妄想，追跡妄想，関係妄想，誇大妄想，嫉妬妄想，恋愛妄想，被毒妄想，貧困妄想などさまざまな妄想があります。なお，周囲が説得した場合，若干信念が揺らぐものは，念慮とよばれます。

(2) 幻　　覚

　見えないものが見える（幻視），聞こえるはずのないものが聞こえる（幻聴）等，刺激がないにもかかわらず感覚が生じる症状です。幻視，幻聴の他，幻嗅，幻味，幻触があり，幻聴がもっとも多くみられます。

(3) まとまりのない発語（例：頻繁な脱線または滅裂）

　統合失調症では，①自分の行動が他人や目に見えないものに操られているという**作為（させられ）体験**，②他人に思考が奪われるという**思考奪取**，③他人から思考が入れられるという**思考吹入**，④自分の考えが他人に知られてしまう**思考伝播**といった**自我障害**がみられます。また思考が非論理的なものとなり（**非論理思考**），抽象的な思考ができなくなる（**具象的思考**）思考障害もみられます。そのため，統合失調症患者の思考は，「指揮者のいないオーケストラ」にたとえられます。また，文法，形式が失われ無意味な言葉の羅列になる言動（**言葉のサラダ**）や，新しい言葉を自ら作り使用する**言語新作**がみられることもあります。こうした症状を背景として，発話がまとまりのない印象を与えるものになりがちです。

(4) ひどくまとまりのない，または緊張病性の行動

　統合失調症の中には，大声で歌う，踊る，髪を振り乱して戸外に飛び出す，

暴れる，落ち着きなく動き回る，衝動的にものを壊す，といった興奮錯乱状態と，じっと人形のように動かない，ある姿勢を数分間保持する**カタレプシー**（**蝋屈症，強硬症**）がみられる，といった外からの刺激に反応しなくなる昏迷状態とを発作的に交互に繰り返す場合もあります。

(5) 陰性症状（すなわち感情の平板化，意欲欠如）

（1）から（4）までの症状は**陽性症状**とよばれます。反面，喜怒哀楽といった感情の動きが失われる**感情の平板化**（**感情鈍麻**）や，会話の貧困，意欲の欠如，ひきこもりといった症状は陰性症状とよばれます。

治療としては，**抗精神病薬**（メジャー・トランキライザー）による薬物治療が最優先されます。1950 年代に開発された抗精神病薬は，妄想や幻覚といった症状に対して優れた効果を発揮します。また，集団で調理やスポーツといったレクリエーションや話し合いのような諸活動を行うデイケアや，あいさつや公共交通機関の利用方法などについて学習するソーシャルスキルトレーニング（社会技能訓練），患者の家族に対して統合失調症の病気の特徴や患者に対する接し方の留意点について情報提供を行う**心理教育**（サイコ・エデュケーション）も適宜行われています。

2. 双極性障害

双極性障害（bipolar disorder）はいわゆる，躁うつ（鬱）病のことであり，気分が高揚する躁状態と気分が落ち込むうつ状態の 2 つの病態を繰り返すことからこの名がつけられています。躁状態時には，気分が高揚し，行動が活発になる様子がみられます。観念が次々と頭に浮かび多弁でまとまりのない会話を行う**観念奔逸**や，常に何かしらの行動をしていないと気がすまない**行為心迫**が代表的な症状です。

ところで，双極性障害には，以下の 2 つのタイプがみられます。一つは①**双極Ⅰ型障害**であり，強い躁状態と強いうつ状態を繰り返すものです。もう一つは，「軽躁状態」と「比較的強いうつ状態」を繰り返すもので，②**双極Ⅱ型障害**とよばれています。双極性障害の治療は，気分安定薬や非定型抗精神病薬などの薬物治療が中心となりますが，軽躁状態は，平常の状態と区別がつきにくいため適切な治療が行われず，遷延化する場合があることも指摘されています。

3. うつ病／大うつ病性障害

　双極性障害が，躁状態とうつ状態を繰り返す病態であるのに対して，**うつ病／大うつ病性障害**（major depressive disorder）は，うつ状態のみを繰り返すものです。「気分の落ち込み（抑うつ，憂うつな気分）」「興味関心の低下（テレビや読書に興味がもてない）」といった主症状に加え，食欲不振，睡眠障害，性欲の減退，イライラ感，希死念慮（いわゆる自殺願望）などがみられます。

　うつ病の治療としては，SSRI（セロトニン再取り込み阻害薬），SNRI（セロトニン・ノルアドレナリン再取り込み阻害薬），三環系抗うつ薬といった抗うつ薬による薬物療法を中心として，認知行動療法といった心理療法が合わせて行われる場合もあります。

　また，近年，正式な診断名ではないものの，職場のメンタルヘルスにおいて，「新型うつ病」といった概念が注目されています。これは 20 代から 30 代の比較的若年の労働者にみられる新たなタイプのうつ病であり，自責傾向の強い従来のうつ病とは異なり，「自分は悪くない，悪いのは会社や上司，同僚である」と他罰的傾向を有する点や，休職中に旅行や飲み会に出かけるなど，職場以外での適応が良好である点も特徴的とされています。

　なお，うつ病については，次章で詳しく取り上げます。

4. 不安症群／不安障害群

　不安症群／不安障害群とは，不安を主とするものであり，6 カ月以上不安が続く「**全般不安症／全般性不安障害**（generalized anxiety disorder）」，不安が高まることにより，数分から数十分，呼吸が困難に感じるパニック発作が起きる「**パニック症／パニック障害**（panic disorder）」等があります。パニック発作は一度起きると，「また発作が起きるのではないか」といった予期不安が加わることにより，さらに発作が生じやすくなるといった悪循環が形成されやすく，また，発作が起きると特に困難を感じるような場面（たとえば，一人での外出，車の運転，飛行機，電車，バスといった公共交通機関の利用等）を避ける「**広場恐怖**（agoraphobia）」を伴うこともあります。さらに，特定のものや状況に対して過度の恐怖を感じ，それらを避けることによって日常生活に支障が生じている状態は「**限局性恐怖症**（specific phobia）」とよばれます。これに

は，高所恐怖，閉所恐怖，尖端恐怖，動物恐怖（イヌ，ネズミ，ヘビ，昆虫），歯科恐怖などがあり，この他，トンネルや橋，火事，雷，地震などに極端な恐怖を感じる場合もあります。加えて，恐怖の対象が対人的な社交場面であるものは「**社交不安症／社交不安障害**（社交恐怖）（social anxiety disorder（social phobia））」とよばれ，思春期から青年期にかけて症状がみられやすい疾患です。

5. 強迫症および関連症群／強迫性障害および関連障害群

　ある場面のイメージや言葉が繰返し頭に浮かんで離れないといった「強迫観念」と，「ばかげていると感じながらも，ある行動をせずにはいられない」といった「強迫行為」を伴うものとして「**強迫症／強迫性障害**（obsessive-compulsive disorder）」があります。何回も手を洗わずにはいられない「**洗浄強迫**」やガスの元栓をきちんと閉めたか，電気のスイッチをきちんと切ったかといったことが気になり何度も確認してしまう「**確認強迫**」はよくみられる症状です。

6. 解離症群／解離性障害群

　何らかの心理的要因により，記憶障害が生じるものを「**解離性健忘**（dissociative amnesia）」とよびます。さらに，いわゆる多重人格のように人格の交代がみられるものは，「**解離性同一症／解離性同一性障害**（dissociative identity disorder）」とよばれます。

7. 身体症状症および関連症群

　ストレス等心理的な要因から身体的な症状がみられ，かつそうした身体症状の医学的病変が認められないものを「**身体症状症**（somatic symptom disorder）」とよびます（2.2.6項参照）。一方，葛藤など心理的な要因が推測されるものの，訴える身体症状の病変が確認できないものは，「**変換症／転換性障害（機能性神経症状症）**（conversion disorder（functional neurological symptom disorder））」とよばれます。古くは「転換型ヒステリー」「転換型障害」とよばれていたものであり，失聴，失声，身体各所の痛み，失立失歩などの症状がみられるものの，さまざまな検査等でも身体には異常が確認されない点が特徴です。さらに，自分が重大な病気を患っているのではないかと気に病むものが従来心気症とよばれていた「**病気不安症**（illness anxiety disorder）」です。身体症状症および病気不安症については，次章で再度詳しく取り上げます。

8.　食行動障害および摂食障害群

　思春期以降の女子，未婚の若い女性を中心にみられるものに**摂食障害**があります。代表的なものは，拒食症，思春期やせ症として一般に知られる「**神経性やせ症／神経性無食欲症（anorexia nervosa）**」であり，拒食症の症状として，①肥満への病的な恐怖感，②食行動拒絶（食べない・嘔吐・チューイング（噛み吐き，噛んだ後飲み込まず皿に戻す）や，低カロリー食品（寒天，コンニャクなど）の偏食による極端なやせ（標準体重の20％以上の体重減少），③過活動（過度のジョギング，トレーニングなど），④ボディイメージの歪み（ガリガリの状態になってもまだ自分は太っていると感じる），⑤無月経，などがみられます。さらに，低体温，低血圧，徐脈（脈が遅くなる），内臓の障害の他，カルシウム不足から骨粗しょう症，カリウム不足から低カリウム血症（だるい，疲れやすい）がみられます。さらには，指を喉に差し入れ，食べたものを吐く自己誘発嘔吐がみられ，繰り返されることにより，指（主に中指）にタコ（吐きダコ）ができるとともに，胃酸により，歯が溶け，虫歯になりやすくなることもあります。

　逆に，一般女性の一日の摂取カロリーの数倍の摂取，むちゃ食いを主症状とするのが，**神経性過食症／神経性大食症（bulimia nervosa）**，いわゆる過食症です。摂取カロリーからすると，体重の増加を想像するかもしれませんが，拒食症同様，自己誘発嘔吐をしていることが多く，外見からは判断できない場合が少なくありません。

　また，拒食症と過食症は，拒食症→過食症→拒食症……，過食症→拒食症→過食症……と拒食の状態と過食の状態を繰り返す場合もよくみられることから同一の疾患の2つの病態と考えられています。

9.　睡眠―覚醒関連障害

　睡眠が私たちの活動を支える重要なものであることは言うに及びません。こうした睡眠の量や質，相（時間帯）に障害がみられるものを**睡眠障害**とよびます。睡眠の量に関わるものとして，「**不眠障害（insomnia disorder）**」や「**過眠障害（hypersomnolence disorder）**」があります。また，私たちの覚醒―睡眠の生活リズムは，サーカディアンリズムや概日リズムとよばれますが，いわゆ

る昼夜逆転といった生活リズムの乱れは，「概日リズム睡眠—覚醒障害（circa-dian rhythm sleep-wake disorders)」とよばれます。さらに，自分ではどうしようもできない強度の睡魔に襲われ，発作的に眠ってしまうものに「ナルコレプシー（narcolepsy)」があります。

10. 性別違和

性別違和は，従来「性転換症（transsexualism)」「性同一性障害（gender identity disorder)」とよばれていた概念を性の多様化の考え方を受け拡張したもので，児童期までの「小児の性別違和（gender dysphoria in children)」と，思春期，青年期以降の「青年および成人の性別違和（gender dysphoria in adolescents and adults)」に大別されます。

3.1.4 青年期における自殺

自殺は，メンタルヘルス上の問題として見過ごせない問題です。本邦における自殺死亡者数は1998年から2011年までの14年間，年間3万人を超えていましたが，ここ数年は減少傾向にあり，2017年度の警察庁の統計によると，2万1,321人となっています。それでも交通事故死者数の4倍を超える数であり，大きな社会問題であるといえるでしょう。

自殺は，中高年の男性に多くみられる現象とされてきました。したがって，自殺については次章において中心的に扱いますが，近年若者の自殺も増加傾向がみられることから思春期，青年期の自殺の特徴について述べていきたいと思います。

自殺は，児童期まではほとんどみられず（ただし，ゼロではない），主に思春期以降にみられる現象です。先に，本邦における自殺死亡者数が減っていると述べましたが，特にこれまで自殺死亡率の高かった中高年の男性の自殺死亡率が著しく減少しているのに比べ，10代から20代の若者の自殺死亡率はそれほど減少しておらず高止まりしている状況にあります。文部科学省によると2017年度全国の小中学校および高等学校から報告のあった児童生徒の自殺者数は250人にのぼり，1986年以降最多となっています。さらに，自殺は，若者の死因のトップとなっており，深刻な状況といえます。

　また，中高年に比べると，思春期，青年期の自殺の特徴として，①短絡的・衝動的で，自殺を決意してから実行に移すまでの期間が短いこと，②首吊り，ビルからの飛び降り等致死率の高い手段が選ばれやすいこと，③数人で一緒に死んだり，後追い自殺をしたり，群発自殺（cluster suicide）がみられること，などが挙げられます。

　また，内閣府（2015）が，1972〜2013年の8歳以下の自殺した日について調査したところ，日本の多くの学校で夏休みが明ける9月1日の自殺者数が突出して高いことが報告されています。周囲の大人は特にこの時期の子どもの様子に変わったところがないか，何らかのサインを出していないか注意を払う必要があります。

3.1.5　薬物依存症（嗜癖・中毒）

　近年，著名人が逮捕されることでも広く知られるようになった**薬物依存症**（dependence）は，かつて薬物中毒ともよばれ，薬物の使用を自分でコントロールできなくなる状態を指しています。違法薬物の生涯経験率は，ここ20年の間，おおむね2〜3％で推移しており，薬物依存の対象となる薬物には，覚醒剤や大麻（マリファナ），ヘロイン，コカイン，LSD，MDMA（エクスタシー），危険ドラッグといった違法薬物の他，シンナー，睡眠薬や抗不安薬，鎮痛剤や咳止め薬などがあります。また，アルコール依存症はエチルアルコール，タバコ依存症はニコチンという物質への依存であり，広義の薬物依存といえます。依存症には，以下のような症状がみられます。

①**精神依存**……何度も使ううちに，自分ではやめられなくなり，薬物がもっとも大切に思えるようになる。

②**耐性**……使い続けることによって，以前使っていた量では効かなくなり，今までと同じ効果を得るために，使用量がますます増えていくことになる。

③**離脱症状**……薬物によっては，使わないと全身がふるえたり，吐き気がしたりするなどの不快な症状を呈する。

④**身体依存**……最終的に，不快な「離脱症状」を防ぐために，さらに薬物を使わずにはいられなくなる。

3.1.6　ネット依存，ゲーム依存，スマホ依存，ギャンブル依存

　薬物依存症は，いわゆる物質に対する依存（物質依存）ですが，行動に対する嗜癖（addiction）の問題として，いわゆるギャンブル依存，インターネット依存，スマホ依存，ゲーム依存，買い物依存などが挙げられます。特に近年，インターネットやオンラインゲーム，スマートフォンの普及により，若者を中心として，ネット依存やゲーム依存，スマホ依存が深刻化しています。DSM-5においても，今後の研究のための病態として，「**インターネットゲーム障害**（internet gaming disorder）」が記載されています。インターネットやゲーム，スマホの依存は児童期からみられますが，思春期以降はより深刻化すると考えられており，家族，学校，社会全体で取り組むべき課題となっています。また，従来からパチンコや競馬といったギャンブルに対する依存として「**ギャンブル障害**（gambling disorder）」があります。

3.2　向精神薬について

　青年期以降さまざまな心のトラブルがみられることから，本章では精神医学的な問題について述べてきました。先にもふれたように，近年では薬物治療が行われ，優れた効果を発揮しています。そこで，本節では心に作用する薬について簡単にふれたいと思います。

　心（精神）に作用する薬は，「**向精神薬**（psychoactive drug/psychotropic）」とよばれます。向精神薬は，脳を中心とする中枢神経系に作用し，結果として心（精神）に影響をもたらす薬の総称であり，「**抗精神病薬**（antipsychotics）」「**抗うつ薬**（antidepressant）」「**気分安定薬**（mood stabilizer）／抗躁薬（antimanic drug）」「**抗不安薬**（antianxiety drug/anxiolytics）」「**睡眠薬**（hypnotics）」「**その他**（抗認知症薬，抗てんかん薬（antiepileptic drug）」に大別されます。広義には，「アルコール」「タバコ」「違法薬物」も含まれますが，ここではこれらは除きます。「向精神薬」の「向」と「抗精神病薬」「抗うつ薬」「抗不安薬」等の「抗」は字が異なっている点に留意してください。特に，「向精神薬」と「抗精神病薬」は名称がよく似ており間違いやすいですが，向精神薬

は，あくまで抗うつ薬や抗不安薬，睡眠薬等も含む全体のカテゴリー名であり，抗精神病薬は統合失調症等に用いられる薬です。

　精神医学的な心のトラブルに対して，中世まではまじないや祈祷といった宗教的な治療が行われ，その後，隔離や外科的手術などの対応がとられてきましたが，1950年代に抗精神病薬である**クロルプロマジン**や**ハロペリドール**が開発されたことをきっかけとして，精神疾患に対する薬物療法という新たな治療の道が切り開かれることとなりました。

　なお，脳内の神経細胞のシナプス間隙には，さまざまな脳内神経伝達物質が存在し，神経細胞の軸索を伝わった電気信号は，これら神経伝達物質により，次の神経細胞に信号が伝達されていきます（神経伝達物質はリレーのバトンの役割を果たしています）。脳内には50種類以上の**神経伝達物質**が存在し，比較的その働きが解明されているものは20種類程度です。そのうち精神に作用する物質として，①GABA（γ-アミノ酪酸），②ドーパミン，③ノルアドレナリ

図3.4　（上から）ドーパミン，ノルアドレナリン，セロトニンの構造式

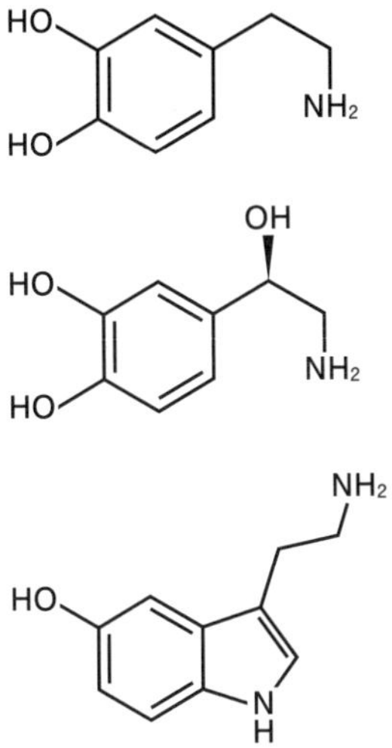

表3.3　向精神薬の概要

		作用，効果	副作用	主なもの（一般名）
向精神薬 (psycho- active drug あるいは psycho- tropic)	抗精神病薬 (antipsy- chotics)	ドーパミンD2受容体をブロックすることでドーパミンによる信号伝達を無効化させる作用をもつ。幻覚，妄想の抑制効果の他，鎮静作用，賦活作用があり，主に統合失調症の治療に用いられる。従来からの定型抗精神病薬と比較的新しい非定型抗精神病薬があり，非定型抗精神病薬では，ドーパミンに加え，セロトニンの受容体のブロック効果も有し，錐体外路症状の副作用がより少ない。 ※非定型抗精神病薬のジプレキサやエビリファイは双極性障害の治療にも用いられる。	眠気，めまい，口の渇き，錐体外路症状（①パーキンソニズム，②アカシジア，③ジストニア，④遅発性ジスキネジア）	①定型抗精神病薬：クロルプロマジン　ハロペリドール　スルピリド ②非定型抗精神病薬：リスペリドン　オランザピン　アリピプラゾール
	抗うつ薬 (antide- pressant)	セロトニンやノルアドレナリンの再取り込みを阻害する。主にうつ病の治療に用いられる。比較的新しいSSRI（選択的セロトニン再取り込み阻害薬：Selective Serotonin Reuptake Inhibitors），SNRI（セロトニン・ノルアドレナリン再取り込み阻害薬 serotonin-nor-adrenaline reup-take inhibitor）の他，従来からの三環系抗うつ薬などがある。 SSRI，SNRIは，作用する神経伝達物質が限定されていることから，一般に副作用が少ない。	抗コリン作用（口の渇き），嘔吐	①三環系：イミプラミン　クロミプラミン　アモキサピン ②SSRI（セロトニン再取り込み阻害薬）：フルボキサミン　パロキセチン　セルトラリン　エスシタロプラム ③SNRI（セロトニン・ノルアドレナリン再取り込み阻害薬）：ミルナシプラン　デュロキセチン ④NaSSa：ミルタザピン

		作用，効果	副作用	主なもの（一般名）
向精神薬 (psycho-active drug あるいは psycho-tropic)	気分安定薬 (mood stabilizer) 抗躁薬 (antimanic drug)	躁状態の抑制効果。双極性障害の治療に用いられる。	リチウム中毒，振戦（ふるえ），頻尿，眠気，吐き気，食欲不振	炭酸リチウム バルプロ酸ナトリウム
	抗不安薬 (antianxi-ety drug, anxiolyt-ics)	不安や緊張の緩和，不安障害等に使用される。抗不安薬のほとんどは，ベンゾジアゼピン系抗不安薬となっており，脳内のGABAに作用することで不安を抑制する。	眠気，ふらつき，吐き気，脱力感	短時間型（半減期が3〜6時間程度）： クロチアゼパム エチゾラム 中間型（半減期が12〜20時間程度）： ロラゼパム アルプラゾラム ブロマゼパム 長時間型（半減期が20〜100時間程度）： ジアゼパム クロキサゾラム クロルジアゼポキシド オキサゾラム 超長時間型（半減期が100時間以上）： ロフラゼプ酸エチル
	睡眠薬 (hypnot-ics)	睡眠を誘発，または持続させる効果を有するもの。半減期により短期型，中期型，長期型に分類される。	眠気，ふらつき，脱力感，倦怠感	①超短時間型（2〜4時間程度）： ゾルピデム トリアゾラム ゾピクロン ②短時間型（6〜12時間程度）： ブロチゾラム リルマザホン ③中時間型（12〜24時間程度）： フルニトラゼパム 長時間型（24時間以上）： クアゼパム ハロキサゾラム

ン（ノルエピネフリン），④セロトニンなどがあり，②③④は，アミノ基を1つだけ含む神経伝達物質であることから，モノアミン神経伝達物質とよばれています（図3.4）。表3.3に向精神薬の概要を示します。

復 習 問 題

1. 精神疾患の症状の説明として不適切なものを1つ選んでください。

   ①双極性障害は，いわゆる躁うつ病を指す。

   ②神経性やせ症／神経性無食欲症は，男性が罹患することは少ない。

   ③統合失調症では，妄想や幻覚，自我障害といった陰性症状がみられる。

   ④パニック症／パニック障害では，広場恐怖を伴うことが少なくない。

参 考 図 書

上島 国利・上別府 圭子・平島 奈津子（編）(2013)．知っておきたい精神医学の基礎知識——サイコロジストとメディカルスタッフのために——　第2版　誠信書房

　医療機関に勤務する心理職をはじめ，スクールカウンセラー等の教育領域，児童相談所等の福祉領域で働く心理職等が知っておかなければならない精神医学の基礎知識について平易に書かれた書籍。

長谷川 啓三・佐藤 宏平・花田 里欧子（編）(2019)．事例で学ぶ生徒指導・進路指導・教育相談　中学校・高等学校編　第3版　遠見書房

　教員やスクールカウンセラーなど，子どもたちと関わる専門家向けの書籍。発達のメカニズムや心理検査についての総論と，不登校，いじめ，発達障害，精神医学的問題等の各論編から構成されています。

中年期のメンタルヘルス

ここまで，幼児期，児童期，思春期，青年期のメンタルヘルスに関する問題についてみてきました。本章では，中年期におけるメンタルヘルスについて学んでいきます。中年期は，メンタルヘルスに関わる深刻な問題を抱えやすい時期であることが知られています。具体的には，自殺，うつ病，心身症，病気不安症，バーンアウト症候群，ストレスなどさまざまな観点から問題が生じます。本章では，それぞれの観点から，中年期のメンタルヘルスの特徴について紹介します。

4.1　ライフサイクルにおける中年期の特徴

中年期とはどのような時期なのでしょうか？　一般に中年期は，30〜40歳頃から60〜65歳頃の時期を指し，いわゆる「壮年期」や「熟年」とも少なからず重なる時期といえるでしょう。この時期，職場では役職が上がって責任の重い仕事を任されるようになり，給与も上がっていきます。また，プライベートでは結婚し，家庭をもち，出産，育児を経験し，子の成長に喜びを感じる時期でもあり，いわば人生の最盛期ともいえるでしょう。こうした人生の最盛期ともいえる中年期を，ユングは太陽がもっとも高い位置にある「**人生の正午**」とよびました。

「朝になると，この太陽は無明の夜の大海から昇ってくる。そして天空高く昇るにつれて，太陽は，広い多彩な世界がますます遠く延び広がって行くのを見る。上昇によって生じた自分の活動範囲のこの拡大の中に，太

陽は自分の意義を認めるであろう。この信念を抱いて太陽は予測しなかった正午の絶頂に達する。予測しなかったというのは，その一度限りの個人的存在にとって，その南中点を前もって知ることができないからである。正午十二時に下降が始まる。しかも，この下降は午前すべての価値と理想の転倒である。太陽は，矛盾に陥る。」　　　　　　　（Jung, 1933 鎌田訳 1979）

　しかし，正午には2つの意味があり，「もっとも高い位置にあること」であると同時に「下降の始まり」でもあります。山登りにたとえるのであれば，山頂に達した満足感を味わいつつ，山を下ることを始める時期といえるわけです。

　こうしたことから，中年期は，メンタルヘルス上深刻な問題を抱えやすい時期の一つであると考えられており，「**中年期危機**（mid-life crisis）」に陥りやすい時期でもあります。

　また，エリクソン（Erikson, E. H.）は，この時期の発達課題として「ジェネラティビティ（generativity）対 停滞（stagnation）」を挙げています。この「ジェネラティビティ」とは，「**世代性**」「**生殖性**」「**世代継承性**」「**次世代育成能力**」等と訳されていますが，すなわち次世代を育成することであり，家庭であれば息子や娘，職場であれば部下といった次の世代を担う人を「世話（care）し，育てる」ことを指しています（5.1.1 項参照）。そして，こうした課題の達成がうまくいかない場合，「停滞」に陥ると指摘しています。

　また中年期は，他の時期に比べ期間の長い時期でもあり，この間，さまざまなライフイベントを経験することとなります。家庭においては，結婚，出産，育児，そして子の自立，さらに親の介護や死に向き合うこともあるでしょう。他方，職場においては，出世や昇格の一方，左遷や出向といった望まない配置転換や役職定年，時にはリストラに見舞われることもあるかもしれません。中年期の時期はこうしたさまざまなライフイベントに向き合い，対応を迫られる時期でもあります。

　さらにレビンソン（Levinson, D.）は，中年期の男性に対するインタビュー調査から，40〜50歳前後という人生半ばの**移行期**（transition）にみられる4つの葛藤（①若さと老い，②破壊と創造，③男らしさと女らしさ，④愛と分

離）を受け入れ，統合し乗り越えることが課題となると指摘しています。

4.2　中年期のメンタルヘルス

4.2.1　自　　殺

　前章でもふれましたが，日本の自殺者数は，1998 年に急増し，以降 2011 年
までの 14 年間にわたって 3 万人を超える状態が続きました。この間，平成 18
（2006）年に議員立法による**自殺対策基本法**が公布，施行され（平成 28 年一部
改正），翌年の平成 19（2007）年には「**自殺総合対策大綱**」が策定されるなど，
国，地方自治体，各種団体による自殺予防対策が推進されることとなりました。
2010 年以降，こうした対策の成果もあり，自殺者数は年々減少し，2017 年度
は 2 万 1,321 人となり，またこれに伴い自殺死亡率も低下しています（**図 4.1**，

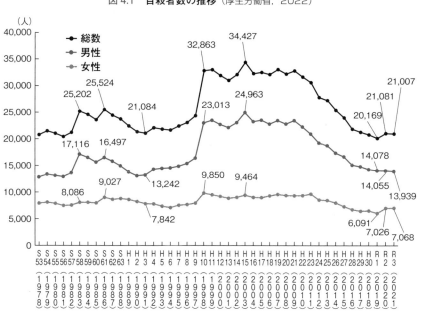

図 4.1　**自殺者数の推移**（厚生労働省，2022）

図 4.2　**自殺死亡率の推移**（厚生労働省，2022）

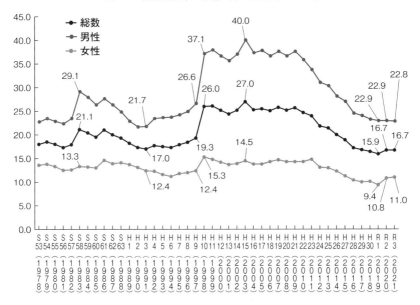

図 4.2）。とはいえ，WHO（2014）の報告によると，2012（平成 24）年の世界の自殺死亡率の平均は人口 10 万人あたり 11.4 人（男性 15.0 人，女性 8.0 人）であるのに対し，日本の人口 10 万人あたりの自殺死亡率は，18.8 人（男性 26.9 人，女性 10.1 人）であり（**図 4.3**），特に男性については国際的にみてもきわめて高い水準にあります。自殺統計の精度が必ずしも高くない国もあることから，単純比較には慎重を期する必要がありますが，2016 年に OECD が公表した世界主要国の自殺死亡率の国際比較統計に基づく国別ランキングによれば，日本は，リトアニア，韓国，ラトビア，スロベニア，ロシア，ハンガリー，ベルギーに続いて第 8 位となっており，アメリカ，イギリス，ドイツ，フランスといった先進国の自殺死亡率の約 1.5 倍から 2 倍の数値となっています[1]。

---

[1] ただし，自殺の定義は，国により若干異なることから，厳密な意味での国際比較は困難です。

図 4.3 人口 10 万人あたりの年齢標準化自殺死亡率（2012 年）（WHO, 2014）

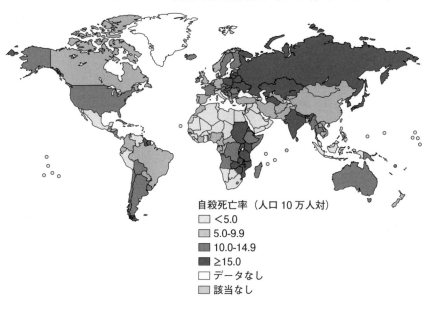

自殺死亡率（人口 10 万人対）
- ☐ ＜5.0
- ☐ 5.0-9.9
- ☐ 10.0-14.9
- ☐ ≧15.0
- ☐ データなし
- ☐ 該当なし

　近年，自殺者数の減少に伴い，中年期〜高齢期の自殺率が大きく減少してお
り，以前に比べそうした特徴は強くみられないものの，自殺死亡率は，50 代
と 80 代にピークがあることが読みとれます（**図 4.4**）。

　中年期以降の自殺は，若年者と異なり，自殺を実行に移すまでの期間が長く，
その間，逡巡しつつ何らかの SOS のサインを出すことも少なくありません。
そのため，こうした自殺を予防するためには，そうしたサインに気がつき，声
をかけ，傾聴しつつ見守り，適切な支援へのつなぎを行う**ゲートキーパー**の存
在が重要とされています。実際に自殺を予見することは困難を伴う場合もあり
ますが，自殺の危険度をきちんとアセスメントした上で，しかるべく対応する
ことが大切です（**表 4.1**）。また，自殺は，次項で述べるうつ病とも関連が深
い問題であり，うつ病の病態等に関する基本的な事項を頭に入れた対応が求め

図 4.4 年齢階級別自殺死亡率の推移 (厚生労働省, 2022)

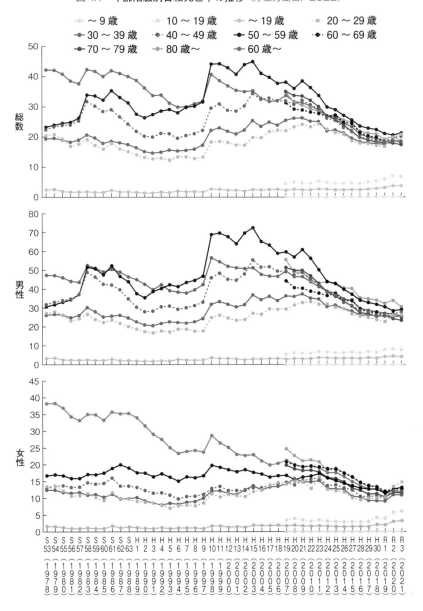

表 4.1　**自殺の危険度の評価と対応**（桑原ら，2009）

危険度	兆候と自殺念慮	自殺の計画	望まれる対応
軽度	・精神状態／行動の不安定 ・自殺念慮はあっても一時的	ない	・傾聴 ・危険因子の確認 ・問題の確認と整理，助言 ・対応の継続
中等度	・持続的な自殺念慮がある ・自殺念慮の有無にかかわらず複数の危険因子が存在する（支援を受け容れる姿勢はある）	具体的な計画はない	・問題の確認 ・危険因子の確認 ・問題の確認と整理，助言 ・支援体制を整える ・対応の継続
高度	・持続的な自殺念慮がある ・自殺念慮の有無にかかわらず複数の危険因子が存在する ・支援を拒絶する	具体的な計画がある	・傾聴 ・問題の確認 ・危険因子の確認 ・問題の確認と整理，助言 ・支援体制を整える ・対応の継続 ・危機時の対応を想定し，準備をしておく
重度	・自殺の危険が差し迫っている	自殺が切迫している	・安全の確保 ・自殺手段の除去 ・通報あるいは入院

られます。

　加えて，本章では扱いませんが，私たちが自殺の問題について考えるとき，もう一つの側面に残された**自死遺族**の方に対する心のケアの問題があり，これもまた重要な課題となっています。

4.2.2　う つ 病

　先に，中年期は，山を登る作業（上昇）から，山を下る作業（下降）への変換を求められる時期であり，またこれからの時代を生きる若い世代をいかに育て，サポートしていくかといった課題に向き合う時期であると述べました。この上昇から下降への価値の大きな転換については，身体面や社会的な場面にお

ける自己の限界への直面，職場や家庭での役割の変化といった，役割喪失感を自覚し受け入れていく作業が求められることとなります。こうした時期の一つの心理的特徴は，「抑うつ性」にあるといえるでしょう。

　中年期のうつ病は，環境の変化が引き金になることも少なくありません。たとえば，職場等で大きな仕事をやり遂げたことがうつ病の契機となることがあり，こうしたうつ病は，**「荷下ろしうつ病」**とよばれています。また，子育てを生きがいとした人生を送ってきた女性が，子どもたちが大学進学や就職などで実家を離れ自立していくことをきっかけとして気分が落ち込むこともあり，これは，**空の巣症候群**（empty nest syndrome）とよばれます。また，念願のマイホームを購入したことをきっかけに発症する**「引っ越しうつ病」**や，管理職への昇進に伴って発症する**「昇進うつ病」**もよく知られています。これらの発症のきっかけは，本人にとって否定的な出来事ではなく，むしろ喜ばしい出来事であるわけですが，これらには，①「目標」「やりがい」「生きがい」の喪失と，②環境や立場の大きな変化といった共通点があります。

図 4.5　**気分障害（うつ病および双極性障害）の患者数の推移**（厚生労働省，2017）

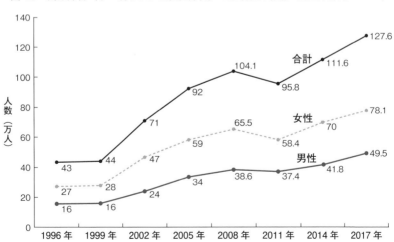

　図 4.5 は，厚生労働省が全国の医療施設を受診した患者について 3 年に 1 度実施している「患者調査」（厚生労働省，2017）より，1996 年から 2017 年までの気分障害（うつ病および双極性障害）の患者数の推移を抜き出し，グラフにしたものです。

　この調査では，うつ病だけでなく，双極性障害も含む気分障害患者数となってはいますが，2017 年の患者数は，男性 49.5 万人，女性 78.1 万人，計 127.6 万人と，1996 年時の 43 万人の 3 倍となっています。

　DSM-5 において，うつ病は，大うつ病性障害（major depressive disorder）とよばれ，その診断基準は，表 4.2 に示されているように，①抑うつ気分また

表 4.2　うつ病（大うつ病性障害）の診断基準（DSM-5）（APA，2013 髙橋・大野監訳 2014）

以下の A～C をすべて満たす必要がある。

A：以下の症状のうち 5 つ（またはそれ以上）が同一の 2 週間に存在し，病前の機能からの変化を起こしている；これらの症状のうち少なくとも 1 つは，①抑うつ気分または②興味または喜びの喪失である。注：明らかな身体疾患による症状は含まない。
 1. その人自身の言明（例えば，悲しみまたは，空虚感を感じる）か，他者の観察（例えば，涙を流しているように見える）によって示される，ほとんど 1 日中，ほとんど毎日の抑うつ気分。注：小児や青年ではいらいらした気分もありうる。
 2. ほとんど 1 日中，ほとんど毎日の，すべて，またはほとんどすべての活動における興味，喜びの著しい減退（その人の言明，または観察によって示される）。
 3. 食事療法中ではない著しい体重減少，あるいは体重増加（例えば，1 カ月に 5％以上の体重変化），またはほとんど毎日の，食欲の減退または増加（注：小児の場合，期待される体重増加が見られないことも考慮せよ）。
 4. ほとんど毎日の不眠または睡眠過多。
 5. ほとんど毎日の精神運動性の焦燥または静止（ただ単に落ち着きがないとか，のろくなったという主観的感覚ではなく，他者によって観察可能なもの）。
 6. ほとんど毎日の易疲労性，または気力の減退。
 7. 無価値観，または過剰あるいは不適切な罪責感（妄想的であることもある）がほとんど毎日存在（単に自分をとがめる気持ちや，病気になったことに対する罪の意識ではない）。
 8. 思考力や集中力の減退，または決断困難がほとんど毎日存在（その人自身の言明，あるいは他者による観察による）。
 9. 死についての反復思考（死の恐怖だけではない），特別な計画はない反復的な自殺念慮，自殺企図，または自殺するためのはっきりとした計画。
B：症状は臨床的に著しい苦痛または社会的・職業的・他の重要な領域における機能の障害を引き起こしている。
C：エピソードが物質や他の医学的状態による精神的な影響が原因とされない。

は②興味または喜びの喪失を主症状とする疾患とされています。

　この他，食欲不振（または増加）やそれに伴う体重減少（または増加），**不眠（または過眠）**，**焦燥感**，**易疲労性**（疲れやすい），**気力の減退**（何もやる気がわかない），**罪責感**（自分を責める，時に罪行妄想がみられる場合もある），**思考力・集中力の減退**，**自殺念慮・自殺企図**（死にたいと考え，自殺を計画し実行に移そうとする）といった症状がみられ，仕事や家事が困難となる場合が一般的です。

　こうしたうつ病に対する治療としては，SSRI や SNRI といった抗うつ薬を中心とする薬物療法に加え，①休養をとること，②状態をみながら適宜軽い運動をすることなどが推奨されています。さらに，うつ病では物事を悪い方向に考えてしまう認知の歪みがみられることから，これを修正することを目的とした**認知行動療法**（cognitive behavioral therapy）が合わせて実施されることもあります（認知行動療法については，第12章で扱います）。

4.2.3　心身症

　日本心身医学会（1991）によれば，**心身症**（psychosomatic disease）は，「身体疾患の中で，その発症や経過に心理社会的因子が密接に関与し，器質的ないし機能的障害が認められる病態をいう。ただし，神経症やうつ病など，他の精神障害に伴う身体症状は除外する。」と定義されています。すなわち，**表4.3**に示すような多岐にわたる身体疾患の要因として，ストレスをはじめとする心理社会的要因が指摘できる病態を指す概念です。本態性高血圧症，円形脱毛症，アトピー性皮膚炎，過敏性腸症候群，胃潰瘍，十二指腸潰瘍といったものが代表的です。また，第3章で述べた**身体症状症**や**変換症/転換性障害（機能性神経症状症）**が医師の診察や各種検査等において医学的な病変が確認できないものであったのに対して，心身症は，高血圧，胃潰瘍，円形脱毛症のように症状が確認できる点が異なります。

4.2.4　病気不安症（心気症）

　中年期は，とりわけ家族や知人が大病を患ったり，何らかの疾病により死亡

表 4.3　主な心身症

---

(1) 呼吸器系
　気管支ぜんそく，過換気症候群，神経性咳嗽（がいそう），など
(2) 循環器系
　本態性高血圧症，冠動脈疾患（狭心症，心筋梗塞），不整脈の一部，低血圧症，など
(3) 消化器系
　胃・十二指腸潰瘍，慢性胃炎，過敏性腸症候群，潰瘍性大腸炎，心因性嘔吐，胆道ジス
キネジア，慢性膵炎，びまん性食道痙攣，など
(4) 内分泌系
　甲状腺機能亢進症，肥満症，糖尿病，など
(5) 神経筋肉系
　緊張型頭痛，片頭痛，その他の慢性疼痛，書痙，痙性斜頸，自律神経失調症，心因性め
まい，など
(6) 皮膚科領域
　慢性じんましん，アトピー性皮膚炎，円形脱毛症，多汗症，湿疹，皮膚掻痒症，など
(7) 外科領域
　腹部手術後愁訴，頻回手術症，など
(8) 整形外科領域
　慢性関節リウマチ，全身性筋痛症，腰痛症，肩こり，痛風，など
(9) 泌尿器系
　神経性頻尿（過敏性膀胱），心因性インポテンス，夜尿症，遺尿症，など
(10) 産婦人科領域
　更年期障害，月経痛，月経前症候群，月経異常，不妊症，不感症，など
(11) 眼科領域
　眼精疲労，本態性眼瞼痙攣，視力低下，視野狭窄，など
(12) 耳鼻科領域
　めまい症，心因性難聴，耳鳴り，嗅覚障害，心因性失声症，など
(13) 歯科領域
　顎関節症，義歯不適応症，舌痛症，口腔乾燥症，など

したりした際，あるいは些細な身体的変調をきっかけに自らの健康に対する不
安が高じやすい時期でもあります。（実際には異常がないにもかかわらず）自
らの健康に対して過度に感じる不安は「**心気不安**」とよばれます。こうした心
気不安の高まりにより日常生活に支障をきたし，かつ他の精神疾患がみられな
いものは従来「**心気症（心気障害；hypochondriasis）**」とよばれてきました。
DSM-5 においては，名称が変更となり，「**病気不安症（illness anxiety disor-
der）**」と改称されています。これはいわば，「自らが重篤な病気にかかっている

のではないかと気に病む病」といえるでしょう。病気不安症では，検査で異常なしという診断が出ても納得がいかず，複数の病院を次々と受診する「**ドクターショッピング（doctor shopping）**」がみられることも少なくありません。

4.2.5　燃え尽き症候群

　燃え尽き症候群は，バーンアウト（burnout）症候群ともいい，看護師，保育士，教員，介護職員といったいわゆる対人援助職やヒューマンサービスとよばれる職域の従事者が，文字通り燃え尽きたかのように職務に対する意欲や興味，関心を失ったり，休職，離職したりする状態を指す概念です。1970年代に，フロイデンバーガー（Freudenberger, 1974）の報告により，広く知られるようになりました。状態像としては，仕事を通じて情緒的に力を出し尽くし消耗してしまった状態である①「状態情緒的消耗感（emotional exhaustion）」，援助対象者である児童生徒や患者等に対して無情で非人間的な対応をとる②「脱人格化（depersonalization）」，ヒューマンサービスの職務に関わる有能感，達成感が低下する③「個人的達成感（personal accomplishment）の低下」があります。

　燃え尽き症候群の要因としては，パーソナリティ要因や環境要因が指摘されています。パーソナリティ要因としては，共感性，人間的な温かさ，繊細さ，献身的，理想的志向と同時に，不安定，内向的，強迫的，熱狂的で，他人と容易に同一化しやすい傾向などが挙げられています。しかし，これらの特性のうち，共感性，人間的な温かさ，繊細さ，献身的，理想的志向などは，対人援助職に求められる適性でもあり，カーン（Kahn, 1978）は「**ヒューマンサービスのジレンマ**」とよんでいます。また，燃え尽きの生じやすい職場環境としては，①長時間労働，②自律性を欠く仕事，③要求がましい被援助者，④努力が相応に評価されない仕事，⑤成果や達成度がみえにくい仕事内容，⑥生産要求が過度に高い業務内容，⑦スキルアップのための訓練の不十分さ，研修機会の乏しさ，⑧上司の不適切なリーダーシップ等が挙げられています。

4.2.6 ストレス（ストレッサー）

「ストレス」という言葉は，私たちの日常生活でもよく耳にすると思います。これを医学分野で最初に用いたのは，キャノン（Cannon, W. B.；1871-1945）とされていますが，ストレス概念を体系化したのは，「ストレスの発見者」といわれるセリエ（Selye, H.；1907-1982）です。ホルモン抽出の研究を行っていたセリエは，マウスにどのような物質を投与しても共通して①副腎皮質の肥大，②胸腺や脾臓の萎縮，③胃，十二指腸の潰瘍，出血といった共通の症状がみられることを見出し，これを「**汎（一般）適応症候群**（GAS; General Adaptation Syndrome）」と名づけました。その上で，こうした症状を，生体が外部刺激から身を守るための防御反応ととらえ，こうした「外部環境からの刺激によって起こる歪みに対する非特異的反応」を**ストレス**とよび，さらに「ストレスを引き起こす外部環境からの刺激」を**ストレッサー**として概念化しました（図4.6）。また，私たちは，ストレッサーをもっぱら心理的な意味で使用していますが，本来のストレッサーは以下のように多岐にわたります。

①**物理的ストレッサー**……温度（寒冷），湿度，光，音（騒音），睡眠不足，放射線，など。

図4.6 ストレスとストレッサー

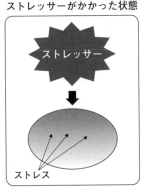

②**化学的ストレッサー**……酵素欠乏，薬物，毒物，化学物質（タバコ，アルコール），ホコリ，汚染された大気，など。

③**生物学的ストレッサー**……細菌，ウイルス，カビ，ダニ，花粉，など。

④**心理的ストレッサー**……怒り，緊張，不安，不満，悲しみ，喜び，喪失，失恋，受験，繁忙期，など。

　特に心理的ストレッサーに焦点をあてたものとして，人生上の比較的大きな出来事である①**ライフイベント**（life event）と，不快な状態を引き起こす日常生活における些細で煩わしく面倒な出来事である②**日常のやっかい事**（daily hassles）があります。ホームズとレイ（Holmes & Rahe, 1967）によるライフイベントに対する主観的ストレス評価の研究は広く知られています（表4.4）。

　ストレスは，本章でこれまでに述べてきたうつ病や心身症を時に引き起こすことにつながり得るものです。こうしたストレスは，自己の成長につながらない悪玉ストレスであり，「**ディストレス**」（distress：有害ストレス，不快ストレス，病害ストレス）とよばれます。一方，セリエは，「ストレスは人生のスパイスである」とも述べています。仕事の能率を上げたり，心地よい興奮や緊張をもたらしてくれたりと，自己の成長につながり得る適度なストレスは，「**ユーストレス**（eustress：善玉ストレス，有益ストレス，快ストレス，健康ストレス）」とよばれています。

　また，ストレスに対する対処は「**ストレス対処**（stress coping）」とよばれます。ストレス対処には，問題の解決や除去を試みる①**問題焦点型コーピング**（problem focused coping）や，ストレスによって生じる不快な情動（不安，抑うつ，イライラ，焦燥）の解消を目指す②**情動焦点型コーピング**（emotion focused coping）の他，周囲の他者（家族，同僚，上司，親友，専門家）に相談したり，アドバイスを求めたりする③**社会支援探索型コーピング**（seeking social support coping），ストレス状況に関する発想や見方，考え方，認知，認識を変えてみることによって適応を図ろうとする④**認知的再評価型コーピング**（reappraisal），⑤**逃避・気晴らし型コーピング**などがあります。

　ストレスやそのメカニズムについて理解を深め，またストレス対処について振り返り，新たなコーピングについて考えてみるといったことを通じてストレ

表 4.4 **主観的ストレス評価**（Holmes & Rahe, 1967）

順位	ライフイベント （Life Event）	ストレス強度 生活変化単位値（Life Change Unit; LCU）
1	配偶者の死	100
2	離婚	73
3	夫婦別居	65
4	刑務所への収容	63
5	近親者の死亡	63
6	本人の大きなけがや病気	53
7	結婚	50
8	失業	47
9	夫婦の和解	45
10	退職・引退	45
11	家族の健康の変化	44
12	妊娠	40
13	性生活の困難	39
14	新しい家族メンバーの加入	39
15	仕事上の変化	39
16	家系上の変化	38
17	親友の死	37
18	配置転換・転勤	36
19	夫婦ゲンカの回数の変化	35
20	1万ドル以上の借金	31
21	借金やローンの抵当流れ	30
22	仕事の地位の変化	29
23	子女の結婚	29
24	親戚関係でのトラブル	29
25	個人的な成功	28
26	妻の就職・退職	26
27	進学・卒業	26
28	生活環境の変化	25
29	個人的習慣の変更	24
30	上司とのトラブル	23
31	労働時間や労働条件の変化	20
32	転居	20
33	転校	20
34	レクリエーションの変化	19
35	社会活動の変化	19
36	宗教活動の変化	18
37	1万ドル以下の借金	17
38	睡眠習慣の変化	16
39	家族の数の変化	15
40	食習慣の変化	15
41	長期休暇	13
42	クリスマス	12

スとうまく付き合う対処法を学ぶ「ストレスマネジメント」は，職場や学校で広く実施されています。

　なお，2014（平成28）年6月に**労働安全衛生法**が改正され，いわゆる心の健康診断ともいえる**ストレスチェック制度**が従業員数50人以上の事業場で義務化されました。このように，職場における労働者のメンタルヘルス対策が強化されています。

復 習 問 題

1. うつ病（うつ病性障害）にみられる症状として該当しないものを2つ選んでください。
　　①観念奔逸
　　②体重減少
　　③行為心迫
　　④食欲増加

参 考 図 書

岡本　祐子（編著）（2010）．成人発達臨床心理学ハンドブック──個と関係性からライフサイクルを見る──　ナカニシヤ出版
　中年期のメンタルヘルスに欠かすことのできない，キャリア，家族，中年期危機といった普遍的な観点に加え，中年期に突発的に生じ得る問題として，不妊，死別，病気などにも焦点をあて，発達臨床心理学の視点から論じた良書。

高齢期のメンタルヘルス

5

　ここまで，幼児期から中年期までのメンタルヘルスに関する問題について説明してきました。本章では，高齢期におけるメンタルヘルスについて概観しましょう。高齢期におけるメンタルヘルスを概観する上では，高齢期の発達課題や心理社会的な特徴を理解することが重要です。また，高齢期は，些細なきっかけでバランスが崩れ，精神的な不調をきたしやすい時期となります。具体的には，認知症，高齢期うつ病，廃用症候群，せん妄，睡眠障害などが挙げられます。それぞれの症状を概観した上で，心理的な支援についても紹介します。

5.1　ライフサイクルにおける高齢期の特徴

　まず，高齢期とはどのような時期でしょうか。一般に**高齢期**は，65歳以降の時期を指し，65歳から74歳までの**前期高齢期**と，75歳以降の**後期高齢期**に分けられます。かつては65歳以上の方を老人とよび，年齢を重ねることを**老化**といいましたが，**エイジズム**（年齢差別）などのステレオタイプを排除し，より正確な記述をするため現在では高齢者とよび，**加齢**（aging）と形容されるようになりました。加齢には，高齢者が老い衰えていくことのみならず，加齢の中で成長や発達があることが含意されています。

　我が国の高齢者人口（2020年9月15日現在推計）は，3,627万人と過去最多を更新し，高齢者人口の総人口に占める割合は29.1%と世界でもっとも高くなっています。日本人の平均寿命は，男性が81.49歳，女性が87.60歳で世界第1位です。日本老年学会・日本老年医学会は，高齢者の定義を75歳以上に引き上げるべきであり，合わせて65〜75歳を**准高齢者**，90歳以上を**超高齢者**

表 5.1　ハヴィガーストの挙げた発達課題

- 体力や健康の衰えに適応すること。
- 引退と収入の減少に適応すること。
- 配偶者の死に適応すること。
- 同年代の人々と親密な関係を結ぶこと。
- 社会的・市民的な責務を果たすこと。
- 身体的に満足できる生活環境を確立すること。

とするべきであるという研究者コミュニティの提言もなされています。そのた
め，現在の 65 歳から 74 歳の高齢者は，いずれ高齢者とみなされなくなる日が
くるかもしれません。

　エリクソンは，高齢期を英知（wisdom）に至る時期とし，発達課題（心理
的な危機）として人生を振り返り，経験と自己を意味あるものとして統合
（ego integrity）できるか，絶望（despair）に陥ると論じています。次に，ペ
ック（Peck, 1968）は，エリクソンの発達課題について大づかみであると批判
し，引退の危機，身体的健康の危機，死の危機という 3 つの危機に細分化して
います。さらに，ハヴィガースト（Havighurst, R. J.；1900-1991）は，表 5.1
の通り，発達課題を 6 つ挙げています（Havighurst, 1972）。さらに，この高齢
期の発達課題を身体，社会，心理の 3 つにまとめてみます。第 1 に，身体的健
康に関して，形態と機能が低下することです。加齢に伴い，骨格，筋肉等の形
態，臓器等の機能が低下し続けます。第 2 に，社会的関係に関して，職業人を
引退し，社会的な役割を喪失する中で同世代の人との交流を増やし，新しい活
動に取り組みます。第 3 に，心理的関係に関して，配偶者や身近な人の死を経
験し，死ぬことに対する見方や向き合い方が変化し，自分の人生の振り返り
（統合）が行われます。

5.1.1　心理的特徴

　高齢期は，死に向かう時期です。当然ながら，心身のすべての領域で老化が

認められます。身体的な個人差に加えて，職業，貧富の差，健康状態，知能，人生観・幸福感・死生観などさまざまな人生経験の積み重ねが個人差に反映されます。人生経験の積み重ねがあるがゆえに，高齢者にとって人生の意味はその人固有のものになる一方で，身体的・精神的な衰えに対する喪失感が大きくなることもあります。このような喪失感をどのように乗り越えることができるでしょうか。

エリクソンは晩年に，「自分たちの歩みが若い世代の人々の中にある」という感覚が強まるようになる**世代継承性**（generativity）の感覚を強調しています（Erikson et al., 1986）。もともとエリクソンは世代継承性を中年期の心理社会的な発達課題として定義しましたが（4.1 節参照），現在は長寿化や晩婚化等の社会的背景の変化に伴い，高齢期においても重要な発達課題であるとされています（Cheng, 2009）。以下に，東日本大震災の心理支援の事例を紹介します。

　　東日本大震災で出会った脳梗塞を患ったある独居高齢者は，これまでの半生で "生み育て" "築いて" "創り上げてきた" 仕事の喪失，家族との離別，価値観について，駆け出しの心理師であった筆者に語ることで，次の世代に引き渡せると確信していた。自分の人生そのものに対しては満足していなくても，"生み育て"，"築き"，"創り上げてきた" 経験を，若手の心理師に語ることで，自分でない人のなかに残ることを愉しみにしていた。2 週間に 1 度，4 か月間にわたった面談の終結時に，心理師がクライエントと出会えたこと，これまでの語りに対して感謝の念を伝えると，面接を振り返り「あなたに話すことは精神安定剤のようなものだった」と教えてくれた。半生のなかでの忸怩たる想いは浄化されないままであっても，その想いが若者への教訓となることで，少しは報われたと思えているようだった。高齢者の回想は，心理師というより若者に語る過程であり，幾ばくかの人生に対する肯定的な感覚をもたらしていたのかもしれない。（平泉，2015）

高齢者に対する心理療法では，**回想法**（reminiscence therapy）・ライフレビュー（life review）など，高齢者をエンパワメントする方法が有効です。回想

法は，1960 年代にアメリカの精神科医バトラー（Butler, R.）が提唱した手法で，過去を語ることで精神の安定，認知機能の改善を行う心理療法です。筆者はこの事例から，回想法には語り手が聞き手である次の世代に語る世代伝達性があり，語り手自身の半生を意味のあるものにしたいという「統合性の快」に動機づけられているととらえています。クライン（Klein, 1976）は，人間の性愛の発達段階に関して，最後の段階が**統合的快（審美的快）**であると論じており，人間は全体の調和が図られることに満足を感じると述べています。たとえば，縁側でお茶を飲みながら景色を眺め続ける祖父が，縁側の景色と自分，過去と現在とが感覚的に調和したように感じられている場面が挙げられます。景色の中に自分がいて，自分の中に景色があることが一体になるような揺蕩とした感覚です。

5.1.2　離脱理論と活動理論

　高齢期特有の適応に関する議論があります。古くは 1960 年代にアメリカで繰り広げられた離脱理論（disengagement theory; Cumming & Henry, 1961）と活動理論（activity theory; Havighurst, 1961）との論争です。このうち，**離脱理論**の論者は，高齢期では，加齢に伴い，役割や他者との関係も縮小するのが不可避であることから，残った活動力を自分の内面性に向けるようになることでより良く過ごすことができると主張しました。それに対し，**活動理論**の論者は，高齢期ではさまざまな喪失を補うために新たな社会活動に向かうことになり，中年期の活動を継続的に維持することでより良く過ごすことができると主張しています。また，第 3 の理論として登場した**継続性理論**（continuity theory; Atchley, 1989）では，これまでの活動を継続することにより，高齢期になっても社会的役割と類似の役割を代替役割として選ぶと論じました。

5.2　高齢者臨床と敬意

　高齢者臨床では，人生の先達である高齢者に対する敬意なしに適切な支援は不可能であることを念頭に入れることがもっとも重要です。このことについて，

小此木は次のように述べています。

　つまり，われわれ（筆者注：高齢者支援にあたる臨床家）の側は，敬老
の精神によって，老年者（筆者注：高齢者）を老年者という特殊な人種の
枠組み，類型にはめ込むことで，その生き生きした内面へのアプローチを
回避していたし，老年者の側は，そのような老年者扱いによる多くの人間
的なものの喪失を恐れて老年否認を強化していた。そして，この相互均衡
によって老年者保護（筆者注：高齢者介護等）が成立していたのが旧来で
あるとすれば，老年者自身によるリアルな自己認識と，臨床家による老年
者の心理のより内面的な理解が呼応するところに，それらの老年者理解の
道が啓かれなければならない。　　　　　　　　　　　　　　（小此木，2004）

　高齢者との面接の過程では，面接の空間に，高齢者が歩んできたとてつもな
い人生の時間と，自分の人生の時間が交差するように感じられて，驚きと敬意

表 5.2　**高齢者臨床の特徴**（平泉，2018 より一部改変）

①	一般的に，若い人に比べて心理的支援になじみがない。また，自発来談が少なく，他者から促されて来談することが多い。
②	自分の人生の振り返りの時期にいる。人生を受け入れることを通して英知に達するが，英知に達することは容易ではない。年を重ねるごとに人生について熟考し，哲学的になる特性は，心理療法的な介入の基盤である。
③	多くの肯定的な人生経験や多様な対処方略，英知を備えている。それは心理師との関係のなかで引き出される。
④	身体の衰えや障害，感覚や神経の障害，愛する者の喪失と悲嘆，生涯にわたり多くの不幸を積み重ねてきた影響，社会や生活変化から受けるストレスにより，対人関係に消極的な姿勢をもつことは自然である。
⑤	高齢者は家族や地域に支えられて地域のなかで暮らしている。家族や社会のなかで意味ある役割が与えられ，一員として実感できることが大切である。
⑥	対話の主題が死に関するものとなることがある。死に関する体験をしていない心理師は，死に対してどのような姿勢をもつかという困難に直面する。このことは，心理師に実際の年齢以上の成熟をもたらす。心理師が高齢者に敬意を抱き，人生の先輩から学ぶ姿勢をもつなかで，人間的な交流が生まれ，治療的な関係に発展する。

をおぼえることがあります。このような感覚は，子どもや成人との臨床には生じにくい，高齢者との面接での特有の感覚のようです。異なる時間と空間を生きてきた者の間に，小此木（2004）のいう「内面的な理解が呼応」するところに，世代伝達性のある心理面接の魅力があるように思われます。高齢者の心理的援助には，子どもや成人のそれに比べて，表5.2のような特徴があります。

5.3　高齢期のメンタルヘルス

　高齢期は，加齢により心身の機能が不可逆的に低下していき，ストレスに対する弾力性も低下しており，些細なきっかけでバランスが崩れ，精神的な不調をきたしやすい時期です。ただし，先述した通り，高齢期は個人差があるため，症状の現れ方は必ずしも定型的ではありません。

5.3.1　認 知 症

　認知症（major neurocognitive disorder）は，脳の器質性病変によって全般性の知能が低下し，日常生活全般に支障が生じる状態を指します。二宮（2015）によると，日本における65歳以上の認知症の人の数は2020年時点で約602万人と推計され，65歳以上の認知症の有病率は16.7％，6人に1人程度が認知症の有病者です。診断基準は，①後天的に起こる知能低下であること（一度は正常に発達した後に起こる知能低下。先天的なものは知的障害），②脳器質性病変（脳の神経細胞の変性や脱落・脳血管性病変）が認められること，が挙げられます。なお，DSM-5では認知症の上位に神経認知障害群（Neuro-cognitive Disorders; NCD）という疾病単位が導入されました。神経認知障害群は，認知症の他，軽度認知障害（Mild Cognitive Impairment; MCI），せん妄の3つに分類されました。

　認知症の診断基準の概要は表5.3の通りです。初期は，記憶障害によって本人や周囲に自覚されることが多く，病変の部位によってさまざまな症状が生じます。本人のみならず周囲にとって問題となるのは，認知症の行動・心理症状（Behavioral and Psychological Symptoms of Dementia; BPSD）です。これは，

表 5.3　認知症の診断基準の概要（DSM-5）（APA, 2013 髙橋・大野監訳 2014）

1 つ以上の認知領域が障害され，それらの障害によって日常の社会生活や対人関係に支障を来たすこと。せん妄やその他の精神疾患（うつ病や統合失調症等）が除外される。		
認知領域	複雑性注意	注意を維持したり，振り分けたりする能力
	実行機能	計画を立て適切に実行する能力
	学習および記憶	新しいことを覚えたり，覚えていたことを思い出す能力
	言語	言語を理解したり表出したりする能力
	知覚―運動	正しく知覚したり，道具を適切に使用したりする能力
	社会的認知	他人の気持ちに配慮したり，表情を適切に把握したりする能力

家族介護者や医療福祉従事者の介護に対する負担感を説明しようとするとき，もっとも大きな要因の一つです。したがって，認知症の症状のみならず，それぞれのステージにおいて，これらの BPSD を正確にアセスメントすることが必要になります。

　認知症の特徴であり，その疾患を特徴づけているのは**不可逆性**（irreversibility）（病状の完治が難しく，原則として元の状態に戻らないこと）です。現在のところ薬物療法に認知症そのものに有効なものはないものの，認知症に伴うそれぞれの症状に有効なものはあることから，治療は主に薬物療法と環境調整が行われています。環境調整については，認知症の経過には心理社会的要因も影響することから，丁寧に行う必要があります。

　認知症の心理療法では，認知機能の改善と生活の質（Quality Of Life; QOL）の向上を目指し，薬物療法と非薬物療法を組み合わせて行われますが，BPSDが出現した場合は非薬物療法を優先的に適用することが推奨されています（日本神経学会，2017）。認知症者への非薬物療法には，**認知機能訓練**，**認知刺激**（認知機能や社会機能の全般的な強化を目的とした，活動やディスカッション（通常はグループで行う）などのさまざまな関与を指す），**運動療法**，**回想法**，**音楽療法**，**日常生活動作（ADL）訓練**が推奨されています（日本神経学会，2017）。

　アルツハイマー型認知症（Alzheimer's disease dementia）は，認知症の中で
もっとも多く，原因不明で，脳の神経細胞自体の変性や脱落によって脳が萎縮
し生じます。70 歳以降の女性に多く（男女比 1 対 3），徐々に進行します。全
般的な認知機能の低下があり，人格の変化が顕著です。

　血管性認知症（vascular neurocognitive disorder）は，脳血管性の障害（脳
梗塞・脳出血）により引き起こされる認知症です。初老期（50 歳代）より発
症し，男性に多く，まだらな認知機能の低下が特徴です。人格は末期まで維持
されやすくなります。

　この他，**レビー小体型認知症**（neurocognitive disorder with Lewy bodies），
前頭側頭型認知症（frontotemporal neurocognitive disorder）などがあります。
後者の一種である**ピック病**は，高齢期前期に発症しやすい脳の変性疾患で，ア
ルツハイマー型認知症よりも人格変化が主です。これは，脳の限局性（前頭葉
や側頭葉）の萎縮によります。

5.3.2　せん妄

　せん妄（delirium）とは，軽度の意識障害に精神運動性興奮を伴う症状です。
幻覚や妄想を伴うこともあります。高齢者の場合，わずかな環境の変化や身体
状態の変化などでせん妄になることがあります。

　せん妄は，頻度の高い病態であり，身体疾患や薬剤，手術などの直接要因，
加齢や認知症などの準備要因，身体的・精神的苦痛や環境変化などの誘発・促
進要因によって発症しますが，複合的に作用していることも多いです（Inouye
et al., 2014; Fong et al., 2009）。身体疾患の悪化や投薬の変更，手術後などで生
じる失見当識や幻覚・妄想ではせん妄の可能性がきわめて高くなります。治療
はまず原因の除去が第一となり，対処療法として抗精神病薬や抗不安薬が投与
されることもあります。せん妄の診断基準は，表 5.4 の通りです。

　せん妄はしばしば認知症との識別が問題になります。基本的には意識障害で
あり，症状の変動性や夜間に多いこと，視覚性の誤認が多いことなどが識別の
ポイントとなります。実際場面では，認知症にせん妄が重なることもあるため
識別が困難なことも多いです。さらに，興奮を伴わない活動減少性のせん妄で

表 5.4　せん妄の診断基準（DSM-5）（APA, 2013 高橋・大野監訳 2014）

A	注意の障害（すなわち，注意の方向付け，集中，維持，転換する能力の低下）および意識の障害（環境に対する見当識（時・場所・自分や周りの人を正しく認識する機能）の低下）。
B	その障害は短期間のうちに出現し，（通常数時間〜数日），もととなる注意および意識水準からの変化を示し，さらに 1 日の経過中で重症度が変動する傾向がある。
C	さらに認知の障害を伴う（例：記憶欠損，失見当識，言語，視空間認知，知覚）。
D	基準 A および C に示す障害は，他の既存の，確定した，または進行中の神経認知障害ではうまく説明されないし，昏睡のような覚醒水準の著しい低下という状況下で起こるものではない。
E	病歴，身体診察，臨床検査所見から，その障害が他の医学的疾患，物質中毒または離脱（すなわち，乱用薬物や医薬品によるもの），または毒物への暴露，または複数の病因による直接的な生理学的結果により引き起こされたという根拠がある。

は，認知症やうつ病と誤る頻度は高くなります。

　せん妄の症状では，他の疾病の予後の悪化，入院の長期化と関連し，本人の意思決定能力が低下し，家族とのコミュニケーションも妨げられます。また，医療スタッフの疲弊や医療コストの増大にもつながります。そのため，**リエゾン精神医療**（liaison psychiatry）と**多職種連携**（Inter-Professional Work; IPW）によるアプローチが大切です。

5.3.3　高齢者のうつ病

　高齢者のうつ病の診断は，一般成人と同じです。日本うつ病学会（2020）の「高齢者のうつ病治療ガイドライン」によると，高齢者のうつ病では，しばしば思考制止や注意・集中力の低下を示し，一見認知症のようにみえます（**うつ病性仮性認知症**（depressive pseudodementia））。近年では，高齢者のうつ病と認知症は識別の対象であるだけでなく，むしろ高齢期のうつ病が認知症のリスクファクターであること，すなわち高齢期のうつ病から認知症に移行することも少なくないことがわかっています。認知症以外にもせん妄や薬剤性のうつ状態，身体疾患に伴ううつ状態などは高齢者でよく目にする病態です。高齢者の

表 5.5　**高齢者のうつ病の臨床的特徴**（日本うつ病学会，2020）

- 自殺念慮，悲観，精神運動激越，心気症，身体症状，精神病症状の頻度が高い。
- より高齢であるほど抗うつ薬への反応は悪い。
- 再発率が高く，維持療法が重要である。
- 自殺や認知症への移行に注意が必要である。

うつ病の臨床的特徴は，表 5.5 の通りです。

　高齢者のうつ病に推奨される心理療法には，**認知行動療法**（cognitive behavioral therapy），**問題解決療法**（problem-solving therapy），**回想法・ライフレビュー**があります。これらはうつ症状の軽減に有効で，明確な有害事象の報告はなく，試みるべき治療法であるとされています（Baba et al., 2022；日本うつ病学会，2022）。本格的な治療を導入する以前には，本人，家族および介護者に対する心理教育，環境調整を行います。また，さまざまな喪失体験を背景とした高齢期の心性に対して十分な受容的・共感的態度を示すことが重要です。家族が疲弊していることも多く，家族へも共感的態度を示しつつ，高齢期の心性への理解を促すことが必要になります。

5.3.4　不動・廃用症候群

　不動・廃用症候群（immobilization and disuse syndrome）は，生活不活発症ともよばれます。これは，身体の不活動状態により生ずる二次的障害について体系化した概念で，不動や低活動，臥床に起因する全身の諸症状の総称です。一般的には，運動量の減少により，廃用症候群が生じ，運動機能が低下することで自信と意欲が低下し，さらに運動量が低下する悪循環があります。

　廃用症候群の要因は，主に**内的（一次的）要因**と**外的（二次的）要因**とに分類されます（図 5.1）。廃用症候群の症状は，筋骨格系，循環・呼吸器系，内分泌・代謝系，精神神経系など各臓器の症状として多岐に現れ，日常生活自立度を低下させます。これは，閉じこもりや寝たきりになる要因として重要です。内的（一次的）要因は，精神症状により不動の状態が続く場合（たとえば，麻

図5.1 閉じこもり・寝たきりと廃用症候群の関連図

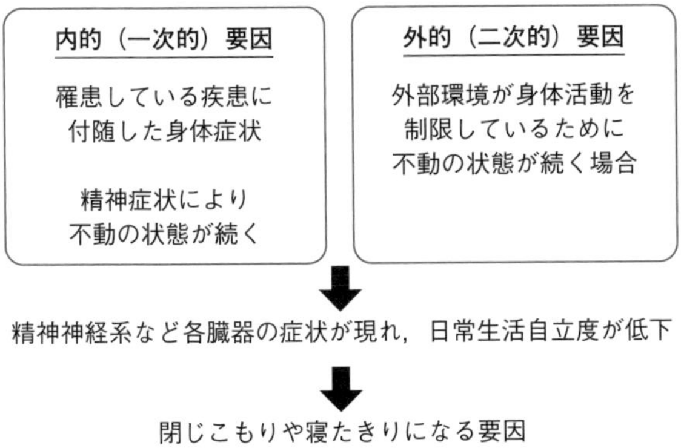

内的（一次的）要因	外的（二次的）要因
罹患している疾患に 付随した身体症状 精神症状により 不動の状態が続く	外部環境が身体活動を 制限しているために 不動の状態が続く場合

精神神経系など各臓器の症状が現れ，日常生活自立度が低下

閉じこもりや寝たきりになる要因

痺，疼痛，息切れ，抑うつなど）です。外的（二次的）要因は，外部環境が身体活動を制限しているために不動の状態が続く場合（たとえば，ギプス固定，安静の指示，介助者の不在など）です。したがって，不動・廃用症候群ではリハビリテーションが重要になります。

近年は，日本老年医学会が2014年に，心身の衰えた状態を指す用語としてフレイル（frailty）を提唱しています。フレイルは，健康な状態と要介護状態の中間の状態であり，身体的機能や認知機能の低下がみられます。

5.3.5 睡眠―覚醒障害

60歳以上の人の約3割が何らかの睡眠―覚醒障害（sleep-wake disorder）を有するとされています。また，睡眠は年齢とともに変化することが知られています。一般的に，加齢により睡眠および概日リズムが変化し，健康な高齢者でも睡眠が浅くなり，中途覚醒や早朝覚醒が増加します。さらに睡眠を妨げる身体や精神の疾患があると，不眠症や睡眠時無呼吸症候群などのさまざまな睡眠障害が出現します。睡眠―覚醒障害は認知症やうつ病など精神疾患の罹患および増悪因子になることから（中曽根ら，2012），予防的対応をとることが高齢

者の QOL 向上を図る上で重要になります。

5.4 高齢者に対する心理学的な介入

　現在，我が国の介護保険制度には心理師は位置づけられていないため，高齢者領域の心理師の活動には制度面で課題があります。しかし近年では，高齢者等が要介護状態になっても住み慣れた地域で自分らしい生活を最後まで送れるように地域がサポートし合う**地域包括ケア**が推進されており，高齢者の心理的支援や家族支援の必要性が認識されつつあります。心理師は，病院においては**リエゾン医療**の一員としてこれまで挙げてきた病態にアプローチしており，地域においては認知症の早期発見・対応のための**アウトリーチ活動**と**アセスメント**，高齢者のうつ病や廃用症候群，認知症ケアや介護予防のために**心理教育**，**家族教室プログラム**，認知症高齢者や家族介護者への**心理療法**などを行っています。日本臨床心理士会が高齢者臨床を行っている臨床心理士を対象として 2018 年に行った調査によると，要支援者の疾患について尋ねた結果（複数回答あり）では，要支援者の疾患は認知症がもっとも多く，次いで気分障害，不安障害となっています（日本臨床心理士会，2019）。また，業務では，アセスメントのみ（神経心理学的検査のみ）がもっとも多く，次いで本人支援・個別支援，リエゾン・多職種連携となっています。

　アセスメントでは，高齢者の認知機能をスクリーニングする場合，MMSE（Mini-Mental State Examination）や改訂長谷川式簡易知能評価スケール（HSD-R）が用いられることが多いです。観察式では，本人を直接観察することや，家族・介護者からの情報により評価し，**日常生活自立度評価**，**行動心理評価**，**FAST**（Functional Assessment Staging of Alzheimer's disease）**分類**，BPSD の評価などを行います。

　高齢者に対する心理療法では，おおむね**回想法・ライフレビュー**と**支持療法**が支持されています。この他にも，プライマリケアでの**対人関係療法**（interpersonal psychotherapy）の有効性も報告されています（van Schaik et al., 2006）。一般に高齢者に対する心理療法では，洞察的な方向づけよりも支持的

な方向づけ，つまり，治療者が積極的に依存対象となることを引き受け，希望や生活意欲が高まるような関わりを行い，ソーシャルワーカー，その他専門職と連携した生活環境の調整を図ることに重点が置かれます。高齢者の心理的な危機（エリクソンの統合 対 絶望）がある中での高齢者特有の葛藤に思いを寄せつつ，高齢者の人格と個人史を傾聴によって確認することが，臨床家の重要な役割になります。このような姿勢の上で，さまざまな心理療法（回想法・ライフレビューなど）が効果をもたらすと考えられます。

病院・施設では，高齢者は心理社会的な要因の影響を受けやすいため，症状悪化の予防と QOL 向上を目指した環境調整やコンサルテーションも大切です。

BOX 5.1 認知症ケアの基本用語

パーソン・センタード・ケア（Person-Centred Care; PCC）は，1980 年代にキットウッド（Kitwood, T.）が提唱した，イギリスが発祥の認知症者へのケア技法です。PCC では認知症の方を一人の人間として尊重し（パーソンフッド（person-hood）），その人の立場から考えてケアを行います。心理的ニーズを満たすことが大切とされており，それらの心理的ニーズには「くつろぎ」「自分らしさ（アイデンティティ）」「携わる」「結びつき・愛着」「共にあること」が挙げられています。この 5 つのニーズを包含しているのが「愛情」です。認知症ケアマッピング（Dementia Care Mapping; DCM）は，ケア現場で実際にパーソン・センタード・ケアの理念を実践するために開発されたケア方法です。

バリデーション療法（validation therapy）は，1960 年代に，フェイル（Feil, N.）によって開発された認知障害や認知症の高齢者のためにコミュニケーション技法です。バリデーションには検証，確認などの意味があります。認知障害のある個人を 4 つの段階（認知の混乱，季節の混乱，繰返し動作，植物状態）のいずれかに分類し，状態に合ったコミュニケーションをとります。基本的態度は，傾聴する，共感する，評価しない，誘導しない・嘘をつかない，ごまかさないなどの 6 つがあります。また，センタリング，オープンクエスチョン，リフレージングなどの 14 の基本テクニックがあります。

多職種連携では，認知症ケアの考え方の一つである**パーソン・センタード・ケ ア**の考え方や，認知症者とのコミュニケーション技法である**バリデーション療 法**を知っておく必要があります（BOX 5.1）。

　どのようなアプローチであっても，まずは低下している部分に対処する必要 があることはもちろんのこと，同時に成熟に向かう高齢者の心性，関係性，長 所などにも焦点をあてることで，心理的な介入がより効果的になると考えられ ます。たとえば，**ブリーフセラピー**のように，すでにある本人と周囲の資源に 焦点をあてて，地域や施設で高齢者に合った役割を見出すこと，英知や特技 （たとえば折り紙，映画に詳しいことなど）を活かした社会的接触を増やすこ となど，小さな行動に焦点をあてて，それらを拡張する介入が挙げられます。

復 習 問 題

1. ライフサイクルにおける高齢期の発達課題について，エリクソン，ハヴィガース ト，ペックの考えを説明してください。
2. 回想法・ライフレビューを説明してください。
3. 高齢期のうつ病の特徴と心理療法の留意点を説明してください。

参 考 図 書

黒川 由紀子（2005）．回想法——高齢者の心理療法——　誠信書房
　日本における回想法・ライフレビューの第一人者である著者が高齢者に対する回 想法の理論と実際を解説した書です。回想法の歴史，進め方，うつ病や認知症者に 対する回想法の事例などを詳しく解説されています。
キットウッド，T.・ブレディン，K. 高橋 誠一（監修）寺田 真理子（訳）（2018）.
　　　認知症の介護のために知っておきたい大切なこと——パーソンセンタードケア 入門——　ブリコラージュ
　認知症ケアの基本であるパーソン・センタード・ケアの入門書として最適です。 パーソン・センタード・ケアの提唱者であるキットウッドによる著書です。
フェイル，N. 藤沢 嘉勝（監訳）篠崎 人理・高橋 誠一（訳）（2001）．バリデーシ ョン——認知症の人との超コミュニケーション法——　第 2 版　筒井書房
　アメリカのソーシャルワーカー，フェイルが開発した認知症の方たちとのコミュ ニケーション法であるバリデーション療法を紹介した著書です。

第 II 部

アセスメント

心理アセスメントの理論と技法

6

　臨床心理学的アセスメント（以下，心理アセスメント）は，「臨床心理学的援助を必要とする事例（個人または状況）について，その人格や状態，状況および規定要因に関する情報を系統的に収集分析し，その結果を総合して事例への介入方針を決定するための作業仮説を生成する過程」と定義されます（下山，2008）。本章では，心理アセスメントの理論と技法について概観します。はじめに，心理アセスメントの基本的な観点を学び，次に，面接法，観察法，心理検査法の３つの技法について述べます。

6.1　心理的アセスメントの理論

　アセスメントは，「方針を決定するための作業仮説を生成する過程」ですが，心理支援の一部分ですので，無機質な作業ではなく，患者や家族が困っていることを共に明らかにして対応するという協調的かつ探索的な姿勢が大切になります。以下では，主訴と見立ての異同，インフォームド・コンセント，ラポール，関与しながらの観察，生物・心理・社会モデル，ストレングス・モデル，テストバッテリーについて述べていきます。

6.1.1　主訴と見立ての異同

　主訴と見立ては，いずれも問題と解決に関する事柄を扱いますが，主体（クライエントまたはセラピスト）が異なる点で差異があります。主訴（chief complaint）とは，クライエントからみた問題と解決の一塊です。クライエントは問題に圧倒されながらも，願いをもって来談することになります。したが

図 6.1 主訴と見立ての概念図

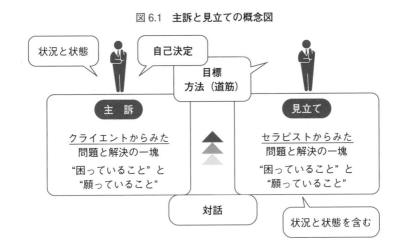

って，アセスメントではクライエントの視点から "困っていること" と "願っていること" の両方を丁寧に聴きとっていきます。これに対して，**見立て**（≒心理アセスメント；assessment）とは，セラピストからみた問題と解決の一塊です。すなわち，クライエントからみた "困っていること" と "願っていること" に対して，その問題と解決の構造がどうなっているか，治療の目標が何で，どのような方法（道筋）だと到達できるかを検討することです（図 6.1）。

6.1.2 インフォームド・コンセント

アセスメントでは，他の心理的援助のプロセスと同様に，**インフォームド・コンセント**（Informed Consent; IC）が不可欠です。IC は，①クライエントの知る権利を尊重する，②クライエントが自ら決める権利を保障する，③クライエントに伝える義務を履行する，の 3 つの**原則**から成り立ちます。

IC は，単回で完了するイメージがもたれやすいですが，心理的援助のプロセスで繰返し行われます。しばしばクライエントの質問によって，あるいはセラピストの気づきによって説明が開始されます。必要な説明が十分に行われる

ことで，クライエントが**自己決定**（self determination）し，自分のアセスメントや治療に主体的に関与することになります。

6.1.3　ラ ポ ー ル

　インフォームド・コンセントの過程で醸成されるラポール（rapport；相互信頼関係）が，アセスメントと治療の基本となります。ラポールとは，もともと催眠療法の用語であり，催眠に入ることができる前段階の，セラピストからみたクライエントとの調和した反応を指す概念です。これが転じて，共通の関心や感情を分かち合っている，調和的なコミュニケーションが成立する状態を表し，セラピストとクライエントの間に存在する信頼関係を意味する概念としても用いられるようになりました。ラポールは，面接を効果的に進める上で重要な要件です。ただし，心理師がラポールの形成に注力すると，クライエントに対する注意や発話内容への関心が薄れる場合があるので留意する必要があります。また，ラポールは目には見えないので，観察できる言動から推測することになります。

　相互注視（mutual gaze）は，ラポールの有無を判断するための行動指標として有用です。相互注視は，二者が視線を交錯（eye contact）させ，互いの目を見ることを指します。もともと乳幼児の発達において，乳幼児が愛着行動の一環として養育者と視線を交錯することで養育者の反応を引き出す現象を記述するために提唱され，現在ではより広くコミュニケーション研究で扱われています。セラピストは，クライエントに関心を寄せて応答を心がけることでラポールを形成していきます。

6.1.4　関与しながらの観察

　サリヴァン（Sullivan, H. S.；1892-1949）は，面接の技術として**関与しながらの観察**（participant observation）をいかに適切に実現するかを述べています（Sullivan, 1953）。関与しながらの観察とは，クライエントへ共感的理解（主観性）を示す関与をしながら，クライエントの表情や態度，状況の客観的な観察（客観性）をするという二面性のある治療的態度を両立させることです。いわ

ば,「**体験自我**」と「**観察自我**」を同時に働かせることになります。自分自身
を道具として**クライエントの肩越し**(「as if の姿勢」で)に体験的に理解しよ
うとすると同時に,関与する自分を含めて対象を観察する(「観察自我」)俯瞰
的な視点をもちながら関与することになります。

6.1.5 生物・心理・社会モデル

生物・心理・社会モデル(Bio-Psycho-Social model;BPS モデル)は,精神
科医であるエンゲル(Engel, G.;1913-1999)が提唱したモデルです(図6.2)。
これは,**生物医学モデル**(biomedicine model)に対する批判として提示され
た医療観です(Engel, 1977, 1980)。彼は,人間は生物であり,心のある存在
であり,社会の中で人々と共に生きるものなので,**生物医学的要因,心理学的
要因,社会学的要因**の3つをつねに考えて患者にあたるべきだと論じました。
また,生物システムの他,人格・認知・感情・信念・主観などの心理システム,
組織・行政・文化・制度などの社会システムがあり,それぞれの階層がシステ
ムとして互いに影響している事実に注目し,**階層的なシステム**の中に病がある

図6.2 **生物・心理・社会モデルの概念図**

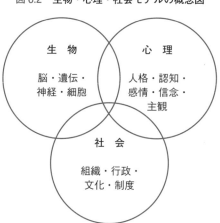

ことを理解して関わる必要があると論じました。BPS モデルに基づく心理ア
セスメントでは，精神症状に対して「神経系では？　脳機能では？」というミ
クロな階層で考えていく一方で，「家族内では？　地域では？」とマクロな階
層で考えていくことになります。

　BPS モデルは，脳神経や遺伝，人格や感情，組織や行政といった要因すべ
ての中で，各要因の相対的な重要性を推定することによって事例をとらえ，治
療の方向性を決定していきます。しかし，各要因の相対的な重要性を推定する
ことは不確実な作業であり，熟練した臨床家には役に立っても，初学者が使い
こなすのは容易ではありません。得られた情報を統合して仮説を立てる作業は，
初学者にとっては難解な技術です。まずは，単一の枠組み（心理など）にとら
われやすい視点を柔軟にし，BPS モデルに即して視野を相対化することが有
用であると考えられます。その上で，必要な**ケースカンファレンス**（case con-
ference）を行います。カンファレンスでは，関係者の共通言語として BPS モ
デルに基づいて検討していきます。

6.1.6　ストレングスモデル

　ストレングスモデル（strengths model）とは，疾病や障害に焦点をあてる
だけでなく，患者の願いや希望の実現に役立つ**ストレングス**（強み）に焦点を
あてるアプローチです。ストレングスモデルでは，すべての人は目標や才能を
有しており，すべての環境には資源や機会が内在していると考えます。**ストレ
ングスアセスメント**（strengths assessment）では，クライエントが本来の自
分を取り戻すリカバリー（回復）を旨として，クライエントのストレングスと
して特性，技能，才能，能力，環境，関心，願望，希望の8つをとらえます。
このアセスメントには，2つの問いがあります。第1に，クライエントが達成
したいことが何かを知らずして問題が何かをどうやって知ることができるか，
です。第2に，クライエントが何かを達成するときに助けとなる資源や支援が
何かを知らずして，問題が何かをどうやって知ることができるか，です。

6.1.7 テストバッテリー

心理アセスメントでは，テストバッテリーを組むことがあります。**テストバッテリー**（test battery）とは，臨床場面においてクライエントをより多面的な角度から理解することを目的に，さまざまな心理検査を組み合わせることとその組合せ方法のことです。

たとえば，**質問紙法**（questionnaire test）と**投影法**（投映法；projective test）（6.4.2項参照）には，それぞれに長所と短所があります。質問紙法は意識のレベルが高い部分を，投影法は意識レベルが低い（無意識レベル）部分を測定できます（図6.6参照）。このように，クライエントをより多面的に理解するために性質が異なる適切な検査を組み合わせるのがテストバッテリーです。テストバッテリーを組むにあたって，①検査者がクライエントの何を把握しようとしているのかが明確になっていること，②心理検査の長所と短所，効用と限界を知っていること，③使いたい検査を使いこなせる技量があること，に留意する必要があります。一般的なテストバッテリーの一例として，投影法（**ロールシャッハ・テスト**（Rorschach test; Rorschach inkblot test），**文章完成法**（Sentence Completion Test; SCT）または描画法（drawing test）と質問紙法（**MMPI**（ミネソタ多面的人格目録）など）を組み合わせることが挙げられます。

6.2 面接法による心理アセスメント

心理アセスメントにおける**面接法**（interview method）は，言語的な手段を用いてクライエントを理解するために情報収集をする手続きです。どのような面接法を取り入れるかはクライエントの特性や状態に応じてセラピストが戦略的に判断し，クライエントへの**インフォームド・コンセント**（IC）を経て行います。

面接室は，話し合いが妨害されず，プライバシーが守られた空間にします。面接室の場所や物理的な構造はできる範囲で整備し，落ち着いた雰囲気となるよう工夫します。座席の配置は，クライエントは正面に面接者がいると圧迫感

図 6.3　面接室での座席の配置

　を感じるので，不自然にならないように対角線上や，角を挟むように座ります（図 6.3）。

6.2.1　インテーク面接

　インテーク面接（intake interview）とは，クライエントの問題を把握し，クライエントに最良と思われる治療方針を決定するための面接です。治療契約を締結した後の治療のための面接に比べて心理アセスメントに重点があります。治療方針は，通常は1～3回くらいの面接で判断します。インテーク面接の結果，当該の相談を当初の機関で引き受けることが適当か，引き受けるのであれば，どのような心理支援が最適であり，セラピストを誰にするか，あるいは他の機関なり治療者に紹介（リファー（refer））するほうがよいかを検討します。必要があれば簡易な心理検査を実施します。なお，インテーク面接の後に，インテーク会議を行う場合もあります。

　インテーク面接で収集する基礎的な情報は表 6.1 の通りです。収集する情報は所属機関やクライエントの状態によって異なりますが，おおむね主訴を中心に，状態と状況（環境と個人）を聞きとりします。

表6.1 インテーク面接で収集する情報

項目	収集する情報
主訴	来談動機，困り事・問題，問題の経緯，現状認識と願い。
状態像	既往歴や現病，身体運動などの身体的側面。 知能，情動，認知などの心理的側面。 家庭や学校などの他者との関係性，就学・就労状況，社会的スキルなどの社会的側面。
生育歴	出生から現在までの特筆すべき事項。たとえば，出生や乳幼児のときの状態，保育園や学校等での社会適応，就労先での社会適応，犯罪等の経歴，重大な死別や離別や心的外傷体験の有無。
家族の状況	家族構成，家族の年齢，特徴，死別の有無，関係性，経済状況や生活状況の把握。家族図（ジェノグラム）を用いる場合もある。
医療情報その他	医学的所見，心理検査所見，学校生活情報提供書など。

6.2.2 アセスメント面接

　アセスメント面接（assessment interview）は，初回のインテーク面接を長めの時間にすることでインテーク面接とアセスメント面接を合一にする場合がありますが，ここではインテーク面接の後に行われるものとして概説します。アセスメント面接は，一般的には1～3回行います。情報を系統的に収集分析するため，ゆとりのある十分な時間と回数を設定することが望まれます。また，アセスメント面接の一環で心理検査を実施することもあります。

　一般的な調査面接は，面接者の側が決められた質問を尋ね，情報を聴取しますが，アセスメント面接の場合には，クライエント自身が内的な探索の過程や自己の観察に参加するため，いかにして作業同盟（working alliance）のある，良い面接関係をもつかが大きな課題になります。そのため，インテーク面接時に十分なインフォームド・コンセントを行い，クライエントがアセスメントの目的と方法を理解し，意思決定した上で行います。また，クライエントのことがわからない中で実施するため，クライエントの応答を逐次分析し，クライエントの能力と状態に適合させることが不可欠です。

6.2.3　構造化の程度による分類

　構造化面接（structured interview）とは，あらかじめ決められた系統的な質問で構成されている面接です。構造化面接では，臨床場面では決められた手順や規格によって聞きとりができることから，疾患のスクリーニングをすることや，組織の中でシステミックに情報を管理・使用する目的で用いられます。

　半構造化面接（semi-structured interview）とは，あらかじめ決められた系統的な質問から構成されている中程度の構造をもつ面接です。あらかじめ決めた範囲の内容（職歴，学歴，家庭状況など）を質問しますが，面接者の裁量で会話が進行し，明確にする必要のあるポイントについては質問することができます。

　非構造化面接（unstructured interview）とは，あらかじめ決められた系統的な質問よりも自由に回答できる質問を行い，質問された相手が自分の思う通りに自由に回答できる，最少量の構造をもつ面接です。面接者の技量によってデータの質が左右されやすいので，初学者の場合は事前に観察学習をすること，面接後にスーパーバイザーに助言指導を求めること，必要な情報を聞きとりできているか内容を確認してもらうことで妥当性を担保することが望まれます。

6.2.4　面接の形態による分類

　並行面接（parallel treatment）とは，クライエントとの面接の他に，クライエントと関わりのある人物と別のセラピストによる面接を並行して実施する面接の形態です。**親子並行面接**や**夫婦並行面接**などが挙げられます。別々に面接して参加者の葛藤や緊張を下げたい場合や，児童相談所で子どもと養育者それぞれに面接する必要がある場合に選択します。並行面接では2つの面接が相互に関係するため，セラピスト同士のチームワークが良質であると，情報量，介入の選択肢が増えることになります。これに対して，**合同面接**（joint interview/joint session）は，クライエントと関わりのある人物が合同で参加する面接の形態です。場面を共有することにより居合わせた者同士のうちにさまざまな相互作用が同時に起きるので，相互作用の観察および分析ができます。

6.3　観察法による心理アセスメント

観察法（observation）は，クライエントの表情や態度などの行動を観察することを通して情報収集をする手続きです。話し方，姿勢，しぐさ，症状に関連した反応や動作などに注目します。

自然観察（observation without intervention/naturalistic observation）は，ありのままの行動を観察する手続きです。あらかじめ視点を定めずに観察する偶発的な観察法，あらかじめ視点を定めて観察する組織的な観察法があります。

実験的観察（observation with intervention/controlled observation）は，観察者が環境や状況を操作し，その反応や変化を観察する手続きです。たとえば，子どもの養育者に対する愛着を評価するストレンジシチュエーション法が挙げられます。

参与観察（participant observation）は，対象と実際に関わりながら観察する手続きです。病棟，学校，保育園等といった生活の場面で観察者が参加しながら観察します。たとえば，1歳半健診で歩行の状態や発語，言語理解を確認し，3歳児健診では集団内での行動を観察します。また，後述する検査法による心理アセスメントでは被検者の回答態度や姿勢なども観察しているので参与観察にあたります。面接法による心理アセスメントは多くは聞きとりをしながら行動の観察も行っています。

6.4　検査法による心理アセスメント

以下では心理検査を用いてアセスメントを行う者を**検査者**（テスター（tester）），心理検査によるアセスメントを受ける者を**被検者**（テスティー（testee））とよびます。

それぞれの心理検査は，何のために作られたのかという目的によって，成り立ちや理論的な背景が異なります。検査の特性を熟知し，**対象者の利益**になるように心理検査を用いることが大切です。

どのような心理検査であっても，静寂な環境で，クライエントを圧迫しない

図 6.4　心理検査の妥当性と信頼性

> 測定しようとしている特性（パーソナリティ特性，能力など）を正しく測定できているかを妥当性といい，同一の対象者に対して異なった検査者が実施しても同一の結果が得られることを信頼性という。

表 6.2　代表的な心理検査

心理検査	能力検査	知能検査	ビネー式知能検査，ウェクスラー式知能検査
		発達検査	遠城寺式発達検査，K 式
		神経心理学的検査	改訂長谷川式簡易知能評価スケール（HDS-R），ミニメンタルステート検査（MMSE）
		適性検査	職業適性検査，進路適性検査
		学力検査	アチーブメントテスト
	パーソナリティ検査	質問紙法	ミネソタ多面的人格目録（MMPI），矢田部ギルフォード性格検査（YG 性格検査），東大式エゴグラム（TEG（新版 TEG-3））
		作業検査法	内田クレペリン精神検査（計算），ベンダー・ゲシュタルト・テスト（図形の模写）など
		投影法	ロールシャッハ・テスト，主題統覚検査（TAT），絵画欲求不満テスト（P-F スタディ），文章構成法（SCT），バウムテスト，HTP テスト

位置に検査用具を置き，検査の手続きや観察に支障が生じない位置を確保します。実施のマニュアルや手順を遵守し，得られた結果が信頼でき妥当な知見になるようにします（図 6.4）。

　代表的な心理検査は，表 6.2 の通りです。心理検査を目的によって分類すると，どれくらい能力を発揮するかを測定する**能力検査**（ability test）と，日常的な場面でどのように振る舞う傾向があるのかを測定する**パーソナリティ検査**（personality test）に分けられます。能力検査には，**知能検査**（intelligence test），**発達検査**（developmental test），**神経心理学的検査**（neuropsychological test），**適性検査**（aptitude test），**学力検査**（achievement test）が含まれます。

表6.3 日本における心理検査の利用頻度 (小川ら，2011 より改変)

順位	検査名	利用頻度（%）	順位	検査名	利用頻度（%）
1	バウムテスト	67.1	11	YG	30.2
2	WISC	50.7	12	DAP	28.1
3	SCT	50.5	13	HSD-R	27.1
4	WAIS	49.4	14	SDS	25.3
5	TEG	46.0	15	家族画	22.5
6	ロールシャッハ	45.8	16	MMSE	22.1
7	HTP	39.4	17	K-ABC	21.2
8	風景構成法	32.3	18	MMPI	14.2
9	ビネー式	32.3	19	K-ABC	13.2
10	P-F スタディ	31.7	20	CMI	12.0

「常に使用している」「頻繁に使用している」「適度に使用している」「まれにしか使用しない」「使用せず」の5段階で評定してもらい，「常に使用している」「頻繁に使用している」「適度に使用している」を選択した割合の高さから順位づけされています。

パーソナリティ検査は，その方法によって**質問紙法，作業検査法，投影法**に分類されます。

　心理検査の使用頻度は，**表6.3**の通りです。**表6.3**は，小川ら（2011）による心理検査の採用状況について326人の回答から各種検査の使用頻度を整理した結果です。上記3位のバウムテスト，ウェクスラー式成人知能検査（WISC）および**文章完成検査**（SCT）は，過去30年間ほとんど変わらず上位を占めています。上位20位の中に投影法が8つ（バウムテスト，SCT，ロールシャッハ・テスト，House-Tree-Person テスト（HTP），風景構成法，P-F スタディ，**人物画テスト**（DAP），**家族画**）が入っています。上位10位に投影法が6つもあることから，日本では投影法が好まれよく用いられているといえます。一方，海外においては，たとえばアメリカの調査でも HTP が心理検査として使用されているのに対して，イギリスでは心理検査としての HTP の利用は少ないことが報告されています。同じ英語圏でも用いられ方には違いがあります。

6.4.1　知能検査

1.　ビネー式知能検査（Binet-Simon test）

　フランスの心理学者であるビネー（Binet, A.；1857-1911）と弟子のシモン（Simon, T.；1873-1961）によって開発された精神遅滞児の有効な教育を目的に作成した検査法です。アメリカの心理学者であるターマン（Terman, L. M.；1877-1956）によって標準化され，検査の結果を**知能指数**（Intelligence Quotient; IQ）で表示できるようにした**スタンフォード・ビネー法**（Stanford-Binet intelligence scale）が作成されました。IQ は，生活年齢（誕生からの実際の年齢）と精神年齢（知能検査によって測定された値）を基に，**図6.5** の式により算出されます。日本でも早くから標準化され，**鈴木ビネー知能検査**と**田中ビネー知能検査**があります。最新の検査は，**田中ビネー知能検査V**です。2歳から成人まで適用でき，14歳以上には原則，偏差値を基本とした IQ である**偏差知能指数**（Deviation IQ; DIQ）を算出するようになりました。**結晶性，流動性，記憶，論理推理**の4領域についての個人差を評価できます。

2.　ウェクスラー式知能検査（Wechsler Intelligence Scale）

　アメリカの心理学者であるウェクスラー（Wechsler, D.；1896-1981）によって開発された知能検査であり，目的的に行動し，論理的に思考し，環境に効果的に対処する個人の総合的あるいは包括的能力（ウェクスラーによる知能の定義）を測定する目的で作成した検査法です。日本においては，適用年齢が2歳6カ月から7歳3カ月までの幼児版である**WPPSI-Ⅲ**（Wechsler Preschool and Primary Scale of Intelligence -third edition），適用年齢が5歳から16歳11カ月までの児童版である**WISC-V**（Wechsler Intelligence Scale for Children-fifth edition），適用年齢が16歳0カ月から90歳11カ月までの青年および成人

図6.5　ビネー式知能検査における知能指数の計算式

$$知能指数（IQ）=\frac{精神年齢（MA）}{生活年齢（CA）}\times100$$

版である **WAIS-Ⅳ**（Wechsler Adult Intelligence Scale-fourth edition）がありま
す。一例として、青年および成人版である **WAIS-Ⅳ** は、15 の下位検査（基本
検査 10、補助検査 5）で構成されており、10 の基本検査を実施することで、
特定の認知領域の知的機能を表す**言語理解指標**（VCI）、**知覚推理指標**（PRI）、
ワーキングメモリー指標（WMI）、**処理速度指標**（PSI）と**全検査 IQ**（FSIQ）
の 5 つの合成得点を算出します。

6.4.2 パーソナリティ検査

1. 質問紙法

　質問紙法とは、被検者に質問や文章で質問を行い、その質問に対する意見や
感想などの主観的な回答（自己報告）を、質問紙もしくはインターネットを使
って組織的に集める方法のことです。「はい」「いいえ」などの 2 肢または「と
てもあてはまる」から「まったくあてはまらない」などの多肢選択による自己
回答を求めるものが多いです。採点が容易で、大人数に対して実施でき、客観
的な結果が得られます。他方で、回答者が意識して社会的に望ましい回答をす
る可能性があり、回答が意識に左右されやすいのが難点です。これを防ぐため
に、虚偽や社会的望ましさの程度を同時に測定できる尺度も開発されています。
質問紙尺度の代表例は、**ミネソタ多面的人格目録**（MMPI）、**矢田部ギルフォ
ード性格検査**（YG 性格検査）、**東大式エゴグラム**（新版 TEG-3）などが挙げ
られます。

2. 作業検査法

　作業検査法は、被検者に特定の作業課題を与え、作業の経過や結果、被検者
の態度からパーソナリティ特性を推測する方法のことです。被検者の作為的反
応を避けられる利点がありますが、被検者の意欲が影響しやすく、回答にかか
る負担について考慮が必要です。代表例は、簡単な 1 桁の足し算を行い、その
結果を基に被検者の能力、性格や行動面の特徴を測る**内田クレペリン精神検査**、
9 個の幾何図形を被検者に模写させて、その結果を基に精神発達の程度、神経
機能および脳障害を評価する**ベンダー・ゲシュタルト・テスト**（Bender
Visual-Motor Gestalt Test）などが挙げられます。

3. 投 影 法

　投影法（投映法）とは，被検者に作業を一定の条件のもとで実施させ，その作業の遂行態度や結果から，対象者のパーソナリティを検査する方法です。比較的曖昧な刺激や課題から得られる被検者の反応から，パーソナリティのうち深層部の特性（無意識の部分）を知ることができます（図6.6）。刺激の種類により，①視覚刺激によるもの，②言語刺激によるもの，③描画法によるものがあります。被検者の意識的操作を避けることができ，時間制限の圧力も少ないので被検者のペースで行うことができる便益がある一方で，結果の整理や分析が複雑で，検査者の熟達を要します。代表例は，①では**ロールシャッハ・テスト**（Rorschach test; Rorschach inkblot test），**主 題 統 覚 検 査**（Thematic Apperception Test; TAT），**絵画欲求不満テスト**（Picture-Frustration study; P-Fスタディ），②では**文章完成法**（Sentence Completion Test; SCT），③では**バウムテスト（樹木画テスト）**（baum test; tree test），**HTP テスト**（House-Tree-Person Test）が挙げられます。

　これらのうち**ロールシャッハ・テスト**は，ロールシャッハ（Rorschach, H.：1884-1922）によって開発された図版を用いたパーソナリティ検査です。インクブロット（インクのしみ）の図版を10枚提示し，「何が見えるか」「ど

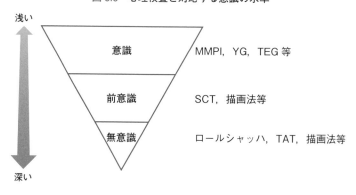

図6.6　心理検査と対応する意識の水準

のように見えるか」を自由に反応してもらいます。ロールシャッハは，図版に何を見たかという内容よりも，どのように視覚刺激を体験しているかという形式を重視しました。1921 年に出版されたロールシャッハの主著『精神診断学』の副題は「ある知覚解釈的実験（無作為の形を判断させること）の方法と結果」というものです。彼は，もともと統合失調症の鑑別診断の有力な方法として，インクのしみによる検査方法を考えました。

ロールシャッハ・テストでは，アメリカの心理学者であるベック（Beck, S.；1896-1980）やクロッパー（Klopfer, B.；1900-1971）による方法など，さまざまな実施法が発展しました。それらの知見を統合したのがアメリカの心理学者であるエクスナー（Exner, J. E.；1928-2006）の**包括システムによるロールシャッハ・テスト（エクスナー法）**です。検査者による判定の差異が小さく，スコアリング法と解釈法が標準化され，国際的にもっとも使用されており，信頼性と妥当性がある方法になっています。

日本では，阪大法，名大法，早大法などが開発されましたが，クロッパーによる**クロッパー法**を基に片口安史が考案した**片口式**がもっとも普及しました。片口法は，被検者の反応拒否や反応時間も記録し，形式分析と内容分析（象徴解釈）を行います。図版の流れに沿って反応のつながりを解釈する継起分析も

図6.7 **スペインのインクのしみ検査**（小川，2011）

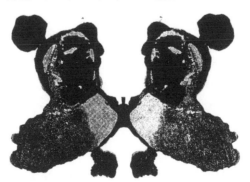

行われます。

ロールシャッハ・テストの図版は，心理検査の倫理基準から国際的に公開しないことになっています。図 6.7 は，3 枚 1 組のスペインのインクのしみ検査の 1 枚です。

また，バウムテストは実のなる木を，HTP テストは木と家と人を，そして風景構成法は川・山・田など 10 個の項目を一定の順序で描き加えて 1 枚の絵に仕上げるもので，いずれも描画法（drawing method）とよばれる投影法です。幼児・児童から高齢者までと検査対象が幅広く，また短時間で実施可能な点から表 6.3 の通り，描画法が好まれている理由といわれています（小川，2011）。

6.4.3　神経心理学的検査

神経心理学的検査は，高次脳機能障害の有無等を評価するために行われる検査の総称です（表 6.4）。高次脳機能障害（higher brain dysfunction）とは，脳の損傷などによる，失認，失行，失語，遂行機能（実行機能）障害，記憶障害，注意障害などの認知障害全般を指します。伝統医的な精神医学の分類によると外因性の精神疾患に相当し，現在でも行政・学術用語として用いられますが，診断基準にはありません。高次脳機能障害に相当する診断基準は，国際疾病分類第 10 版（ICD-10）の精神および行動の障害の中で，器質性障害（コード：F04-07）があります。また，国際疾病分類第 11 版（ICD-11）では，神経認知障害群（neurocognitive disorder）の下位分類となり，何らかの疾患や外傷の影響を受けて発症する二次性神経認知症候群（secondary neurocognitive syndrome）に相当すると考えられます。

高次脳機能障害の典型的な症状は，認知障害の他，人格変化（感情易変，攻撃性，暴言・暴力，被害妄想など）があります。診断では頭部 CT や頭部 MRI などの画像検査によって脳の損傷を描出し，神経心理学的検査では認知障害の程度を数値化し，定量的・客観的に評価します。おおむね各領域を評価するいくつかの検査を目的に応じて組み合わせて（神経心理学的テストバッテリー（Neuropsychological Test Battery; NTB））実施されます。

表 6.4 神経心理学的検査の一覧

領域	検査名	検査の概要
知能・言語	コース立方体組み合わせテスト（KBDT）	4原色の立方体を用いて17種類の模様を作る非言語性の知能検査。聴覚的理解や発語に障害がある人，高齢者や脳障害の後遺症患者に適用可能。日本ではリハビリテーションの現場で多く利用されている。テストの実施法は簡単で訓練を必要としない。対象年齢は6歳から。所要時間は40分ほど。スクリーニング検査として用いられることが多い。
	レーヴン色彩マトリックス検査（RCPM）	推理能力（知能）を測定できる非言語性の検査。36問あり，標準図案の欠陥部に合致するものを6つの選択図案の中から1つだけ選ばせる。適用範囲は45歳以上であり，所要時間は10〜15分ほど。失語症，認知症の検査として世界で多く利用されている。スクリーニング検査として用いられることが多い。加齢の影響を受けやすい。
	標準失語症検査（SLTA）	代表的な失語症の検査。聞く，話す，読む，書く，計算の5つの大項目，計26項目から構成される。日本では失語症の検査でもっとも使用されている。失語症の有無，重症度，失語症のタイプを識別できる。治療効果や経過を把握でき，リハビリテーション計画の立案に必要な情報が得られる。所要時間は1時間半ほど。何回かに分けて実施できる。
	WAB 失語症検査（WAB）	統計的手法を用いた失語症の検査。失語指数が算出できるので失語症の回復あるいは増悪を評価しやすい。失行検査，半側空間無視の検査，非言語性知能検査などを含んでおり，大脳皮質指数も算出できる。ブローカ失語，ウェルニッケ失語，全失語などの分類に対応している。口頭言語の部分は1時間以内で実施が可能である。
視覚	標準高次視知覚検査（VPTA）	高次視知覚機能障害（皮質盲，物体・画像失認，相貌失認，色彩失認，失読，視空間失認など）を包括的に評価できる検査。検査項目は，視知覚の基本機能，物体・画像認知，相貌認知，色彩認知，シンボル認知，視空間の認知と操作，地誌的見当識である。所要時間は1時間半ほど。
記憶	ウェクスラー式記憶検査（WMS-R）	聴覚性，視覚性記憶などを総合的に評価する検査。標準化された記憶尺度であり国際的にもっともよく使用されている。言語を使った問題と図形を使った問題で構成された13の検査項目で，言語性記憶，視覚性記憶，注意/集中力，遅延再生という記憶の側面について標準偏差を算出する。適用年齢は16〜74歳であり，所要時間は45〜60分ほど。
	三宅式記銘力検査	聴覚性言語に関する記憶の検査。10対の語（有関連対語10対，無関係対語10対）をそれぞれ読み上げ記銘させた後，対語の一方を提示しもう一方の語を連想させる。簡便に実施できる。頭部外傷では無関係対語の結果が低い。適用年齢は16〜74歳であり，所要時間は健常者で40分〜1時間ほど。

領域	検査名	検査の概要
記憶	ベントン視覚記銘検査	非言語性の視覚性記憶の検査。10枚の図版を用いて，視覚認知，視覚記銘，視覚構成能力を評価する。心因性障害と器質性脳障害の識別に有用。適用年齢は8歳以上であり，所要時間は5分ほど。
	レイ複雑図形検査（ROCFT）	非言語性の随時記憶に関する検査。随時記憶とは，記銘するように指示されないで，自然に記銘される記憶を指す。Ray の図とよばれる複雑な図形の原図を見せて，これを模写させ，さらに30分後に原図を見せずに紙面上に再生させる。遂行機能，構成，記憶，全般性注意機能の障害の有無等を評価できる。所要時間は45～60分ほどであり，実施と解釈の難易度が高いので，全体の機能を考慮して実施を決めるのが望ましい。
	リバーミード行動記憶検査（RBMT）	日常生活における記憶障害の程度を総合的に評価する検査。机上のテストではなく，日常生活に類似の状況を作り出し，記憶を使う場面を想定して検査する。被検者の持ち物を預かり，他の検査終了後に返却を要求させる，といった未来についての記憶（展望記憶）の検査を含む。適用年齢は成人以上であり，所要時間は30分ほど。
注意	標準注意検査・持続性注意検査2（CAT-CPT2）	CAT-CPT2 は，脳損傷後の持続性注意機能や発達障害をもつ方などの注意機能を評価する検査。課題の反応時間の平均値と誤謬反応数から総合判定する。適用年齢は20～89歳であり，所要時間は約50分である。
	標準意欲評価法（CAS）	CAS は面接・質問紙・行動観察による意欲評価スケール，自由時間の日常行動観察，臨床的総合評価の5つの下位検査から構成されている。行動観察は5日～2週間以上の観察を行う。
	ストループ検査	選択的注意や抑制障害を測定する検査。色名語とそれが書かれたインクの色が異なる色名語が提示される。文字の色の情報と文字の意味がもつ情報，それぞれ2つのもつ情報が矛盾している場合，答えを導き出すまでに時間がかかってしまうストループ効果を用いている。対象年齢は18～79歳。
遂行（実行）機能	ウィスコンシン・カードソーティング・テスト（WCST）	国際的に使用されている前頭葉機能を評価する検査。1組の反応カードを，色・形・数の3つの分類カテゴリーで並べ替えさせる。前触れなく基準を変えた場合に，それを認識できるか，気づくまでに何回誤るかを算出する。注意や概念の転換機能を評価できる。前頭前野の損傷の検出に鋭敏である。対象年齢は6～89歳である。
	遂行機能障害症候群の行動評価（BADS）	日常生活上の遂行機能に関する問題を検出するための検査。カードや道具を使った6種類の下位検査と1つの質問表から構成されている。
	かなひろいテスト	注意機能と処理速度を評価する検査。500字程度の全文平仮名書き物語文の「あ・い・う・え・お」の5文字を拾って○をつけていくと同時に，文章の意味を理解しているかを問うものである。制限時間は2分で，拾った数と見落とした数，意味把握の程度を参考に年代別に合否を判定する。一度に2つのことを処理する能力を評価することができる。

領域	検査名	検査の概要
遂行（実行）機能	ハノイの塔課題	パズルの一種であり，円盤を移し替えるという課題で問題解決能力，プランニング能力を評価する。知的玩具としての対象年齢はおおむね3歳以上である。課題にかかる手数の回数などを評価するが，標準化された評価方法はなく，評価結果はあくまでも目安である。健常者は成績が次第に上がるが，障害者では安定しない傾向がある。類似した検査にロンドン塔課題がある。
	語彙流暢性課題（WFT）	前頭葉機能や言語機能を評価する検査。一定の時間内に意味カテゴリーより語連想を促す意味流暢性課題（CFT）と，頭文字より語連想を促す文字流暢性課題（LFT）がある。認知症者や前頭葉損傷患者に適用されることが多い。特別な道具を必要とせず，比較的短時間で簡便に施行できる。
	トレイル・メイキング・テスト（TMT-J）	視覚的概念能力，配列能力および視覚運動機能等の遂行機能を評価する検査。誌面に記載されたターゲット（数字・文字）を順に線で結ばせることで，どれだけ早く正確に課題を完了するかをみる。幅広い注意，ワーキングメモリ，空間的探索，処理速度，保続，衝動性などを測定できる。外傷性脳損傷による高次脳機能障害，軽度認知障害，比較的軽度の認知症，前頭前野損傷に代表される比較的純粋な遂行機能障害の患者に使用される。適用年齢は20〜89歳であり，所要時間は約15分である。
認知機能	コグニスタット認知機能検査（COGNISTAT）	成人の認知機能を評価できる。見当識，注意，語り，理解，復唱，呼称，構成，記憶，計算，類似，判断の11種類の下位検査がある。被検者の保持している能力と低下している能力を視覚的にとらえることができる。頭部外傷による脳損傷，認知症，脳血管性障害，統合失調症，うつ病，アルコール性障害などの認知機能の低下を評価できる。適用年齢は20〜87歳であり，軽度認知症患者で約15分，中等度でも25分程度で実施できる。軽度認知障害（MCI）および認知症の簡易スクリーニング検査である日本語版Cognistat Fiveは，適用年齢が18歳以上であり，所要時間は5分ほどである。
	統合失調症認知機能簡易評価尺度（BACS-J）	統合失調症患者の認知機能を簡便に評価できる。言語性記憶，ワーキングメモリ（作動記憶），運動機能，注意・情報処理速度，言語流暢性，遂行機能を評価する6つの検査で構成される。所要時間は30分ほどである。
	Luria-Nebraska神経心理学バッテリー（LNNB）	脳損傷のタイプ，程度，部位などが評価できる。運動，リズム，触覚，視覚，受容性言語，表出性言語，書字，音読，算数，記憶，知能，中期記憶の12尺度を検査することで，脳損傷のタイプ，程度，部位などが評価できる。定性的データと定量的データを統合して評価する。15歳以上の成人用として開発され，その後，8〜12歳の小児用が開発された。所要時間は2〜3時間である。

領域	検査名	検査の概要
認知機能	DN-CAS 認知評価システム	子どもの認知処理過程を評価する検査。4つのPASS尺度（Planning：プランニング，Attention：注意，Simultaneous：同時処理，Successive 継次処理）と認知機能全体の指標となる全検査尺度から構成される。知的能力症，限局性学習症，神経発達症群の子どもにみられる認知特性を評価できる。適用年齢は5歳0カ月〜17歳11カ月の子どもであり，所要時間は40〜60分である。
動作・運動	標準高次動作性検査（SPTA）	高次動作性障害の臨床像が検査成績から客観的に把握でき，麻痺，失調，異常運動などの運動障害，老化に伴う運動障害や知能障害，全般的精神障害などと失行症との境界症状も把握できる。また，行為を完了するまでの動作過程が詳細に評価できる。検査項目は，顔面動作，物品を使う顔面動作，上肢（片手）習慣的動作，上肢（片手）手指構成模倣など。所要時間は約90分である。
	ベンダー・ゲシュタルト・テスト（BGT）	知覚運動協応（技能，発達）を評価できる検査。9個の幾何図形を模写させる。視覚・運動ゲシュタルト機能の成熟度，機能的・器質的障害の程度，パーソナリティの偏りなどを一定の基準に従って評価する。描画法および作業検査法に分類される。所要時間は通常7〜10分で簡便に実施できる。

※言語・知能を測定する神経心理学検査として，ウェクスラー式知能検査，田中ビネー知能検査，K-ABC-Ⅱは省略した。

6.4.4　その他

　その他に，抑うつ症状，不安症，心理的ストレス反応全般など**症状評価検査**や，子どもや高齢者など**対象者別の検査**，疫学的あるいは疾病リスクの弁別を目的とした**スクリーニング検査**（screening test）もあります。

　症状評価検査の一例として，抑うつ症状の測定では，**ハミルトンうつ病評定尺度**（Hamilton Rating Scale for Depression; HAM-D），**ツァン自己評価式抑うつ性尺度**（Zung Self-rating Depression Scale; SDS），**ベック抑うつ質問票**（Beck Depression Inventory; BDI），**一般健康調査質問紙**（General Health Questionnaire; GHQ），**疫学的うつ病評価尺度**（Center for Epidemiological Studies Depression Scale; CES-D）などがあります。

　対象別の検査の一例として，乳幼児の発達を評価する**発達検査**があります。発達検査には，**デンバー発達判定法**（DENVERⅡ），**改訂日本版デンバー式発達スクリーニング検査**（revision Japan edition Denver style Development Screening Test; JDDST-R）および**遠城寺式乳幼児分析的発達検査法**，子どもを直接検査する検査法である**新版 K 式発達検査 2001** および **MCC ベビーテスト**（Mother-Child-Counseling Baby Test; MCC Baby Test），養育者等による回答に基づく検査法である**津守式乳幼児精神発達診断法**（津守・稲毛式），**新版 S-M 社会生活能力検査 第 3 版**，Vineland-Ⅱ**適応行動尺度**（Vineland adaptive behavior scales, second edition; Vineland-Ⅱ）および **ASEBA 行動チェックリスト**（Achenbach System of Empirically Based Assessment, Behavior Checklist）などがあります。

6.5 アセスメントの機能と留意点

　医療現場での心理アセスメントは，主治医の指示を受けて実施されます。アセスメント結果は，診断を補助するために，また，介入の前後の効果を形成的・総括的に評価するために，さらに，介入の予後や見通しを判断するために扱われます。医療現場以外での心理アセスメントは，心理検査が用いられることは少なく，それにはさまざまな理由が考えられますが，主に医療行為ではないため診療報酬点数が算定されないことが原因と思われます。そのため，面接法によるアセスメントが中心になります。

　心理アセスメントでは，他の心理支援の内容と同様に，**省察的な実践**（reflective practice）が大切です。見立てを行う実施環境（主治医の有無，スーパービジョンや助言を受けることができる同僚の有無など）を把握し，必要に応じて機関内外で**スーパービジョン**を受けることも大切です。見立てに必要な情報や資源が不足する場合は，関係機関へ紹介したり，関係機関と情報共有を行ったりすることがあります。

復 習 問 題

1. 心理アセスメントの理論の要点を説明してください。

2. 日本における心理検査の利用頻度の表（表6.3）を基に，代表的な知能検査，パーソナリティ検査，神経心理学的検査を 1 つずつ取り上げて説明してください。

3. 心理アセスメントの質を高めるために必要な事柄を，対クライエント，対自分に分けて 1 つずつ挙げてください。

参 考 図 書

高瀬 由嗣・関山 徹・武藤 翔太（編著）（2020）．心理アセスメントの理論と実践
　　──テスト・観察・面接の基礎から治療的活用まで──　岩崎学術出版社
　心理アセスメントの理論から実践までについて，基礎的な知識を網羅しています。公認心理師の 5 領域ごとの流れをフローチャートで示しており，主要な心理検査の実施と解釈が示されている入門書です。

高橋 雅春・高橋 依子・西尾 博行（2006）．ロールシャッハ・テスト実施法　金剛
　　出版

高橋 雅春・高橋 依子・西尾 博行（2007）．ロールシャッハ・テスト解釈法　金剛
　　出版
　包括システムによるロールシャッハ・テストの実施と解釈に関する専門書。ロールシャッハ・テストの実施には必携の書です。

樋口 隆弘（2021）．子どもの発達検査の取り方・活かし方──子どもと保護者を支
　　えるために──　誠信書房
　子どもの発達検査の取り方・活かし方についてわかりやすいヒントが網羅されています。所見・報告書の書き方，カンファレンスなどについても紹介されている必読の書です。

認知機能の検査
——知能検査，発達検査，認知症のアセスメント

前章では，心理アセスメント全般について概説しましたが，本章では，さまざまな心理検査のうち認知機能を測定する検査（知能検査，発達検査，認知症検査）を取り上げ，概説していきます。特に，認知機能の検査は心理アセスメントにおいて重要な役割を果たします。それぞれの検査に歴史的な背景や特徴があるため，知能検査，発達検査，認知症検査それぞれについて，述べていきます。

7.1 知能検査
——知能の定義および知能テスト開発の背景，歴史

認知は，知覚，記憶，思考，学習，推論，言語理解，問題解決といった認知処理過程を広く含む概念として用いられますが，この認知機能を測定する検査として，代表的なものに知能検査があります。知能検査は，知的な能力を指す知能（intelligence）を測定するものであり，知能の程度を表す数値は，**知能指数**（IQ; Intelligence Quotient）とよばれます（6.4.1 項参照）。知能自体の定義には学習能力に重点を置く立場，抽象的思考能力に重点を置く立場，環境適応能力に重点を置く立場，などさまざまなものがありますが（**表7.1**），アメリカ心理学会（APA）の総合的な定義によれば「知能とは学習する能力，学習によって獲得された知識および技能を新しい場面で利用する能力であり，また獲得された知識によって選択的に適応することである」とされています。また，「知能とは知能テストによって測定されたものである」とする**操作的定義**（operational definition）もみられますが，一方で知能テストは「知能を測定するもの」であるため，これは「右」を定義するのに「左の真逆である」，「左」を

表7.1 さまざまな知能の定義

学習能力に重点を置く定義	ディアボーン	「学習する能力，あるいは経験によって獲得していく能力である」
	ゲイツ	「学習し，抽象的事実を正確につかみ，問題解決に際して働く能力の総合である」
	ヘンモン	「知識を獲得し，それを保持する能力である」
抽象的思考能力に重点を置く定義	ターマン	「抽象的思考を行い得る程度に比例してその人は知能的である」「知能とは抽象的な思考を行い得る程度をいう」
	スピアマン	①「関係の抽出が知能の本質である」②「知能は遺伝によって決定される一般因子（General因子）と，個人の学習と経験（環境要因）によって決定される特殊因子（Special因子）からなる」
	サーストン	「知能とは抽象的思考能力である」
環境適応能力に重点を置く定義	ピントナー	「生活の中の比較的新しい場面において，自分をうまく適応させていく能力である」
	シュテルン	「個人が思考を新しい要求に意識的に応じさせる一般的能力であり，新しい課題と条件に対する一般的精神順応力である」
	ケーラー	「場面を見通す能力である」
	ビネー	「知能とは，さまざまな事態に自分を適応させる働きであって，いかに判断し，了解し，推理するかが知能である」
	ピアジェ	「環境を変化させて，それを自分のほうに取り入れる同化と，環境に合わせて自分の状態を変えていく調節とがうまく均衡をとることによって，人が環境に適応していく働きである」
総合能力説	アメリカ心理学会（APA）	「知能とは学習する能力，学習によって獲得された知識および技能を新しい場面で利用する能力であり，また獲得された知識によって選択的に適応することである」
	ウェクスラー	「目的的に行動し，合理的に思考し，環境を効果的に処理する個人の総合的，全体的な能力である」
操作的定義	ボーリング	「知能とは知能検査で測定されたものである」
	フリーマン	「知能テストで測られたもの」

定義するのに「右の真逆である」というに等しく，結局は知能が果たして何であるのかが明確にならない定義といえるでしょう。

ところで，世界ではじめて知能テストを開発したのは，フランスの心理学者ビネーです（6.4.1 項参照）。ビネーは，知的障害児に関する用語や概念がまちまちできちんとした基準がなく，その判定が校長や教員の主観に基づいて行われている当時の現状に疑問を抱きました。そこで，知的劣等概念を整理し，定義を厳格化し，その把握方法を整備すべく，知的障害児の施設に勤務するシモンと共に，1905 年に世界ではじめて 30 項目からなる個別式の知能検査を発表しました。ビネーらの知能検査は，各課題が難度の低いものから高いものへ年齢の水準に従って系列的に配置され，どの課題まで達成できたかによって知的能力の水準の指標である「精神年齢（MA; Mental Age）」を導く仕組みになっており，精神年齢によって以下のように問題のある知的水準を判定するものでした。

白痴*……言語による意思疎通ができない。0〜2 歳児の知的水準にある。

痴愚*……書き言葉による意思疎通ができない。2〜7 歳児の知的水準にある。

魯鈍*……7〜9，10 歳の知的水準にある。

さらにビネーは，知能の低い子どもたちのための学級（いわゆる特別支援学級）の必要性を説き，10〜15 人の少人数で，「学び方を学ぶ」ことを提案しています。このビネーらによる知能テストは，1908 年，1910 年に再改訂されるとともに，世界各国へと紹介されていくこととなります（たとえば，ベルギー，イタリア：1906 年，アメリカ，日本：1908 年，ドイツ：1909 年，イギリス：1912 年）。

ビネーらによって開発された知能テストは，アメリカではゴダードによって紹介されました。1937 年，ターマン，ヤーキーズ，メリルらによってアメリカ人向けに標準化された「スタンフォード・ビネー改訂増補ビネー・シモン知能測定尺度」が作成され，軍の兵士や民間企業に広く利用されていきました。

---

* これらの表現は差別的であり現代では用いられませんが，当時の訳を尊重し，そのまま表記しています。

さらに，シュテルンにより提唱された知能指数（IQ）の概念がはじめて導入されることとなりました。前章でも紹介したように，知能指数（IQ）とは，下記のように精神年齢を歴年齢（生活年齢）で除した数値に100を乗じて算出されます[1]。

$$知能指数（IQ）= \frac{精神年齢（MA；Mental\ Age）}{歴年齢（生活年齢）（CA；Chronological\ Age）} \times 100$$

この式から推測できるように，たとえば10歳の子どもが10歳の精神年齢（すなわち10歳の知的能力を有する）場合，知能指数は100となり，したがって知能指数は，100が基準の値となります。この値が，70～75を下回る（すなわち年齢の7掛けの年齢の知的能力を下回る）場合に，知的障害が疑われ，通常学級における教育ではなく特別支援学級における教育の対象となります。

本邦では，鈴木治太郎により1930年に標準化された「**鈴木ビネー知能検査**」や田中寛一によって1947年に開発された「**田中ビネー知能検査**」がそれぞれ版を重ね現在も使用されています。鈴木ビネー知能検査は，1936年，1941年，1948年，1956年に改訂され，現在は2007年に改訂された「**改訂版鈴木ビネー知能検査**」が使用されています。また，田中ビネー知能検査は，1970年，1987年と改訂が続き，現行のものは2005年に改訂された「**田中ビネー知能検査Ⅴ**」となっています。

---

[1] なお，現在では，後述するウェクスラー式知能検査を中心に，以下の式で算出される偏差知能指数（Deviation Intelligence Quotient）が使用されています。

$$偏差知能指数（DIQ）= \frac{個人の得点(MA)－該当歴年齢(月齢)集団の平均点}{該当歴年齢（月齢）の標準偏差} \times 15 + 100$$

すなわち，個人の得点が，同年齢の平均より1標準偏差分高ければ，DIQは115となり，逆に1標準偏差分低ければ，DIQは84となります。

この他，集団式の知能検査で使用される知能を示す数値に知能偏差値（Intelligence Standard Score; ISS）」があります。これは大学入試の偏差値と同様，50を平均とするもので，以下の式で算出されます。

$$知能偏差値（ISS）= \frac{個人の得点(MA)－該当歴年齢(月齢)集団の平均点}{該当歴年齢集団の得点の標準偏差} \times 10 + 50$$

一方で，20世紀半ばに，アメリカにおいてビネー式の知能検査とは異なる知能検査がニューヨーク大学附属ベルビュー病院神経科の臨床心理部長であったウェクスラー（Wechsler, D.）によって開発されました。ウェクスラーは，1939年，成人用知能検査である WAIS（Wechsler Adult Intelligence Scale）(1955) の前身となるウェクスラー・ベルビュー知能検査（Wechsler Bellevue Ⅰ）を開発し，その10年後となる1949年には対象年齢を5〜15歳に引き下げた児童・生徒用知能検査である WISC（Wechsler Intelligence Scale for Children）が公表されています。その後，1967年には幼児・児童用知能検査である WPPSI（Wechsler Preschool and Primary Scale of Intelligence）も開発され，それぞれ改訂が重ねられています[2]。

　当時，ウェクスラー式の知能検査は年齢ごとに知能検査が別個のものとなっていました。ビネー式の知能検査が，対象年齢が全年齢で2歳から成人までの知能を算出することが可能なのに対し（ただし，鈴木ビネー知能検査は2〜18歳11カ月），ウェクスラー式の知能検査では，年齢に応じて幼児・児童用（WPPSI），児童・生徒用（WISC），成人用（WAIS）の各検査を使い分ける必要があります。また，ビネー式の知能検査は全体的な知能指数のみが算出されるのに対して，ウェクスラー式の知能検査では，全体的な知能指数である**全検査 IQ**（Full Scale IQ; FSIQ）に加え，**言語性知能**（Verbal IQ; VIQ）と**動作性知能**（Performance; PIQ）とに分けて算出することが可能であるという特徴がありました。言語性知能とは，言葉（数字を含む）を用いる言語性検査により

---

[2] WAIS の刊行は，WAIS が1955年，WAIS-R が1981年（日本版1990年），WAIS-Ⅲが1997年（同2006年），WAIS-Ⅳが2008年（同2018年）です。一方，WISC の刊行は，WISC が1949年（日本版1953年），WISC-R が1974年（同1978年），WISC-Ⅲが1991年（同1998年），WISC-Ⅳが2003年（同2010年）です。このように WAIS-Ⅳの日本での刊行は2018年で，2019年3月時点においては，WAIS-Ⅳに切り替わっていない機関も少なくなく，その前の版である WAIS-Ⅲが広く使用されています。WISC の日本での刊行は2010年と刊行から時間が経過しています。各領域で用いられていますが，アメリカでは2014年にすでに WISC-V が出版されており，現在日本版 WISC-V の開発が進められています。なお，本邦における現行の WPPSI は，WPPSI-Ⅲです。

測定される知識や語彙，理解，計算などの能力を指しており，学校教育等の環境によって後天的に培われるところが大きい能力であるととらえられていました。他方，動作性知能は，図形，模様，記号など言葉を用いない検査である動作性検査によって測定され，新たな状況に対する対応力やひらめき，発想力といった能力であり，後天的なものというよりは，先天的なものととらえられていました。ちなみに動作性検査は，知能テストが開発された当初，非識字者の知能を測定するために開発された β テストが，言語性検査は識字者用のテストである α テストがそのルーツとなっています。

　ただし，その後の知能に関する心理学的研究の発展により，言語性知能や動作性知能といった概念の妥当性に疑問が投げかけられたため，現在これらの概念は廃止されました。後述するように現行の知能検査ではこれらに代わってより細かな指標が算出されるよう改訂されています。

7.2　代表的な知能検査

7.2.1　ビネー式知能検査

　先にも述べたように，現在日本で使われているビネー式の知能検査は，田中寛一により標準化された田中ビネー知能検査と鈴木治太郎らにより標準化された鈴木ビネー知能検査があります。田中ビネー知能検査は，初版が1947年に出版され，その後1954年，1970年，1987年に改訂されました。現行版は2005年に改訂された田中ビネー知能検査Vとなっています。1987年版までの検査では，伝統的な精神年齢と暦年齢による知能指数の算出にとどまっていました。田中ビネー知能検査Vにおいては，14歳以上に限定されますが，「結晶性領域」「流動性領域」「記憶領域」「論理推理領域」の4領域の偏差知能指数（DIQ）が算出されるように改訂されています。

7.2.2　ウェクスラー式知能検査

　先にも述べたように，ウェクスラー式の知能検査は，対象者の年齢によって，WAIS，WISC，WPPSIの3つの検査が開発されており，本邦では現在，以下

の 3 つのウェクスラー式の知能検査が使用されています。

① WAIS-Ⅳ（Wechsler Adult Intelligence Scale）

　→成人用（16 歳 0 カ月～90 歳 11 カ月）

② WISC-Ⅴ（Wechsler Intelligence Scale for Children）

　→児童用・生徒用（5 歳 0 カ月～16 歳 11 カ月）

③ WPPSI-Ⅲ（Wechsler Preschool and Primary Scale of Intelligence）

　→幼児・児童用（2 歳 6 カ月～7 歳 3 カ月）

　ウェクスラー式知能検査は，複数[3]の下位検査（IQ の算出に使用される "基本検査" と IQ の算出には用いられず補助的な情報を得るために用いられる "補助検査" があります）から構成されます。全体的な知能の指標である全検査 IQ（FSIQ; Full Scale IQ）が基本検査の合計点により算出されますが，WISC-Ⅳではこれに加えて，以下の各指標得点が算出される仕組みになっています。

①**言語理解指標**（VCI; Verbal Comprehension Index）……言語，概念の理解力，言語による推理力，思考力，表現力に関する指標。

②**知覚推理指標**（PRI; Perceptual Reasoning Index）……視覚情報を正確に把握し，適切に理解し，表現する能力に関する指標。

③**ワーキングメモリー指標**（WMI; Working Memory Index）……聴覚から入る情報を記憶し，同時に処理，または順序立てて処理する能力。

④**処理速度指標**（PSI; Performance Speed Index）……視覚から入る情報を素早く処理する能力。

　なお，表 7.2 に，一例として WISC-Ⅳにおける各指標の算出に使用される各下位検査の名称や内容を示します。

　また，2021 年に改訂された WISC-Ⅴでは，下位検査の入れ替えが行われるとともに，知覚推理指標が，①視空間指標（VSI; Visual Spatial Index）と②流動性推理指標（FRI; Fluid Reasoning Index）に細分化されて主要指標が 5 つに

---

[3] WAIS-Ⅳ，WISC-Ⅳ共に，15 の下位検査（10 の基本検査と 5 つの補助検査）から構成されています。

表7.2　WISC-Ⅳにおける各指標を構成する下位検査名称およびその内容

基本検査		補助検査	
名称	内容	名称	内容
言語理解指標 （VCI; Verbal Comprehension Index） 2 類似	2つの概念の類似点を答える。	13 知識	一般的な事柄に関する質問に回答する。
6 単語	提示された単語の意味を答える。	15 語の推理	与えられた3つのヒントから，答えを回答する。
9 理解	社会的なルールや一般的な常識についての理解を尋ねる。		
知覚推理指標 （PRI; Perceptual Reasoning Index） 1 積木模様	4個，9個の積み木を用いて見本と同じ模様を作る。	11 絵の完成	絵の中で欠落している（描かれていない）個所を回答する。
4 絵の概念	各段に描かれるさまざまなものの図柄から，共通点を見出しグルーピングする。		
8 行列推理	行と列から法則を読みとり，空欄に入るものを選択肢から選び回答する。		
ワーキングメモ リー指標 （WMI; Working Memory Index） 3 数唱	提示された数桁の数を復唱する。提示された順序で復唱する順唱と逆の順序で答える逆唱がある。	14 算数	口頭で提示される算数の問題を，筆記用具を使用せず，暗算で回答する。
7 語音整列	音声でランダムに提示された平仮名と数字を，五十音順および数字の小さい順に並び替える。		
処理速度指標 （PSI; Performance Speed Index） 5 符号	一定時間内に，問題の符号（数字）に対応した符号（記号）を記入する。	12 絵の抹消	さまざまな絵のうち，指定された絵に斜線を引く。
10 記号探し	左側に提示された記号が，右側の似たような記号のグループの中にあるかないかを回答する。		

増え，さらに補助指標の補助指標も追加され，よりきめ細かな指標が算出されるよう改善されています。

7.3 その他の知能検査

7.3.1 DAM グッドイナフ人物画知能検査

その他の知能検査として，DAM グッドイナフ人物画知能検査（Draw a Man Test）があります。これは，グッドイナフ（Goodenough, F. L.）によって開発された子どもが描いた人物画から知能を推定する幼児・児童向けの検査を基に，小林重雄らによって日本版が作成されました。対象年齢は，3 歳〜8 歳 6 カ月（健常児の場合）で，実施時間は 5 分です（ほとんどの子どもが 5 分以内に描き終えるため）。人物画は 50 項目以上のチェックリストによって採点され（各項目の基準を満たした場合，1 点が加算されます），合計点から精神年齢を推定します。描画の特徴から知能を推測するもので，言語による反応を必要としないことから，障害等で言葉を話せない児童にも実施することが可能です。

7.4 子どもの認知機能をより詳細に測定する検査

近年，特に教育領域において，発達障害の子どもたちに対するきめ細かな対応が求められるようになっています。従来の知能検査によっても，学校の先生方が，発達障害を有する当該児童生徒に対し，どのように指導すればよいのかについて示唆を得ることは可能ではありましたが，よりきめ細かな対応について示唆を与え得る検査として，K-ABC や ITPA 言語学習能力診断検査などのより認知的機能に特化した心理検査に対するニーズが高まっています。ここでは，K-ABC II を取り上げ，概説します。

7.4.1 日本版 K-ABC II

K-ABC（Kaufman Assessment Battery for Children II ）は，カウフマンら（Kaufman & Kaufman, 1983）が開発した子ども用知能検査（適用年齢：2 歳 6

表 7.3　K-ABC Ⅱ の構成

(1) カウフマンモデルに基づく得点

尺度名	下位尺度	下位検査名称
認知処理尺度 （4 尺度）	継次処理	数唱
		語の配列
		手の動作
	同時処理	顔さがし
		絵の統合
		近道さがし
		模様の構成
	計画能力	物語の完成
		パターン推理
	学習	語の学習
		語の学習遅延
習得度尺度 （4 尺度）	語彙	表現語彙
		なぞなぞ
		理解語彙
	読み	ことばの読み
		文の理解
	書き	ことばの書き
		文の構成
	算数	数的推論
		計算

(2) CHC モデルに基づく得点

尺度名	下位検査名称
長期記憶と 検索	語の学習
	語の学習遅延
短期記憶	数唱
	語の配列
	手の動作
視覚処理	顔さがし
	近道さがし
	模様の構成
流動性推理	物語の完成
	パターン推理
結晶性能力	表現語彙
	なぞなぞ
	理解語彙
量的知識	数的推論
	計算
読み書き	ことばの読み
	ことばの書き
	文の理解
	文の構成

(3) 非言語性尺度

尺度名	下位検査名称
非言語性 尺度	顔さがし
	物語の完成
	模様の構成
	パターン推理
	手の動作

カ月～18歳11カ月）で，現在第2版のK-ABC IIが教育現場を中心として広く用いられています。特徴としては，従来の知能テストが認知処理能力のみを測定していたのに対し，知識や技能の習得度も合わせて測定する点にあります。認知処理過程は，ルリアの神経心理学モデルに基づき，情報の全体をとらえてから，部分同士を関連づけて処理を行う「①同時処理」過程と，情報を1つずつ順序立てて理解する「②継次処理」過程のほか，学習能力や計画能力から構成されています。同時処理＞継次処理の場合，あるいは同時処理＜継次処理の場合，それぞれ認知処理過程の特性に応じた有効な教え方を導くことが可能となっています。K-ABC IIは20の下位検査（認知検査が11と習得検査が9）からなり，得点化にあたっては，（1）カウフマンモデルによる得点化，（2）CHCモデルによる得点化のほか，非言語得点などがあります。それぞれの尺度と各下位尺度との関連について表7.3に示しましたので参照してください。

7.5 代表的な認知症のスクリーニング検査

7.5.1 ミニメンタルステート検査

ミニメンタルステート検査（Mini-Mental State Examination; MMSE）はアメリカで1975年に開発された国際的にも広く使われる認知症のスクリーニングテストです。①時間の見当識，②場所の見当識，③3単語の即時再生，④3単語の遅延再生，⑤計算，⑥物品呼称，⑦文章復唱，⑧3段階の口頭命令，⑨書字命令，⑩文章書字，⑪図形模写の計11項目から構成される30点満点の認知機能検査で，23点以下が認知症疑いとされます。検査実施時間は，おおむね6～10分程度です。表7.4にMMSEの日本版であるMMSE-Jの構成を示します。

7.5.2 改訂長谷川式簡易知能評価スケール

改訂長谷川式簡易知能評価スケール（HDS-R）は，1974年，本邦において精神科医の長谷川和夫により開発された認知症のスクリーニング検査で，表7.5に示すように，自己，時間，場所に関する見当識や記銘，再生，言語といった項目で判定されます。なお，検査に必要な時間は5～10分程度と，手軽に

表7.4　MMSE-J 精神状態短時間検査の構成
(https://www.nichibun.co.jp/seek/kensa/mmse_j.html)

見当識	〈時に関する見当識〉「時」に関するいくつかの質問に答える 〈場所に関する見当識〉「場所」に関するいくつかの質問に答える
記銘	いくつかの単語を繰り返して言う
注意と計算	〈シリアル 7 課題〉暗算で特定の条件の引き算をする 〈逆唱課題〉特定の単語を後ろから言う
再生	「記銘」で使用したいくつかの単語を言う
呼称	日常的にありふれた物品の名称を言う
復唱	教示された頻繁には使われることのない文を正確に繰り返す
理解	教示されたいくつかの命令を理解し実行する
読字	紙に書かれた文を理解し実行する
書字	筋が通った任意の文を書く
描画	提示された図形と同じ図形を書く

11 のカテゴリーに分けられる一連の質問と課題から構成されています。

表7.5　改訂長谷川式簡易知能評価スケール（HDS-R）の測定項目

1.　見当識
　①自分の年齢　　　　　年齢について尋ねる。
　②時間に関する見当識　年月日，曜日について尋ねる。
　③場所に関する見当識　検査をしている場所について尋ねる。

2.　単語の記銘　　　　　「植物」「動物」「乗り物」の 3 つの単語を復唱させ覚えるように教示する。

3.　注意と計算
　①シリアル 7 課題　　　暗算で 100 から 7 を 1 回引いた答え，さらにもう 1 回引いた答えを回答する。
　②逆唱課題　　　　　　3 桁の数字を逆から再生する。

4.　再生　　　　　　　　「記銘」で使用した 3 つの単語の再生を求める。

5.　物品記名　　　　　　あらかじめ用意された日常的にありふれた任意の物品（5 つ）を見せた後で，それらを隠し，何があったか回答を求める。

6.　言語の流暢性　　　　身近な野菜の名前をできるだけ多く回答させる。

図7.1　改訂 長谷川式簡易知能評価スケール（HDS-R）（加藤ら，1991）

（検査日	年　　月　　日）		（検査者		）

氏名		生年月日　年　月　日	年齢	歳

性別 男 ／ 女	教育年数（年数で記入）　　年	検査場所	

DIAG	備考

1	お歳はいくつですか？（2 年までの誤差は正解）			0　1
2	今日は何年の何月何日ですか？何曜日ですか？ （年月日，曜日が正解でそれぞれ 1 点ずつ）	年 月 日 曜日		0　1 0　1 0　1 0　1
3	私たちが今いるところはどこですか？ （自発的に出れば 2 点，5 秒おいて家ですか？病院ですか？ 施設ですか？　の中から正しい選択をすれば 1 点）		0　1　2	
4	これから言う 3 つの言葉を言ってみてください。あとでまた聞きますのでよ く覚えておいてください （以下の系列のいずれか 1 つで，採用した系列に○印をつけておく） 1：a) 桜　b) 猫　c) 電車　　2：a) 梅　b) 犬　c) 自動車			0　1 0　1 0　1
5	100 から 7 を順番に引いてください。（100−7 は？，それからまた 7 を引くと？　と質問する。最初の答えが不正解の場合，打ち切る）	(93) (86)		0　1 0　1
6	私がこれから言う数字を逆から言ってください。（6-8-2，3-5-2-9 を逆に言ってもらう，3 桁逆唱に失敗したら，打ち切る）	2-8-6 9-2-5-3		0　1 0　1
7	先ほど覚えてもらった言葉をもう一度言ってみてください。 （自発的に回答があれば 2 点，もし回答がない場合以下のヒントを与え正解 であれば 1 点）　　a) 植物　b) 動物　c) 乗り物			a：0　1　2 b：0　1　2 c：0　1　2
8	これから 5 つの品物を見せます。それを隠しますので何があったか言ってく ださい。 （時計，鍵，タバコ，ペン，硬貨など必ず相互に無関係なもの）		0　1　2 3　4　5	
9	知っている野菜の名前をできるだけ多く言って ください。（答えた野菜の名前を右欄に記入す る。 途中で詰まり，約 10 秒間待っても出ない場合 にはそこで打ち切る） 0〜5 点＝0 点，6＝1 点，7＝2 点，8＝3 点 9＝4 点，10＝5 点			0　1　2 3　4　5
			合計得点	

＊判定不能理由：

> 【判定方法】HDS-R の最高得点は 30 点。20 点以下を認知症，21 点以上を非認知症としている。
> HDS-R による重症度分類は行わないが，各重症度群間に有意差が認められているので，平均
> 得点を以下の通り参考として示す。
> 非認知症：24±4　軽度：19±5　中等度：15±4　やや高度：11±5　非常に高度：4±3

実施することが可能な検査です。カットオフポイントは，30 点満点中 20 点となっており，20 点以下であった場合に認知症が疑われ，点数によって「軽度」「中等度」「やや高度」「非常に高度」に分類される仕組みとなっています（図7.1）。

7.6　認知機能のアセスメントを含むその他の検査 ──発達検査

　これまで，認知機能に関する検査について述べてきましたが，ここでは，発達検査について概説していきます。代表的な発達検査として，①津守・稲毛式乳幼児精神発達診断，②遠城寺式乳幼児分析的発達診検査法，③新版 K 式発達検査があり，これらは広く知られています。

　①津守・稲毛式乳幼児精神発達診断は，1～12 カ月用，1～3 歳用，3～7 歳用と年齢別に 3 種が用意されており，母親（または主な養育者）に家庭や幼稚園における子どもの様子を尋ねることで，乳幼児の発達状況を明らかにしようとするものです。

　②遠城寺式乳幼児分析的発達検査法は，子どもの観察と，保護者への聞きとりから，運動・社会性・言語の 3 分野，移動運動・手の運動・基本的習慣・対人関係・発語・言語理解の 6 領域の観点にわたり子どもの能力を検討する検査です。

　③新版 K 式発達検査は，「姿勢・運動」（P-M），「認知・適応」（C-A），「言語・社会」（L-S）の 3 領域に関して子どもの発達の水準をアセスメントするものであり，発達の偏りや特徴について明らかにする手法です。発達検査は，知能検査が実施可能な年齢以前の子どもたちに対しても行うことができることから，問題や障害の早期発見に資するアセスメント技法といえるでしょう。

復 習 問 題

1. WISC-Ⅳに関する以下の記述のうち，適切なものを1つ選んでください。

　① WISC-Ⅳは，幼児・児童用の知能検査である。

　②偏差 IQ の算出方法は，精神年齢÷歴年齢（月齢）×100 である。

　③知覚推理指標は，積木模様，絵の概念，行列推理の3つの基本問題から算出される。

　④言語理解指標は，類似，単語，語音整列の3つの基本問題から算出される。

参 考 図 書

グールド，S. J. 鈴木 善次・森脇 靖子（訳）（1998）．人間の測りまちがい——差別の科学史——（上・下）　河出書房新社

　知能テストの開発以前の頭蓋計測学や知能テストが時に差別と結びつきながらどのように活用，利用されてきたのか。知能の科学史について学びながら，知能とはいったい何なのか，一歩立ち止まって，深く考えさせられる名著。

佐藤 達哉（1997）．知能指数　講談社

　知能テストや知能テストの開発史に関する入門的な，しかし内容的には十分に専門書的な良書。上のグールドの書籍を読む前に，こちらを先に読んでおくとよいかもしれません。

さまざまな
パーソナリティ検査

　私たちが通常の会話で用いる「性格」は，心理学では「パーソナリティ
（personality）」（もしくは「人格」）とよばれます。この「パーソナリティ」の
語源は，ラテン語の「ペルソナ（あるいはペルソーナ）（persona）」であり，
元来演劇の仮面を意味する言葉でした。パーソナリティとは，「その環境に対
する，その人独特の適応を決定する心理・生理的体系の個体内における力動的
体制」（Allport, 1961 今田監訳 1968, p.28）と定義されています。本章では，
そのような個人のパーソナリティを測定するさまざまなパーソナリティ検査に
ついて概説します。

8.1　さまざまなパーソナリティ検査

　パーソナリティ検査は，大きく①質問紙法，②投影法（「投映法」と書く場
合もあります），③作業検査法に分類されます。質問紙法とは，質問項目に対
して，「はい」「どちらでもない」「いいえ」，あるいはどれくらいあてはまるか
（「まったくあてはまらない」～「非常によくあてはまる」）といった回答を求め，
それらを集計しパーソナリティを測定する検査です。代表的な質問紙法のパー
ソナリティ検査として，ミネソタ多面的人格目録（MMPI），YG 性格検査，エ
ゴグラムがあります。投影法は，インクのしみや不完全な文章，絵画といった
曖昧な刺激に対する反応によってパーソナリティを推測する手法であり，ロー
ルシャッハ・テストやバウムテスト，文章完成法（SCT），絵画欲求不満テス
ト（P-F スタディ），主題統覚検査（絵画統覚検査；TAT）などがあります。
また作業検査法は，ある特定の作業を通じてパーソナリティを推測するもので

あり，代表的なものに内田クレペリン精神検査があります。

8.2 質問紙法

8.2.1 ミネソタ多面的人格目録

ミネソタ多面的人格目録（Minnesota Multiphasic Personality Inventory;
MMPI）は，アメリカ・ミネソタ大学病院の臨床心理学者であったハザウェイ
（Hathaway, S. R.）と精神医学者のマッキンレイ（McKinley, J. C.）によって
1943 年に開発されたパーソナリティ検査です。本来は精神医学的診断の客観
的指標として開発されたものですが，後にパーソナリティ検査として用いられ
るようになりました。MMPI は現在多様な言語に翻訳され，90 カ国以上の国
で使用されています。現在，日本では 1993 年に MMPI 新日本版研究会によっ
て標準化されたものが一般的に使用されています。対象年齢は 15 歳～成人と

表 8.1　MMPI の下位尺度

Ⅰ　臨床尺度（10 尺度）
第 1 尺度〈Hs：心気症〉
第 2 尺度〈D：抑うつ〉
第 3 尺度〈Hy：ヒステリー〉
第 4 尺度〈Pd：精神病質的偏奇性〉
第 5 尺度〈Mf：男子性・女子性〉
第 6 尺度〈Pa：パラノイア〉
第 7 尺度〈Pt：神経衰弱〉
第 8 尺度〈Sc：統合失調症〉
第 9 尺度〈Ma：軽躁病〉
第 10 尺度〈Si：社会的内向性〉
Ⅱ　妥当性尺度（4 尺度）
？尺度（疑問点）
L 尺度（虚構点）
F 尺度（妥当性点）
K 尺度（修正点）

なっており，実施に必要とされる時間は約 60 分です。

　被検者は「すぐに決心がつかないために，よく損をする」「いろいろなクラブや団体に入りたい」といった 550 項目に対して，「あてはまる（True）」「あてはまらない（False）」「どちらともいえない（Cannot Say）」のいずれかで回答するよう求められます。

　MMPI は 10 の臨床尺度（「Hs：心気症」「D：抑うつ」「Hy：ヒステリー」「Pd：精神病質的偏奇性」「Mf：男子性・女子性」「Pa：パラノイア」「Pt：神経衰弱」「Sc：統合失調症」「Ma：軽躁病」「Si：社会的内向性」）と 4 つの妥当性尺度（「？尺度」「L 尺度（15 項目）」「F 尺度（64 項目）」「K 尺度（30 項目）」）から構成されており（表 8.1），各被検者の回答は，これら各尺度の T 得点（すなわち偏差値）プロフィールとして描かれます。

8.2.2　YG 性格検査（矢田部ギルフォード性格検査）

　YG 性格検査（矢田部ギルフォード性格検査）は，アメリカ・南カリフォルニア大学心理学教授であったギルフォード（Guilford, J. P.）の性格検査を京都大学教授であった矢田部達郎らが日本に合わせて標準化したパーソナリティ検査です。成人を対象とした一般用紙のほか，高校用紙，中学用紙，小学用紙があります。対象年齢は，小学 2 年生から成人で，実施時間は約 30 分です。

　YG 性格検査は，120 項目（小学用紙は 96 項目）の質問項目からなり，各質問に対して「はい」「？」「いいえ」で回答します。これら 120 項目の質問項目はさらに各 10 項目からなる 12 の下位尺度（情緒の不安定―安定の指標となる「D 尺度（抑うつ性）」「C 尺度（回帰的傾向）」「I 尺度（劣等感）」「N 尺度（神経質）」「O 尺度（客観性）」「Co 尺度（協調性）」と外向―内向の指標となる「Ag 尺度（攻撃性）」「G 尺度（一般的活動性））「R 尺度（のんきさ）」「T 尺度（思考的外向）」「A 尺度（支配性）」「S 尺度（社会的外向）」）に分類されます。各下位尺度得点を算出した後，図 8.1 に示したようなプロフィールに得点をプロットしてそれらを線で結び，各尺度の強弱の傾向を把握します。さらに，プロットされた 12 の点の数がどのエリアに打たれているかをチェックし，A から E の各系統値を算出し（図 8.1 の場合，A 系統値は 3，B 系統値は 3，C

図8.1 YG性格検査の系統値の算出

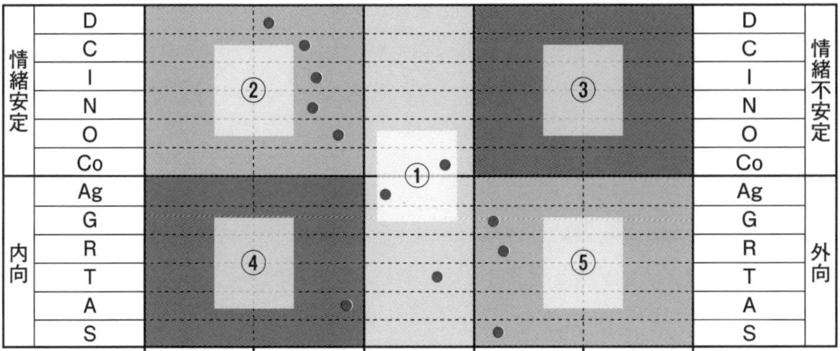

		E系統値	C系統値	A系統値	B系統値	D系統値
呼称		エキセントリックタイプ	カームタイプ	アベレージタイプ	ブラックリストタイプ	ディレクタータイプ
算出方法		③+④	②+④	①	③+⑤	②+⑤
示唆される傾向		情緒不安定・内向	情緒安定・内向	平均的	情緒不安定・外向	情緒安定・外向

系統値は6，D系統値は8，E系統値は1となります），AからEのうちどのタイプに該当するかを判断します。

8.2.3 エゴグラム

　エゴグラムは，アメリカの精神科医バーン（Berne, E.）による**交流分析**（Transactional Analysis; TA）理論に基づき，その弟子のデュセイ（Dusay, J. M.）によって開発された質問紙法のパーソナリティ検査であり，現在本邦では，東京大学医学部心療内科が開発した新版東大式エゴグラム Ver.2（新版 TEG Ⅱ）が広く使用されています。**新版 TEG Ⅱ**は，53 の質問項目に対して，「はい」「いいえ」「どちらでもない」で回答するよう求められます。これら 53 の質問項目には，「CP：批判的な親」「NP：養育的な親」「A：大人」「FC：自由な子ども」「AC：適応的な子ども」の各自我傾向を測定する項目（各 10 項

目，計50項目）と3項目のL尺度（信頼性を確認する尺度）が含まれていま
す。MMPIやYG性格検査同様，各下位尺度の得点はグラフ化され，各傾向の
程度を測定するとともに，グラフのパターンから被検者は「単一優位型」
（「CP優位型」「NP優位型」「A優位型」「FC優位型」「AC優位型」）「台形型」
「N型」「逆N型」「W型」「M型」「平坦型」等に分類されます。

8.3　投 影 法

8.3.1　ロールシャッハ・テスト

　ロールシャッハ・テストは，1921年，スイスの精神科医ロールシャッハ
（Rorschach, H.）により開発された投影法のパーソナリティ検査です。10枚の
インクブロット（インクのしみ）が描かれた図版（1枚あたりのサイズは約17
×24cm，無彩色図版（5枚），一部カラー（赤色）の有彩色図版（2枚），さま
ざまな色彩を用いた有彩色図版（3枚））を被検者に1枚ずつ提示し，何に見
えるかを尋ねる検査です（**図8.2**は模擬図版です）。各図版に対する回答は，1
つでなくともよく，図版の向きを含めて，被検者に自由に委ねられています。
スコアリングや解釈の手法は，クロッパー法，ベック法，ピオトロウスキ法，

図 8.2　ロールシャッハ・テストの模擬図版

表8.2　ロールシャッハ・テストにおけるスコアリングシート（例）

Rorschach Record Sheet

Location Category		+	−	non F	Total	%	Add.
W	W						
	W Cut						
	DW						
D	D						
	d						
Dd	dd						
	di						
	de						
	dr						
	S						
	Total R						

Main Score（+, −, non F, Total, %）

Determinant Category		+	−	non F	Total	%	Add.
M							
FM							
Fm							
m, mF							
Fk							
k, kF							
FK							
KF, K							
F							
Fc							
cF, c							
FC'							
C', C'F							
FC	FC						
	F/C						
CF	CF						
	C/F						
C							
C	Cn						
	Cdes						
	Cysm						
	Total R						

R（Total Time）	sec	
Rej/Fail	/	
Total Time	min	
W:D	:	
Dm%	%	
S%	%	
W-D-Dd-S		
W:M	:	
EB　Σ C:M	:	
EB　Fc+c+C':Fm+m	:	
EB　Ⅷ+Ⅸ+Ⅹ /R	/	%
(H+A)：(Hd+Ad)	:	
F：(FK + Fc)	:	0.0
FC：(CF + C)	:	
FC+CF+C/Fc+c+C'	/	0.0
FM:M	:	
F%	%	
ΣF%	%	
F+%	%	
ΣF+%	%	
R+%	%	
H%	%	
A%	%	
At%	%	
Content Range		
P（%）	%	

Location Category		No.	Total	%	Add.
H	H				
	(H)				
Hd	Hd				
	(Hd)				
A	A				
	(A)				
Ad	Ad				
	(Ad)				
Aobj					
Obj					
Pl					
At	Atb				
	Ats				
	X-ray				
	A, At				
Sex					
Anal					
Blood					
Fire					
Cloud					
Smoke					
Lands					
Abst					
Map					
Na					
Food					
Death					
Cg					
Orn					
Emb					
Art					
Mu					
Rec					
Toy					
Imp					
Hh					
Tr					
Sc					
Rel					
Myth					
Antq					
Cave					
Geo					
Arch					
War					
Exp					
Light					
St					
Sign					
Mask					
Total					

Main Score（No., Total, %）

ラパポートーシェーファー法，エクスナー法などいくつかの解釈手法があります
が，日本では従来クロッパー法に基づいた片口法が広く用いられてきました。
しかし近年，統計手法に基づいたエクスナー法も広く使用されるようになって
います。ここではクロッパー法をベースにした片口法に基づいて述べていきま
す。

　被検者は，10枚の図版すべてに回答した後，各回答に対して説明を行う質
問段階（inquiry）とよばれる確認作業において，自らの反応について，「どの
部分がそのよう見えたのか」「なぜ（どういった点から）そのよう見えたのか」
等について説明を求められます。一方検査者は，被検者の各反応について，質
問段階を通じて，①**反応領域**，②**決定因**，③**形態水準**（＋，＋－，－＋，－の
4水準），④**反応内容**を決定し，スコアリングを行います（たとえば，「W，F
±，Ad」「D，M±，H」「W，FC±，obj」等）。10枚の図版に与えられた反応
を，上述のようにスコアリングし，反応内容，決定因，形態水準，反応内容の
各指標の数や比，パーセンテージ等を分析することで，パーソナリティをアセ
スメントします。スコアリング結果は，**表8.2**のようなスコアリングシートに
まとめられ，整理されます。

　さらに，カードの順番や，カードの質的な特徴に基づいて象徴的な解釈を行
う継起分析も合わせて行われます。たとえば第1図版は，はじめての場面に対
する適応状態を示唆するカード，第4図版は父親カード，第7図版は母親カー
ドとよばれ，それぞれ父親や母親との関係性等を反映するカードと考えられて
います。

8.3.2　バウムテスト

　バウムテストのバウムとはドイツ語で「果樹」を意味する言葉です。A4ま
たはB5サイズの白紙に，鉛筆で「1本の実のなる木を（できるだけ丁寧に）
描いてください」と教示し，描かれた樹木画よりパーソナリティを測定します。
1949年，スイスの心理学者であるコッホ（Koch, K.）により提唱され，比較的
実施が容易であることから，医療機関や司法矯正領域において広く用いられて
きました。樹木の大きさや描かれた位置，筆圧をはじめ，根，幹，枝，樹冠の

形状等，さまざまな絵の特徴から，パーソナリティを推測する検査となっています。

8.3.3 文章完成法

文章完成法（SCT; Sentence Completion Test（Technique））は，「私は子どもの頃_____」といった不完全な文章（刺激文）を被検者に提示し，自由に文章を補完させ，その補完した文章内容からパーソナリティを推測する検査です。記憶の研究で有名なドイツの心理学者エビングハウス（Ebbinghaus, H.）が 1897 年に知的統合能力を測定するツールとして開発したものが源流となっており，その後 1920 年代から 1940 年代にかけてアメリカで開発が進みました。本邦では，精研式 SCT が 1960 年に開発され，広く用いられています。精研式 SCT は，①高校・成人用（16 歳以上），②中学生用，③小学生用の 3 種類があり，刺激文は，成人用の場合，60 項目（part I，part II 各 30 項目）で構成されています（小学生用および中学生用では 50 項目）。施行時間は，40 分から 60 分程度です。

8.3.4 P-F スタディ（絵画欲求不満テスト）

P-F スタディ（Picture Frustration Study；絵画欲求不満テスト）は，アメリカ・ワシントン大学の心理学者，ローゼンツァイク（Rosenzweig, S.）によって考案されたパーソナリティ検査です。日常生活での欲求不満場面に対する反応をみるもので，被検者は，漫画風に描かれた 24 枚の刺激図版に対して，空いている吹き出しに自由に反応を書き入れるよう求められます。

刺激図版には，①児童用（4～14 歳），②青年用（12～20 歳），③成人用（15 歳以上）の 3 種があり，提示される 24 場面は，人為的あるいは非人為的な障害で自我が阻害される①自我阻害場面（Ego-Blocking Situation）と他者からの非難・詰問により超自我が阻害される②超自我阻害場面（Superego-Blocking Situation）に分類されます。

被検者の反応は，攻撃の方向と攻撃の型の 2 次元に基づいて分類が行われます。

(1)　攻撃の方向（Directions of Aggression）

①**他責**（Extraggression; E-A）……自己の外界や他者に攻撃を向ける。

②**自責**（lntraggression; I-A）……自己に攻撃を向ける。

③**無責**（lmaggression; M-A）……どこにも攻撃を向けない。

(2)　攻撃の型（Types of Aggression）

①**障害優位**（Obstacle-Dominance; O-D）……フラストレーションにとらわれている。

②**自我防衛**（Ego-Defense; E-D）……フラストレーションに直接反応している。

③**要求固執**（Need-Persistence; N-P）……フラストレーションの軽減や解消にこだわる。

8.3.5　主題統覚検査

1943 年，ハーバード大学の心理学者であったマレー（Murray, H. A.）とモーガン（Morgan, C. D.）が開発した検査が**主題統覚検査**（絵画統覚検査；TAT; Thematic Apperception Test）です。TAT では，人生の決定的な場面における決断や葛藤を暗示する絵画図版 31 枚（絵画 30 枚と白紙 1 枚）の中から被検者の年齢や性別などによって 20 枚を選び，10 枚ずつ 2 回に分けて 1 枚ずつ提示します（**図 8.3**）。検査者は，「今，どういう状況で，これまで何があって，これからどうなるかということを 1 つの簡単なお話にして話してください」と教示し，図版ごとに過去，現在，未来といった時間的変化を含んだ物語（TAT 物語）を被検者に自由に語ってもらいます。TAT では，この被検者の物語の内容に基づきパーソナリティをアセスメントしていきます。TAT は，ロールシャッハと並び，二大投影法の一つとされていますが，本邦においては使用頻度は非常に低いとの指摘もあります。また，成人版のほか，幼児児童版として擬人化した動物を使った図版で構成された幼児・児童用絵画統覚検査（CAT; Children Apperception Test）がベラック（Bellak, L.）によって開発され，戸川行男らによって CAT 日本版が作成されています。CAT 日本版では，絵画図版は 17 枚であり，「チロ」とよばれる 1 匹のリスが主人公で，魚釣りやままごと，ケンカをしている様子を描いた図版となっているのが特徴です。さらに，これ

図 8.3　**TAT の刺激図版略図**（安香・藤田，1997）

らに加え，かつて高齢者版の高齢者絵画統覚検査（SAT; Senior Apperception Test）も開発されていました。

8.4　作業検査法

　作業検査法とは，被検者に一定条件の下何らかの作業をさせ，その作業の成績，結果，プロセス，態度等からパーソナリティを読みとろうとする検査で，「**内田クレペリン精神検査**」が広く知られています。

　内田クレペリン精神検査は，1 桁の足し算を 1 分ごとに行を変えながら繰返し行うように被検者に求めるものです。解答は，以下の記入例のように，隣り合う数字の合計を 2 つの数字の間の下部に記入していきますが，合計が 2 桁となる場合（たとえば，「8 と 3」「5 と 6」「5 と 9」「9 と 4」「2 と 8」）には，一の位のみ（「1」「1」「4」「3」「0」）記入します。

【記入例】

問題　　2 4 5 8 3 5 6 1 5 9 4 2 8 1……
解答　　　6 9 3 1 8 1 7 6 4 3 6 0 9……

図 8.4　内田クレペリン精神検査における作業曲線

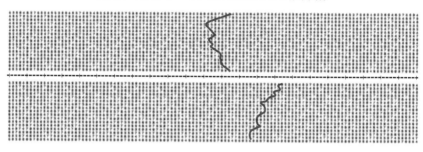

　こうした計算の作業を，休憩5分を挟んで，前半15分（15行），後半15分
（15行）行わせます。

　検査終了後，計算の正答率および1分ごとの計算の最大量を求めます。この
1分ごとの計算の最大量を結んだ線を「作業曲線」といい，この作業曲線によ
り，パーソナリティを判断します。なお，健常者の作業曲線は，「定型曲線」
とよばれ，図 8.4 のような曲線になることが知られています。被検者の作業曲
線の定型曲線からのずれにより，パーソナリティを推測します。

8.5　心理アセスメントにおける「妥当性」と「信頼性」

　前章と本章では，さまざまな心理アセスメント・ツールについて概観してき
ました。ここでは，心理アセスメント・ツールの妥当性と信頼性について述べ
ていきたいと思います。

8.5.1　妥 当 性

　妥当性（validity）とは，測定したい対象をきちんと測定できている程度を
意味し，ある尺度が測定しようとしているものを測定できている場合に，妥当
性が高い尺度といいます。妥当性は，1. 内容的妥当性，2. 基準関連妥当性，

3. 構成概念妥当性に大別されます。

1. 内容的妥当性

問題や，質問内容，項目が測定したいものを反映している場合，**内容的妥当性**（content validity）が高いとされます。たとえば，世界史の学力を測定するテストを作成する場合，さまざまな地域の，さまざまな時代の問題が偏りなく出題される必要がありますが，ある地域のある時代に関する問題に集中していた場合，世界史全体の学力を測定しているテストとはいえないことになります。

2. 基準関連妥当性

測定しようとする概念が，他の類似したテストやその後の結果である外的基準と関連が高い（高い相関がみられる）場合に，その尺度は**基準関連妥当性**（criterion-referenced validity）が高いといいます。基準関連妥当性は，さらに併存的妥当性と予測的妥当性に分類されます。**併存的妥当性**（concurrent validity）とは，そのテストと同時に測定される既存のテストとどれだけ関連がみられるか，その関連の程度により表される妥当性です。たとえば，新たな抑うつ尺度を開発しようとする際，既存の抑うつ尺度と関連が低ければ（相関係数が低ければ），その尺度は併存的妥当性が確保されているとはいえないことになります。**予測的妥当性**（predictive validity）は，そのテストが，テスト実施後の変化を予測する程度で表される妥当性です。たとえば，大学入試の模擬試験の成績が良かった生徒たちの本番の試験成績が悪ければ，その模擬試験は予測的妥当性が低いとみなされ，同様に，大学入試の試験成績が良かった生徒の大学入学後の各講義の試験成績が振るわなければ，その大学入試の試験問題は，予測的妥当性が低いことになります。

3. 構成概念妥当性

構成概念妥当性（construct validity）とは，測定しようとする概念と，理論的に関連があると考えられる概念との関連の程度で示される妥当性であり，構成概念妥当性は，さらに（1）収束的妥当性，（2）弁別的妥当性，（3）因子的妥当性に分けられます。

（1）収束的妥当性

測定しようとする当該の概念と，理論的に関連の強い構成概念を測定する指

標との関連（相関）が高い場合に，**収束的妥当性**（convergent validity）が高いといいます。たとえば，「知能指数が高い人は，学業の成績も良い」と考えられるため，ある知能テストと学校の成績との相関が高い場合，知能テストは，収束的妥当性が高いということになります。

(2) 弁別的妥当性

収束的妥当性とは逆に，測定しようとする概念と理論的に関連の弱い構成概念を測定する指標との関連（相関）が低い場合，**弁別的妥当性**（discriminant validity）が高いといいます。たとえば，「抑うつが高い人は幸福感が低い」と考えられます。したがって，ある抑うつ尺度得点と幸福感尺度との相関が低ければ，その抑うつ尺度の弁別的妥当性は高いこととなります。

(3) 因子的妥当性

因子的妥当性（factorial validity）とは，因子分析を行った際，想定通りの因子に分かれる程度を意味し，ある尺度の因子分析を行ったとき，理論から想定される通りの因子に分かれた場合，その尺度の因子的妥当性は高いといいます。たとえば，「漠然とした不安」と「特定の対象に対する不安」を測定する項目群からなる不安尺度を新たに作成し，実際に因子分析を行った結果，想定通りに「漠然とした不安」と「特定の対象に対する不安」に対応する因子が得られるなら，因子的妥当性が高いこということになります。

8.5.2　信頼性

アセスメント・ツールの**信頼性**（reliability）とは，測定が安定しているかどうかといった①**安定性**（stability）と，各項目に同じように答えるかといった②**一貫性**（consistency）からなる概念です。たとえば，もしも体重計に載るたびに表示される値が異なる体重計があったとするなら，その体重計の安定性は低いことになりますし，1因子構造で10項目からなる不安尺度を作成し，各項目に対して，同一被検者の回答が高かったり低かったりとまちまちの結果になるようであれば，その不安尺度の一貫性は低いということになります。

信頼性のうち，時間的安定性を確認する方法としては，同内容のテストや質問紙を同一被検者に2回実施し，一致する程度をみる**再テスト法**（test-retest

図 8.5 妥当性と信頼性に関するダーツのアナロジー（比喩）

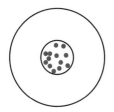
信頼性：大
妥当性：大

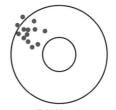
信頼性：大
妥当性：小

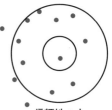
信頼性：小
妥当性：小

method）があります。また，一貫性を確認する方法には，1つの尺度の中で質問項目を奇数番号項目と偶数番号項目の2つに分け（奇偶法），奇数番号項目の合計点と偶数番号の合計点との関連の程度をみる**折半法**（split-half method）や，クロンバックの α 係数を算出し，まとまりの具合をみる**内部一貫性（内的整合性）による方法（内部一貫法）**があります。なお，クロンバックの α 係数は，値が .80 を超えるようであれば，内部一貫性が確保された，まとまりの良い尺度と考えてよいとされています。

　妥当性や信頼性をわかりやすく説明したよく知られる比喩に，「ダーツのアナロジー（比喩）」がありますので，最後にご紹介したいと思います（図 8.5）。このアナロジーで考えると，的の中心（測定したいもの）にきちんと矢が当たっている程度が妥当性であり，一方で，同じ箇所に矢がぶれることなく集中して当たっているかが信頼性であることがイメージできるかと思います。

復 習 問 題

1. パーソナリティ検査に関する以下の文章のうち，適切なものを1つ選んでください。

　　① MMPI は 550 項目からなる質問紙式のパーソナリティ検査であり，ミネソタ大学のハザウェイとマッキンレイらによって開発された。

　　②エゴグラムは5つの心（CP，NP，AP，FC，AC）のバランスからパーソナリティを推測する検査である。

　　③ロールシャッハ・テストは，10枚の白黒のインクのしみが何に見えるのかを尋ねる検査である。

　　④ TAT は二大投影法の一つであり，日本ではもっともよく使用される投影法検査である。

参 考 図 書

氏原 寛・岡堂 哲雄・亀口 憲治・西村 洲衞男・馬場 禮子・松島 恭子（編）（2006）.
　　心理査定実践ハンドブック　創元社
　病院，学校，発達，家族，非行・犯罪，福祉，作業などの各領域におけるアセスメントの実際について，事例を交えながら解説されています。質問紙法，投影法をはじめ，発達検査，家族検査，神経心理検査に至るまで広範な心理アセスメント技法がわかりやすくかつ丁寧に紹介されています。

第 III 部

さまざまな
心理療法

精神分析的心理療法の理論と技法

9

　本章では，精神分析の基本的な知識を概観した上で，いくつかの精神分析的心理療法の理論と技法を紹介します。精神分析に関する概念や用語は豊富で，その展開には多様性があります。いずれも，さまざまな欲求や感情が葛藤するダイナミズム（精神力動（psychodynamics））をとらえることができるものです。クライエントとセラピストの精神内界で起きている微細な心の動きをとらえることができ，心理的な問題が生じる機序について一つの有力な説明ができます。このように，精神分析の概念や知識には，心理療法に共通する基本となる知識が含まれます。そのため，心理療法全般を志す方にとって必須の学習内容といえます。

9.1　精神分析とは

　精神分析または精神分析学（psychoanalysis）とは，オーストリアの精神科医であるフロイト（Freud, S.；1856-1939）が創始した治療理論を指します。広義には，フロイト以降の分派を含めた理論体系全体であり，狭義には，フロイトと国際精神分析学会による定義である，「週に4日以上（毎日分析）の寝椅子による自由連想法（free association）」を指します。精神分析的心理療法という場合は，「週3回以下で主に椅子にかけた対面法」を行うことを指します。いずれも精神分析協会により認定された分析家が行うものです。一般的には，これらの基準を満たさない，精神分析的な知識を基盤にした心理療法が提供されています。

　精神分析は，もともとヒステリー（hysteria）の治療のために考案されまし

た。ヒステリーとは，現在の精神医学の診断分類にはありませんが，DSM-5
の診断分類に近い病態としては，**解離症群／解離性障害群**（dissociative disor-
ders）と**変換症／転換性障害**（conversion disorder）があります。解離症は，強
いストレス因などによって生じる意識・記憶・同一性・情動・知覚・身体表
象・運動制御・行動の統合が破綻または不連続になる病態をいいます。また，
変換症は，その症状が神経学的あるいは医学的状態と矛盾している（異常が認
められない）にもかかわらず，運動（脱力・麻痺，振戦など）または感覚（知
覚麻痺，感覚脱失，視力障害など）に関する症状のために日常生活において苦
痛や機能の障害がみられる病態をいいます。フロイトは，これらの病態の臨床
研究から始めて，次第に対象を広げて精神分析を体系化しました。彼は，フラ
ンスの神経病学者であるシャルコー（Charcot, J. M.；1825-1893）のもとに留
学し，当時身体の病とされていたヒステリー様の症状（運動麻痺）が催眠によ
って作り出せることを知りました。そこでフロイトは，ヒステリーが心理的な
影響によって生み出されることと，意識されない領域に症状を作り出す働きが
あることを着想しました。

　精神分析の治療では，クライエントの潜在的な心理的過程（無意識）を意識
化していきます。変化の原理は，クライエントの**洞察**（insight）と治療者の**解
釈**（interpretation）です。治療機序は，クライエントが自身の治療が進むこと
を無意識的に拒んでしまう**抵抗**（resistance）を克服し，無意識を理解できる
ようになることで，人格的な変容が生じ，症状が消失するというものです
（BOX 9.1）。

9.1.1　局所論と構造論

　フロイトは，人間の心を3層（「局所論」）と3機能（「構造論」）で説明しま
した（図9.1）。**局所論**（topography）では，人間の心という一塊を3層に分
けます。第1の層は，自分自身が自覚している心的過程である**意識**（conscious-
ness），第2の層が，自分自身が注意すると自覚できる心的過程である**前意識**
（preconsciousness），第3の層は，自分自身では気づいていない・気づきにく
い心的過程である**無意識**（unconsciousness）です。これは氷山のようなもの

図 9.1　フロイトの心的装置モデル（Freud, 1933 から作成）

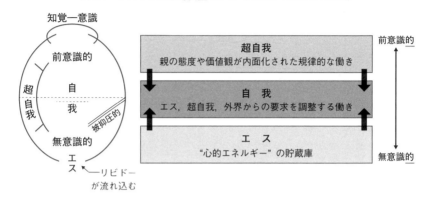

で，水面上に現れている意識は心の一部分にしかすぎず（意識的），心の大部分は水面下に隠れています（無意識的）。

　この無意識の存在を証明する日常生活の事象に，固有名詞のど忘れや言い間違いなどの想起の失敗が挙げられます。これらの事象は単なる行為ではなく，意識と無意識との葛藤によって生じる**失策行為**（parapraxis）ととらえられます。たとえば，ある人の名前だけ覚えられないことの背景には，相手に対する葛藤があるかもしれません。思い出そうとするときに，思い出したくない感情や欲求があり，想起が無意識のうちに妨げられているのかもしれません。

　次に，**構造論**（structural model）では，心をエス，超自我，自我という 3つの機能からなる装置としました（図 9.1）。**エス**（id）は，原始的・本能的な成分で，性的な欲求であるリビドー（libido）をはじめ，食欲，安全に対する欲求などの基本的欲求を含みます。これらの欲求を充足させるよう人を動機づける生物学的な働きがあります。**衝動**（impulse）として個人を突き動かすエスは，不快を避けて快を求める快楽原則に基づいています。

　超自我（super-ego）は，道徳心，価値観，理想などの「○○すべき」と表現できる事柄で，自己を監視する**良心**（conscience）にあたります。これは，

BOX 9.1　アンナ・O の症例

　ヒステリーのもっとも代表的な症例に，アンナ・O の症例があります。アンナ・O の症例は，フロイト自身によって行われたものではなく，友人であり同僚であったブロイアー（Breuer, J.；1842-1925）が，アンナとよばれた若い女性に対して行った治療でした。彼女は，飲食ができないなど，数々の奇妙な症状に苦しんでいました。ブロイアーが催眠を施すと，自分の症状がいつどのように始まったのかを話すことができましたが，覚醒するとそれらを思い出すことができませんでした。

　彼女は，催眠状態の中で，水を飲めなくなったことと関連するある出来事を想起しました。それは，子どもの頃にイヌを飼っていたこと，イヌは女性の家庭教師にとてもなついていたこと，ある日その女性がイヌにグラスで水を飲ませて，そのグラスで自分も水を飲んだ光景を見たことです。彼女は女性に対してショックを受けたにもかかわらず，何も言えなかったそうです。想起を繰り返すと，彼女の症状は一時的に悪化した後，消失していきました。

　フロイトはこのエピソードから，次のように解釈しました。彼女は女性の家庭教師を尊敬していたので，これと矛盾する感情を喚起する記憶は抑圧されてしまった。そして，このトラウマ記憶と結びついたエネルギーが，身体症状に転換されたというものです。彼女がこの記憶を繰返し意識化するうちにエネルギーが放出されて，身体症状は消失したと考察されています。また，フロイトは，転移感情についても考察しています。彼女は，治療者であるブロイアーに恋愛感情を抱いていました。この関係性からフロイトは転移の概念を着想し，治療者が患者に対して中立でいたとしても，患者の側の主観的な世界の中で恋愛感情が生じることがあると指摘しています。

快楽原則（pleasure principle）に基づく本能的な欲動に対して規律的な働きをする**検閲**（censorship）をします。たとえば，セッション中にクライエントが「こんなこと言っていいのかな」と考えることがあります。このとき，道徳心や価値観に反していると感じられて，罪悪感が喚起されます。この罪悪感が起

表9.1　主な防衛機制の種類

退行 (regression)	現在の自分より幼い時期の発達段階に戻ることで満足を得ようとすること。
抑圧 (repression)	耐えられない衝動，記憶，イメージ等を意識から追放する，あるいは無意識に押しとどめること。無意識に引き込むことにより，苦痛や危険な思考が意識されないようにする。
反動形成 (reaction formation)	不安や恐怖，願望や衝動を認識しないために，それと正反対の態度をとること。
分裂 (splitting)	対象を断片化することで自分の感情との接触を絶つこと。認識の対象となる物事についての良い側面と悪い側面を分けて，ある対象に対する良いイメージが悪いイメージによって否定されたり，脅かされることを防ぐ。
打ち消し (undoing)	罪悪感や恥の感情等を引き起こす行為や，その感情を抱いた後で，それを打ち消すような行動をすること。たとえば，相手を非難した後で，ほめたり機嫌をとることなど。
投影 (projection)	受け入れ難い自分の考えや感情を，外界または他者に属するもの，外界または他者から自分に向かってくるものとして経験すること。自我に認識させることなく衝動や欲求を表現したり，知覚する。投射ともいう。
取り入れ (introjection)	他者の考えや感情を断片的に取り込み，他者と自己が重なり自分がその他者のように感じること。
自分自身への向け換え (turning against the self)	外界の対象に対する特定の感情や欲動，願望を，自分自身へ向け換えること。本当は相手が悪いと思っている人が，それを意識できずに自分自身を責めるなど。
逆転（転倒） (inversion)	特定の対象に対する感情が反対の感情に変わること。反動形成は受け入れ難い感情と反対に振る舞うのに対して，逆転では特定の感情が満たされないことで逆の感情になる。たとえば，恋愛において親密な欲求が憎悪に変わるときなど。
昇華 (sublimation)	ある禁止された欲求を，性的満足，攻撃的な満足など社会的に許容されない形ではなく，社会的に好ましいものに変えることによって発散させること。たとえば，芸術として表現すること。さまざまな防衛機制のうち生産的で成功した防衛機制とされる。

注：防衛機制の種類は記載外にも多様なものがあり，論者により強調点が異なります。また，疾病
　　の種類によって生じやすい防衛機制があることが指摘されています。

きるのは超自我による検閲の働きです。

　自我（ego）は，他者を顧みない独我的なあり方を連想しがちですが，精神内界の"中心"にあって，精神内界の葛藤を調整する機能と，さらに，外界との葛藤を調整する機能があります。**現実原則**（reality principle）に基づき，自己が存続することができるように現実的な働きをします。この自我の機能は，幼少期の親子の交流を通じて発達します。乳幼児期に，子どもは快楽原則に従って行動しますが，その通りに行動し続けると他者（親）や環境と衝突したり罰を受けて葛藤するようになります。次第に，他者の規範が内在化されて（超自我），超自我，エス，外界を調整するために自我が発達していきます。

　自我には，意識的には客観的現実（知覚内容）と主観的観念（表象・願望）を適切に識別する**現実吟味**（reality testing）の働きがあります。また，**防衛機制**（defense mechanism）が働きます。防衛機制は，心の安定性を保とうとする意識的・無意識的な働きです。代表的な防衛機制は**表 9.1** の通りです。もっとも代表的な防衛機制は，**抑圧**（repression）です。フロイトの娘であるアンナ・フロイト（Freud, A.；1895-1982）は，防衛機制を論じ，退行，抑圧，反動形成，分裂，打ち消し，投影，取り入れ，自分自身への向け換え，逆転（転倒），昇華という 10 種類を挙げています。

9.1.2　心理性的発達論

　フロイトは，心全体と性的な欲求であるリビドーの発達を**心理性的発達論**（theory of psychosexual development）として定式化しています。現在では，リビドーから発達全体をとらえることの実証性とパターナリズム（父権主義）が批判されていますが，幼少期の二者または三者の親子関係から人格の発達をとらえること対してはおおむねコンセンサスがあります。

　心理性的な発達の段階は，第 1 に，**口唇期**（oral stage）です。乳児にとって，世界との主要な接触は口唇を通して行われます。また，乳児の生活は，乳首や哺乳瓶を吸うことで欲求を充足させることが中心となります。歯が生え始めると，吸うことに噛むことが加わり，世界とつながる手段は増えていきます。

　第 2 に，**肛門期**（anal stage）です。生後 12 カ月頃から，おしっこやうんち

などの排泄をコントロールする訓練が始まります。子どもは自分の排泄を我慢するかしないかで，養育者が喜んだり失望することを知ります。この排泄のコントロールを通して，子どもはそれが他者を操る方法であると知ることになる，とされています。

　第3に，**男根期**（phallic stage）です。4歳頃，子どもは自分自身の性器が快楽の源であることと，男子と女子に生物としての差異があることを知るとされています。男の子は自分の性器が除去されるのではないかと不安を抱き（「**去勢不安**（castration anxiety）」），女の子は自分の性器が除去されてしまったと思い込み，男の子のペニス（男根）に対して抱く羨望（「**ペニス羨望**（penis envy）」）から不全感を抱くとされています。ただし，女性性をペニスの欠如ととらえる考え方は性差別的であることと実証性に欠けることから批判されています。

　この時期は，男の子が無意識のうちに同性である父親を憎み，母親を性的に思慕する**エディプス・コンプレックス**（Oedipus complex）が生じます。コンプレックスとは，態度や行動に影響を与える無意識的な情動あるいは表象の複合体のことです。そして，逆説的ですが，男子は去勢不安に対して，不安の源である父親のようになろうと努力すること（「**同一化**（identification）」）によって対処し，男性性を獲得します。女子は父親に対して強い独占欲的な愛情を抱き，母親に対して嫉妬と憎しみを抱く**エレクトラ・コンプレックス**（Electra complex）が生じます。女子はペニス羨望に対して，不安の源である母親のようになろうと努力することで女性性を獲得する契機になります。

　第4に，**潜伏期**（latency stage）です。男女のコンプレックスは，学童期に入り，子どものリビドーが趣味やその他の活動に向けられるこの時期に解消されます。第5に，**性器期**（genital stage）です。性器期には，リビドーが直接異性に向けられるようになります。

9.1.3　自由連想法と夢分析

　精神分析の方法には，クライエントが覚醒している状態で意識に浮かび上がることを自由に連想してもらう**自由連想法**（free association）と，意識の統制

が弱まる睡眠中の夢を素材として重視する**夢分析**（dream analysis）がありま
す。自由連想法では，心に思い浮かんだ連想（内容やイメージ）を自由に語っ
てもらいます。

精神分析の設定では，カウチ椅子（寝椅子）を用います。クライエントは他
からの影響を受けない寝椅子に心地よく横たわり，セラピストは背後の椅子に
座ります。他からの影響を受けない環境で，思い浮かんだことを言っていくこ
とで，セラピストとの関わりの中で退行が生じ，**治療的退行**（therapeutic re-
gression）が次第に深まって，無意識の願望，空想，連想がたくさん浮き出し
てくるようになります。治療的退行とは，治療の中で欲求不満に直面したとき
に，過去の発達段階に戻り，その段階で満足を得ようとすることです。

精神分析の風景は，図 9.2 にあるように，1 つのスクリーンを見ている人
（クライエント）の後ろにもう一人の人（セラピスト）がいて，スクリーンに

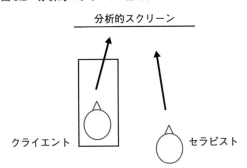

図 9.2 **分析的スクリーン**（妙木，2005 より一部改変）

- 分析的スクリーンには，さまざまなゆがみや穴が存在している。
- 分析的スクリーンは転移（※）を浮き彫りにする。
- 分析的スクリーンは，できる限りクライエントの心を映し出し，それを維持する。
- セラピストは自分の意識とは別に，クライエントの存在に無意識に影響を受ける。
- 逆転移（※）は治療者の無意識的な回路を通じて現れてくるため，セラピストは自分の感覚に
  対するセンサーを維持する。
- セラピストは無意識の理解のために，自分の感じていること，考えていること，行動を言葉に
  していく。
- （※）次項「9.1.4 転移と逆転移」にて詳述。

投影する人（クライエント）の物語を聞きながら，そのイメージを見ている，という形になります。セラピストはクライエントの談話を素材にして，クライエントの無意識を理解し，クライエントに繰返し説明していきます（「**解釈**」と「**ワークスルー（working through）**」）。クライエントは，セラピストの解釈を手がかりに洞察し，エスを自我と統合または連結していきます。「無意識の意識化」「エスあるところに自我あらしめよ」といわれるように，無意識と意識が有機的につながることが目指されます。

9.1.4　転移と逆転移

図9.2のように，精神分析の設定では一人で風景を見るのではなく，セラピストという存在があり，セラピストの介入や解釈がありますので，他者との相互作用が生じています。他者の存在はとても気になりますが，精神分析の設定では，寝椅子に横たわっているので相手が見えません。相手についての手がかりがないことから，自分の語る言葉や態度がチェックされたり否定されたり間違っていると思われるのではないかと不安になりやすくなり，セラピストがますます気になる存在になります。クライエントは，不安に動機づけられると，セラピストに対して退行と転移を示すようになります。

転移（transference）とは，クライエントが心理療法の過程で，過去に重要な他者との間で生じていた欲求，葛藤，感情，態度などをセラピストに対して投影することです。たとえば，父親・母親との間に形成された幼児期の父親・母親のイメージには，その頃の感情，願望，態度，空想があります。このイメージを，セラピストに対する人物像に投影することになります。転移には，セラピストに敬愛，過大評価，理想化，好意，過度な期待，愛情，依存などを向ける**陽性転移**（positive transference）と，逆に，不信，疑惑，過小評価，敵意，競争心，怨み，反抗，恐れなどを向ける**陰性転移**（negative transference）があります。

このクライエントが治療者に対して抱く陰性・陽性転移は，精神分析のプロセスを動かすことになります。どちらか一方の転移感情が強くなることもありますし，陰性と陽性それぞれの感情やイメージが交互に現れることもあります。

セラピストはクライエントの転移に対して，良い側面と悪い側面の一方だけしかみることができないのか，両面をみて両価的な感情を体験する能力があるのかによって治療の方針を検討します。

　逆転移（counter transference）とは，セラピストがクライエントの示す転移表現に対して，感情的な反応を示すことです。かつては治療の妨げになるとされてきましたが，セラピストが意識していれば，クライエントの無意識の欲求が反映されている素材として扱うことができ，クライエントの病理に気づくきっかけになります。

　セラピストは，クライエントの言葉にみられる特徴から，こだわっている（誤解（誤認，否認；misunderstanding）），繰り返している（反復（繰返し，取り消し；repeating）），挟まっている（悪循環（vicious circle））などを読みとります（妙木，2010）。そして，転移や逆転移を解釈し，クライエントに説明していきます。他方のクライエントは，過去から持ち越してきた対人関係をセラピストに向けながら，その歪みに気づき（洞察（insight）），修正していき，さらに，他の対人関係の修正にもつながっていくことができるようになっていきます。このような相互交流を作り出すところが，精神分析での治療関係と，他の日常的な対人関係との異なるところです。

9.1.5　解釈とワークスルー

　精神分析では，セラピストによる解釈と，解釈を引き受けたクライエントの洞察がもっとも重要な治療効果を果たすことになります。解釈は，クライエントの洞察を促進する言語的な説明のコミュニケーションです（BOX 9.2）。今まで知覚できなかった事柄や理解できなかった感情，意味を整理できなかった記憶に意味を付与するのが解釈の技法であり，共感的な姿勢を保ってクライエントの問題要素を指摘し，クライエントの防衛機制を解除，無意識を意識化（言語化）していきます。近年では，セラピストとクライエントのお互いの立場の対等性を意識して，共同作業としての解釈が重視されています。

　ワークスルー（徹底操作）とは，解釈によってクライエントが洞察を得た後に，患者が無意識的に拒んでしまう抵抗（resistance）に対して，クライエン

BOX 9.2　無意識の読解方法

　無意識の読解方法には次の手続きがあります（妙木，2010）。これらは，フロイトによる夢の分析（要素分析）から整理された手続きです。

- できるかぎり詳細に連想してもらう（夢の部分部分を連想できるまで連想する）。
- 連想内容のなかで反復する主題を発見する（**反復主題**（※ 1）を連想から導く）。
- 主題とクライエントの現状（前回のセッションで語られたことや来所までの経緯など）を対応させて，全体像を理解する（**昼間の残存物**（※ 2）と主題とを対応させる）。

　※ 1　対象や場面，時間を越えて同型の主題が反復されること。
　※ 2　昼間の記憶や体験などが切れ切れになって夢に現れること。昼間の残滓（ざんし）ともいいます。

トが体験的に確信するまで解釈を繰り返すゆっくりとした段階的な過程のことです。抵抗は，「とまどい」「自分の気持ちを保留すること」「言いよどみをしている」「自らを欺くこと」などによって表現されます。クライエントにとっては無意識にとどまっていることを意識することは苦痛であり，悩ましいことです。ワークスルーの目的は，クライエントが自己分析でき，主体的で永続的に変化できるようになることです。妙木（2010）が述べるように，自分なりに考える力を育てていくのが精神分析的な治療の方向性になります。

9.1.6　治療同盟と中立的態度

　治療同盟（therapeutic alliance）とは，クライエントとセラピストの協力関係であり，転移・逆転移が生じても治療を進めることができる水準の関係を指します。精神分析では，セラピストがクライエントの理性的で現実的な自我の一部を結ぶものであると考えられています。**作業同盟**（working alliance）と

よばれることもあり，**ラポール**（rapport）を基礎としています。ラポールとは，クライエント—セラピスト関係であり，クライエントとセラピストの相互の調和した反応性を指します。催眠療法の用語が転じたものであり，感情的な絆，相互信頼関係と訳されることもあります。

　治療同盟では，治療の目標や作業，義務と権利，面接の場所や時間，期間，料金，手続きなど相互に受け入れる**治療構造**（therapeutic structure）を確認し，クライエントとセラピストという治療関係を確立します。治療構造には，クライエントを保護する器（「**コンテイナー**（container）」）としての機能と，治療面接の場と日常生活との境界を明確にする機能があります。

　精神分析では，**禁欲**（abstinence）という中立的な態度が重視されます。禁欲とは，面接場面で現れる願望や欲求を面接外の社会で行動化してはらないという原則です。これは，クライエントもセラピストも遵守するものであり，セラピストは面接内で高まった願望や感情があっても行動で示さず，言語化・意識化することが求められます。

9.2 フロイト以降の精神分析の展開

　精神分析には，フロイトの理論の一部をそれぞれ発展させた分派があります。ウィーンを中心に発展した後，第1次世界大戦前後に数多くの学者がアメリカへ移住すると，アメリカにおいて**自我心理学**の時代を迎えました。また，精神医学の領域で**力動精神医学**を生み出し，1960年代に至るまで隆盛しました。

　以下では，ユングとアドラーによる深層心理学，自我心理学派，対象関係論学派，自己心理学，パリ・フロイト派，新フロイト派に分けて概観します。

9.2.1　深層心理学

　フロイトと同時代の人物に，スイスの精神科医であるユング（Jung, C. G.；1875-1961）とアドラー（Adler, A.；1870-1937）がいます。ユングは**分析心理学**（analytical psychology）を，アドラーは**個人心理学**（individual psychology）を確立しました。いずれもフロイトとは理論的に相違があるため精神分析の一

つには分類されていませんが，無意識の存在を想定していることから**深層心理学**（depth-psychology）とよばれています。

　国際精神分析学会の初代会長であったユングは，フロイトの影響を受けた後，理論的な見解の違いからフロイトと距離を置くようになり，分析心理学を確立しました。彼は，リビドーを性に限定せずより広い意味でとらえて，**心的エネルギー**（psychic energy）としました。この心的エネルギーは，外界の対象に関心が向かう**外向**（extraversion），自分自身に関心が向かう**内向**（introversion）という対からなる**一般的態度**を形成します。

　ユングは，一般的態度に加えて，意識が適応に向かうための機能として，4つの**心理的機能**を想定しました。これらはそれぞれ違った種類の機能であり，**思考**（thinking）—**感情**（feeling），**直感**（sensation）—**感覚**（intuition）という対になっています。これらの一般的態度と心理的機能を合わせて**タイプ論**といいます。タイプ論では，意識と無意識は相補的な関係であり，心の全体性が強調されています。たとえば，意識の領域で，思考が強くなるときには（この状態を**優越機能**（superior function）といいます）感情が弱くなり（この状態を**劣等機能**（inferior function）といいます），これに対応して，無意識の領域では，幼児的で未分化な感情が抑圧されて，感情が増大していると解釈されます。

　ユングは，クライエントが語る無意識のイメージには共通点があること，またそれらが世界各地の神話・伝承とも共通点があることから，個人の無意識（「**個人的無意識**（personal unconsciousness）」）の他に，人類に共通する**集合的無意識**（collective unconsciousness）があることを提唱しました。集合的無意識にある典型的なタイプを，**元型**（archetype）といいます。元型には，人間の社会的な側面である**ペルソナ**（persona），男性の中にある女性的な性質である**アニマ**（anima），女性の中にある男性的な性質である**アニムス**（animus），受容し包容する大地の母としての**グレートマザー**（great mother），権威・秩序などの理想像である**老賢者**（wise old man）などがあります。

　ユングは，人が成熟していく過程（心理療法の過程を含む）を**個性化**（individuation）の過程ととらえました。個性化とは，ユングの難解な定義によると，「能動的想像による能産的自然の本来的自己への自発的展開としての自己実現」

(Jung, 1965) となります。ユング自身が言明しているように**自己実現**（self-realization）と同義ですが，次のプロセスで獲得されていきます。まず，発達と適応の過程で，本来の「ありのまま」の自己のあり方が押しとどめられます。そして，「ありのまま」でいられなかったことに気づき，自己がより能動的になることで，再び「ありのまま」を獲得していきます。たとえば，家庭を顧みずに自分の成果や達成感のために仕事に邁進していた中年男性が，家庭愛に恵まれなかった自身の幼少期を思い出し，家族との時間を大切にするようになったり，若い頃にはできなかった自分自身の余暇の時間を大切にするようになったりすることなどです。

　ウィーンの内科医・精神科医であるアドラーは，フロイトの影響を受けていましたが，エディプス・コンプレックスの概念をめぐってフロイトと対立し，感情的な対立とも相まってフロイトと決別しました。アドラーは，自らの理論を**個人心理学**とよび，独自の理論を発展させました。初期の理論は，人間がもつ**劣等感**（inferiority complex）を重視し，それを補償するために，より強く完全になろうとする**力への意志**（will to power）や**優越性の希求**（striving for superiority）をもつことを強調しました。中期には，**目標追求性**（goal striving）が強調され，個人を単に劣等感に影響される存在ではなく，目標志向性のある存在としてとらえました。後期には，**共同体感覚**（社会への関心ともいいます）（social interest）が強調され，所属への欲求や社会参加への傾向があることを指摘しました。なお，アドラーは人格という用語よりも**ライフスタイル**（lifestyle）という言葉を好みました。アドラーのいうライフスタイルは，思考，感情，行動の全体を指します。アドラーの治療と教育では，ライフスタイルの分析（lifestyle analysis）を行い，生活歴の記憶（anamnesis）を解釈し，世界に対する見方（劣等感を含む）の基本的な間違い（basic mistake）を理解し，適切な目標設定ができるよう支援することが重視されます。

9.2.2　自我心理学

　自我心理学派（ego psychology）は，自我を強調する学派であり，アンナ・フロイト，エリクソン（Erikson, E. H.），ハルトマン（Hartmann, H.；1894-

1970)，マーラー（Mahler, M. S.；1897-1985）らによって発展しました。

　フロイトの娘でイギリスの精神分析家であるアンナ・フロイトは，1920年以前の精神分析とそれ以降の精神分析の考え方には大きな差異があると指摘した上で，1920年以前においては，精神分析は「エス（無意識）を明らかにすることが課題」であったが，以降の精神分析において重要な問題は「自我に統一性を与えることである」と述べています。また，アンナ・フロイトは，児童に対する精神分析である**児童分析**（child psychoanalysis）を体系化しました。子どもの分析では，子どもとの**陽性の関係**が必要であること，セラピストが子どもにとっての**理想自我**になる必要性，子どもの**防衛機制**，**発達ライン**（developmental line）の概念を提唱し，児童分析，遊戯療法，自我心理学の基礎を築きました。発達ラインとは，子どもの発達にみられる継続的かつ累積的な過程です。リビドー，身体的な自立，対象関係，リビドーの備給（cathexis）から仕事に向かうまで，などの6つがあります。

　自我心理学を完成させたのは，ウィーンからアメリカに渡った精神科医であるハルトマンといわれています。ハルトマンは，フロイトの考え方を全面的に継承し，発達と自我による適応について補足と修正を行いました。ハルトマンのもっとも注目すべき点は，自我がエスから発達してくるものとは考えず，自我もエスも共に未分化な状態で生得的に存在すると考え，自我はエスに従うような弱いものではなく，自律性をもっている存在（「**自律的自我**（autonomous ego）」）と考えた点にあります。

　マーラーは，乳幼児の実証的な直接観察法によって，新生児が母親との共生状態から，自己と他者を区別し，精神内界の自己像と他者像を分別していく過程を論じました（**分離—個体化理論**（separation-individuation theory））。エリクソンは，自我と社会性の発達を整理した**心理社会的発達段階**（stage of psychosocial development）を提唱しました。

9.2.3　対象関係論

　対象関係論学派は，心の中の対象（他者）と，自我（自己）との関係を重視する立場であり，クライン（Klein, M.；1882-1960），ウィニコット（Winnicott,

D. W.；1896-1971），イギリスの精神科医であるフェアバーン（Fairbairn, W. R. D.；1889-1964）らに代表されます。**対象関係論**（object relations）は，生後間もない乳児が母親（養育者）と関係を築いていく過程を示した理論であり，この理論に基づいて分析的な治療を行います。精神分析における対象（object）は，他者を表す用語です。対象は，それ自体のニーズや欲求を持つ人間としてではなく，自分のイメージや欲求を充足させる対象としてとらえられています。

　クラインは，幼児の分析を行い，イギリスで対象関係論の基礎を築きました。彼女はフロイトとは違い3〜5歳以前の子どもにも心があることを指摘し，乳幼児の心の分析が可能であるとしました。子どもは，内的な世界で，母親の乳房など身体の**部分対象**（part object）に，**良い対象**（good object），**悪い対象**（bad object）という幻想を抱きます。そして，分裂，投影同一視，取り入れ，否認，万能など子どもの**原始的防衛機制**（primitive defence mechanism）を行います。

　クラインは，子どもが発達の段階によって2つの異なる対象（母親）との関わり方を示すことを明らかにしました。前者は，**妄想分裂ポジション**（paranoid-schizoid position）という**部分対象関係**（part object relations），後者は，**抑うつポジション**（depressive position）という**全体対象関係**（whole object relations）です。

　妄想分裂ポジションとは，悪い対象が良い対象に勝ることで生じる**迫害的な不安**（persecutory anxiety）を回避するために，原始的な防衛機制を用いる段階です。抑うつポジションとは，対象に良い面と悪い面が共存することを認識し，対象に示した攻撃性に対して罪悪感を感じて葛藤が生じる段階です。「良い母親と自分」と「悪い母親と自分」という2つの部分対象関係が統合されるときであり，抑うつ的不安，罪悪感，喪失が体験されます。良い母親も悪い母親も，良悪の両面をもっており，母親に向けた攻撃性について罪悪感を抱いたり，母親の身体を攻撃して傷つけたことに対しての償い（reparation）の心性がみられるようになります。この過程では，**躁的防衛**（manic defense）という防衛機制がみられ，時には**躁的償い**（manic reparation）が活発になります。子どもは妄想分裂ポジションと抑うつポジションを行き来しながら，対象がい

BOX 9.3	ホールディング

　ホールディング（holding）とは，「患者の経験している内界の不安を知り，理解していることを示すような何かを適切な瞬間に言葉で伝える」（Winnicott, 1963）ことを指します。ウィニコットは，「日夜を通じてなされる，お決まりの世話」「患者自身が創造的な発見をするのを待てずに解釈してしまうのは危険なことである」とも指摘しています。すなわち，ホールディングは治療構造でもあり，治療者が「（感情や思いを）抱いて，それを収めておくこと」（北山，2001）も含意されています。このように，ホールディングは不安を解釈してケアする言語実践でありつつ，安定した治療構造や治療関係を維持することでもあります。

なくならないという**対象恒常性**（object constancy）を獲得していくことで，母子分離していくとされています。

　イギリスの精神科医であったウィニコットは，クラインの理論を発展させて，精神的な障害をもった子どもやその母親の症例から，母子分離の過程を母親の視点から論じました。後に非常に大きな影響を与えた概念として，母親が乳児の世話に集中する**母親の原始的没頭**（maternal preoccupation），心理療法のあり方にも影響を与えた**ホールディング**（holding）の大切さ（**BOX 9.3**），発達を促す程度にほどよい平均的で平凡な母親である**ほどよい母親**（good enough mother），**移行対象**（transitional object），**安心感を与える毛布**（security blanket）などがあります。この他にも，子どもが示す**本当の自己と偽りの自己**（true self and false self），**独りでいられる能力**（capacity to be alone）なども知られています。

　イギリスの精神科医で軍医でもあったビオン（Bion, W. R.；1897-1979）は，クラインの理論を基に集団精神分析の考え方を発展させました。**変形理論**（transformation theory），**基底的想定**（basic assumption），**コンテイナー・コンテインド理論**（container-contained theory）などからなる一連の理論を構築しました。基底的想定には，集団が陥りやすい状態として，依存（dependent），対（pair），闘争あるいは逃走（fight or flight）という 3 つがあることを

示し，相互に自律して共通の目標に向かう集団であるワーク・グループ
（work group）になることが理想とされました。

9.2.4 自己心理学，パリ・フロイト派，新フロイト派

オーストリアの精神科医であるコフート（Kohut, H.；1913-1981）は，自己
愛パーソナリティに関する理論を示し，**自己心理学**（self psychology）を提唱
しました。また，フランスの哲学者であり精神科医であるラカン（Lacan, J-M-
E.；1901-1981）は，構造主義とポスト構造主義思想の影響を受けて精神分析を
とらえ返し，**パリ・フロイト派**のリーダーを担いました。**新フロイト派**に位置
づけられるアメリカの精神科医サリヴァン（Sullivan, H. S.；1892-1949）は，
「精神医学は対人関係の学である」「どの人もすべて何よりもまず端的に同じ人
間である」という言葉で知られるように，精神障害の発症と治療における対人
関係の影響を重視した**対人関係理論**を創始し，現代精神医学の基礎を築きまし
た。代表的な考え方に，**自己組織**（self-system）または**自己態勢**（self-dyna-
mism），**選択的非注意**（selective inattention），**関与しながらの観察**（partici-
pant observation）などがあります（6.1.4 項参照）。

9.2.5 精神分析的精神療法

精神力動的精神療法（Psychodynamic Psychotherapy; PDT）は，精神分析的
心理療法ともいわれ，近年は有効性の実証も進んでいます（Leichsenring &
Leibing, 2007; Fonagy, 2015）。PDT では自由連想法ではなく対面法を用いるた
め，退行が深まらず，日常の生活体験や対人関係が自己理解の材料として生か
される傾向があります。フォナギー（Fonagy, 2008）は，PDT を広くとらえて，
人間の主観性に対してとられたスタンスであり，外的または内的な事象のいか
んによらず個人と環境が相互作用することの包括的理解を目指したものであり，
自己変容と自己修正に対する人間の潜在能力に着目するものである，としてい
ます。フォナギー（Fonagy, 2015）が行ったメタ分析の包括的レビューによる
と，PDT はうつ病，一部の不安障害，摂食障害，身体障害に有効であること
が一般的に示されていますが，必ずしも常に有効であるというわけではありま

せん。また，心的外傷後ストレス障害，強迫性障害，神経性過食症，コカイン依存症または精神病に対する適用を支持する証拠はほとんどないことが知られています。他方で，一部のパーソナリティ障害，特に境界性パーソナリティ障害に対する比較的長期の精神力動的治療は支持されています。

短期力動療法（Short-Term Psychodynamic Psychotherapy; STPP）は，1970年代以降の精神分析的心理療法の流れの一つです。単に**支持的精神療法**（supportive psychotherapy）とよばれることもあります。多理論を統合的に分析しているプロチャスカ（Prochaska, J.；1942-）によると，次のような特徴があります（Prochaska & Norcross, 2007）。

- 治療期間に制限がある。12〜40回の面接が一般的である。
- 最初の少数回の面接で，治療の標的となる対人関係の問題を特定する。
- 能動的で，中立的でない治療スタンスを導入する。
- 早期に強力な作業同盟を形成する。
- 比較的早期に解釈や転移解釈を行う。
- 治療終了の過程やそれが不可避であることを強調する。

したがって，平均以上の知性や教育などを含む自我の強さ，洞察力，適切な表出能力，症状の除去だけでなく自己の適応方法を変えようとする強力かつ明確な意志をもつクライエントが対象になります。パーソナリティ障害や重篤な障害のあるクライエントには適用しないことが推奨されています。自由連想法は行わず，防衛の解除に焦点化し，アクティブで体験促進的に面接を進めていきます。ドリエッセンら（Driessen et al., 2015）が行ったメタ分析によると，近年，**うつ病に対するSTPP**については大規模かつ質の高い研究が多数実施されており，成人のうつ病の治療に有効であることが明確に示されています。これらの知見は，うつ病に対するSTPPの有効性を支持するものです。

うつ病に対するSTPPは，うつ病に関連する問題となっているパターンや中核的な対人関係のテーマについて患者の気づきを高めることを旨とする期間限定（約16〜20回のセッション）の心理療法です。主な取組みは以下の通りです。

- 現在の生活に，過去の経験がどう影響しているか

- 情動の表現
- 治療的関係
- 洞察の促進
- 回避される不快な話題
- 中核的な葛藤を生む対人関係上のテーマの特定

　メンタライゼーションに基づく治療（Mentalization Based Treatment; MBT）（以下，メンタライゼーション）は，メンタライゼーションの促進に焦点をあてた期間限定の精神療法です。精神分析と愛着理論を土台に，フォナギー（Fonagy, P.；1952-）とベイトマン（Bateman, A.；1966-）が確立しました（Bateman & Fonagy, 2010）。

　メンタライゼーションとは，自分や他者の精神状態を読みとり，それを人の行為と関連づけて理解する能力です。フォナギーの表現でいうと「心の中に心を保持すること（holding mind in mind）」となります。自分や他者を感情や信念，ニーズ，欲望といった心を備えた存在としてとらえることであり，私たちの行為をそうした心の状態と関連づけて理解しようとする能力のことです。境界性パーソナリティ障害のためのエビデンスに基づく治療法ですが，現在では，

表9.2 メンタライジングの基本的な手続き

支持的／共感的介入	クライエントの語りと表出を尊重し，明るく前向きに，常に探索的な姿勢を示す。クライエントのために考えるが，クライエントの代わりに考えることはしない。
明確化と感情の記述	メンタライゼーションの失敗によって生じた行動を，過去に遡って検討する。事実を明らかにするとともに，行動を感情まで遡って理解する。
挑戦／一時停止と基本的メンタライジング	クライエントの語りの中に，メンタライゼーションの失敗を見出したならば，セッションを一時停止し，取り上げる。そのときの人々の感情に焦点をあてる（「基本的メンタライジング」）。
転移のメンタライジング	セラピストは転移を考慮するが，クライエントには伝えない。クライエントの過去と現在とを結びつける転移解釈は行わず，今現在の関係性，特に治療関係について考えることを奨励する。

BOX 9.4	精神力動的診断マニュアル

精神力動的診断マニュアル（Psychodynamic Diagnostic Manual; PDM）は，DSM と ICD を補完するものとして，主要な精神分析の国際学会（アメリカ心理学会の精神分析部門を含む）が作ったアセスメントのマニュアルです。PDM は疾病の分類ではなく，一人の人間全体を説明しようとするものです。新版（PDM-2）では，子ども，成人，高齢者ごとに，患者を P 軸（パーソナリティ），M 軸（精神機能），S 軸（症状と主観的経験）という 3 つの軸で評価します。

PTSD やうつ病などへの治療効果も確認されています。MBT の目標は，①自分についてのメンタライジングを促進すること，②他者についてのメンタライジングを促進すること，そして③関係性についてのメンタライジングを促進すること，です。基本的な手続きは**表 9.2** の通りです。

9.3　おわりに──精神分析への批判と受容

　精神分析の理論のポイントは，第 1 に，無意識の発見にあるといえます。フロイトが無意識を概念化するまでは，無意識というものが存在することが想定されていませんでした。ですので，これまで認識されていなかった部分を概念化したことの功績は一番大きいといえます。無意識というものが想定できることによって，クライエントへの理解の幅は，非常に大きくなりました。その後の心理療法では，あくまで自分の考えはその通りに相手に伝わったり，そのまま変換できるわけではなく，言葉や行動には表現しきれないものが含まれていると考えられるようになりました。

　第 2 に，フロイト以降の世代も，アンナ・フロイト，クライン，ウィニコット，サリヴァンなど，さまざまな精神分析家たちが，セラピストとクライエントの間で起こる事象を解釈することができる概念を示しています。これらの概念は，クライエントとセラピスト個人にとても豊かなインスピレーションを与えてくれるものであり，精神分析の言語の豊富さは，精神分析の魅力であると

いえます。

　第3に，臨床心理学では，精神分析を批判する形で，クライエント中心療法，認知行動療法など数多くのアプローチが発展してきました。現在でも，精神分析の知識は，あらゆる心理療法に共通する治療関係論として参照されています。

復習問題

1. フロイトの局所論と構造論を説明し，自我による防衛機制が働く理由を述べてください。
2. 精神分析における分析的スクリーンについて説明してください。
3. 短期力動療法またはメンタライゼーションに基づく治療のいずれかを選択し，適用できる対象，鍵概念および手続きを述べてください。

参考図書

カーン, M. 妙木 浩之（監修）秋田 恭子・清水 めぐみ（訳）(2017). ベイシック・フロイト——21 世紀に活かす精神分析の思考——　岩崎学術出版社

　フロイトと精神分析の考え方と鍵概念，フロイト以降の知見がたくさんの事例からわかりやすく説明されている，おすすめの入門書です。

妙木 浩之 (2010). 初回面接入門——心理力動フォーミュレーション——　岩崎学術出版社

　本書は心理療法の初回面接，特に力動フォーミュレーションとよばれる手続きを扱っています。どうやってクライエントと接し，共同作業をしていくかというプロセスについての技術と配慮が述べられています。

アレン, J. G.・フォナギー, P. 狩野 力八郎・池田 暁史（訳）(2011). メンタライゼーション・ハンドブック——MBT の基礎と臨床——　岩崎学術出版社

　近年，注目されているフォナギーらのメンタライゼーション理論の基礎から臨床まで，多岐にわたる内容が記述されています。メンタライゼーションにはじめてふれる読者にとって体系的に学習できる専門書です。

人間性心理学の理論と技法

　本章では，人間性心理学に基づく心理療法の理論と技法について学びます。行動理論がパーソナリティ形成に対する外的な環境の影響を重視したのに対して，個人の自由意志や内発性を重視したのが人間性心理学です。人間性心理学者が人間性という言葉を正面に据えた理由は，人間と他の動物を区別する独自性として，人間には自己決定や自己実現への志向性が備わっているととらえたからです。それらの志向性に依拠して臨床心理学者たちが体系化した方法が，本章で紹介するパーソンセンタード・アプローチをはじめとした心理療法になります。本章では，パーソンセンタード・アプローチを中心に概説し，このアプローチの後の展開を追っていきます。

10.1　人間性心理学とは

　人間性心理学（humanistic psychology）は，心理的な症状や不適応の事象を，環境に対する適応の一状態としてとらえ，症状や不適応を否定的に解釈せず，人間固有の悩みであるととらえる心理学の潮流です。人間の**主体性**や**自由意志**を重視し，この人間らしさが実現されない環境において症状や不適応が生じていると想定しています。第2次世界大戦後に活躍したオーストリアの精神科医フランクル（Frankl, V. E.；1905-1997），スイスの精神科医ビンスワンガー（Binswanger, L.；1881-1966）とボス（Boss, M.；1903-1990），メイ（May, R.；1909-1994）らは，人間性心理学の先駆けとなる存在です。現代思想を牽引したフッサール（Husserl, E. G. A.；1859-1938）の**現象学**（phenomenology），ハイデガー（Heidegger, M.；1889-1976）の**存在論**（ontology），サルトル

（Sartre, J-P.：1905-1980）の**実存主義**（existentialism）などの影響を色濃く受けています。サルトルは，次のようなたとえで"実存"を説明しています。

　ペーパーナイフは一定の用途をもって職人によって作られたものであり，そのナイフの存在以前に，ペーパーナイフとはこういうものだという本質がある。そうでなければ，職人はナイフを製造できない。しかし，人間はそうではない。上記の意味でいえば，<u>本質に先立って，まず存在するのであり，それが実存という意味である</u>と。つまり，「人間はみずからが作ったところのものになるのである」　（Sartre, 1942 伊吹訳 1996。下線筆者）

　フランクルは，人生の意味や価値の喪失が神経症や空虚感をもたらすと考え，意味への意志（will-to-meaning）が実在を根本的に支えていると確信し，自らの立場を**実存分析**（existential analysis）とよび，患者が自らの存在の意味を見出すよう援助する**ロゴセラピー**（logotherapy）（ロゴは意味を指します）を提唱しました（Frankl, 1960）。

　一方，ビンスワンガー，ボス，メイらの方法は，現存在分析（Daseinsanalysis）とよばれました（May et al., 1958）。現存在分析では，人間は環境世界（Umwelt）の中に能動的なものとして実存しており，世界-の内に-あること（being-in-the-world），すなわちある状況下でたまたまそのような存在様式をとっている一人ひとりの実体（現存在（Dasein））であると考えます。そして，現存在は，生物としてあることを自然-の内に-あること（being-in-nature），人々の世界にあることを他者-と共に-あること（being-with-others），自己世界（Eigenwelt）という自分の世界で思考し，評価し，自分自身を経験していることを自己-のために-あること（being-for-nature），典型的なありかたとして他者-のために-あること（being-for-others）があるとした上で，現存在分析を通じて，自分自身を表現して特別な他者と過ごすわれわれ自身-のために-あること（being-for-ourselves）になると述べています。また，偽ること（lying）が精神病理を生み出すと考え，最良の選択は真正さ（authenticity）であるとしました。真正さには，自分自身，関係性，世界への気づき，選択に対する責

任の完全な受容を含むとされています。そして，精神疾患を一つの結果である
とみなすのではなく，個人がそのような状況の中でそのような関わりや状態に
ならざるを得ない存在になっていることへの理解を治療の主眼にしました。

　人間性心理学は，ヒューマニスティック心理学と訳されるためか，時にヒュ
ーマニズム（博愛主義）を意味すると誤解されます。しかし，人間性が意味す
るのは動物にはみられない人間独自ということであり，自己決定や自己実現へ
の志向性が人間にあることを含意しています。人間性心理学者の一人に数えら
れるマズロー（Maslow, A. H.；1908-1970）は，そのことを**欲求段階説**（need
hierarchy theory）で論じています。まず，マズローは人間の欲求を，5 つの
階層で説明しました。飢えや渇きなどの**生理的な欲求**（食料，水，空気。これ
らの欲求は動物と同じです）を土台に，**安全の欲求**（危険がない，安心でき
る）という階層をなしており，これらの基盤となる欲求が満たされることで，
より高次の欲求が活性化されると仮定しています（**漸進原理**（progression
principle））。その高次の欲求は，順に，**社会的な欲求**（家族や仲間など親密な
社会的関係を求める欲求。所属や受容への欲求ともよばれます），**自尊心の欲
求**（人より優れたい，賞賛されたいなどの社会的成功と地位を求める願望），
自己実現の欲求（自分の能力を高め，潜在的な資源を最大限に発揮したいとす
る願望；self-actualization）です。この階層の頂点にある自己実現の欲求では，
人間は自己の可能性を最大限に発揮し，それを達成しようとすることが想定さ
れています。

　人間性心理学に強い影響を受けた心理療法のアプローチには，アメリカの臨
床心理学者ロジャーズ（Rogers, C. R.；1902-1987）による**来談者中心療法**，
クライエント中心療法（client-centered therapy/person-centered therapy）ある
いは**パーソンセンタード・アプローチ**（person-centered approach）（以下，い
ずれもパーソンセンタード・アプローチとします），ドイツの精神科医パール
ズ（Perls, F. S.；1893-1970）の**ゲシュタルト療法**（gestalt therapy），アメリカ
の臨床心理学者ジェンドリン（Gendlin, E. T.；1926-2017）による**フォーカシ
ング**（focusing）または**フォーカシング指向心理療法**（focusing oriented psy-
chotherapy）が挙げられます。いずれもクライエントの自主性を尊重し，意識

を重視するか身体感覚をも含むかの違いはありますが,「今, ここ」(here and now) での**クライエントの体験**を重視しています。その他, 社会生活での役割から離れて, 自発性を回復し, 創造的な役割を見出すアメリカの精神科医モレノ (Moreno, J. L.; 1889-1974) らの**サイコドラマ** (psychodrama) や, ロジャーズが後期に実践した**エンカウンター・グループ** (encounter group) などの**集団療法**も, このグループに加えることができます。

10.2　パーソンセンタード・アプローチ

　パーソンセンタード・アプローチは, ロジャーズによって創始された心理療法およびそこから派生した実践の総称です。ロジャーズは, 初期にはこのアプローチの名称を, **非指示的療法** (non-directive psychotherapy) と形容していました。後に, **クライエント中心** (client-centered) へ, 晩年には**パーソンセンタード・アプローチ** (person-centered) へと修正しています。現在は, ロジャーズの考え方は, 臨床心理学をはじめヒューマンサービスのあらゆる領域に普及し, 日常生活のさまざまな場面で取り入れられています (**BOX 10.1**)。

　ロジャーズのキャリアは, **子どもの臨床**からスタートしました。彼は, 虐待を受けていたり, 非行・逸脱行為を繰り返したり, 児童福祉施設で辛い経験をしてきた子どもたちが, 心理的な困難を抱え不適応な状態にあることに対して, 従来の**指示的な方法**では良くならないと考えました。すなわち, クライエントへの命令, 禁止, 元気づけ, 励まし, カタルシス (浄化), 助言および解釈では, 子どもや親と十分に向き合えず, クライエント自身が自分の考えや感情を自由に表現できなくなり, 望ましい結果をもたらさないと考えるようになったのです。彼は, 1939 年に最初の著書『問題児の治療 (*The clinical treatment of the problem child*)』を, 1942 年には『カウンセリングと心理療法 (*Counseling and psychotherapy*)』を出版し, 非指示的そしてクライエント中心的な立場を明確にしていきました。

　ロジャーズの考え方は, オーストリアの非医師の精神分析家であるランク (Rank, O.; 1884-1939), アメリカのソーシャルワーカーであるタフト (Taft,

J.）とアレン（Allen, F. H.）による**対人関係療法**（relationship therapy）——伝統的な精神分析から影響を受け，セラピストとクライエントの現在の関係性をより重視する心理療法——の考えに影響を受けたといわれています。ランクは，クライエントが抱える問題を治療するには，技術よりもセラピストの人間性が重要であると強調したことで知られています。

　次に，ロジャーズによる自己概念，人間的成長の3条件，具体的な技法の3点についてみていきましょう。

10.2.1　自己理論

　ロジャーズの基本的な考えは，人間（有機体）は根本的な動機づけとして成長・適応・健康へ向かう**実現傾向**（actualizing tendency）をもつということです。実現傾向とは，「有機体（である人間）が持っている，有機体を維持あるいは高めるのに役立つ方法であらゆる能力を開発する生得的な傾向」（Rogers, 1959）と定義されています。ロジャーズは基本的な考え方を次の通り述べています。

　　何が傷ついているか，どの方向に進むべきか，どの問題が重要か，どんな経験が深く隠されているか，それを知っているのはクライエント自身である，ということです。（中略）人間は基本的に肯定的な方向性を持っている，というのが私の経験です。きわめて重い状態の人，とても反社会的な行動をとる人，きわめて異常な感情を示すように思える人，たとえこういった人がクライエントである場合でさえ，心理療法における深い接触において，このことが真理であることを私は知ったのです。（中略）私にできることはただ，自分の体験が現在意味するものを自分で解釈して生きようとすることだけです。そして，他の人が自分自身の内的な自由を育み，自分自身の体験について自分自身の意味ある解釈を育んでいけるようにその人を認め，自由を与えようとすることだけです。

　　　　　　　　　　（Rogers, 1961 諸富ら訳 2005。ただし傍点は筆者による）

BOX 10.1	日常場面におけるカウンセリング技術の普及

　筆者の日常の出来事を，少し脚色して紹介します。ある休日に，美容室に行くと，スタイリストさんに「（お客様が）『カウンセリング』（に）入ります」と温かい声で奥室に案内されました。カウンセリングは，ヘアスタイルについて困っていることと願っていることを聞かれる，とても心地よい相談でした。ヘアカットが終盤に差しかかった頃，冒頭の「カウンセリング」が気になっていたことを伝え，今度はこちらから「カウンセリングで意識されていることはありますか？」とお伺いしました。すると，スタイリストさんから，「お客様の困っていることと願っていることを丁寧にお聞きするように心がけています」とお答えをいただきました。このスタイリストさんのカウンセリングの意図も，来談者を中心にした応答も，ロジャーズの基本的な姿勢と通じていました。美容だけでなく司法，社会福祉，行政など，ロジャーズのエッセンスはさまざまな分野に浸透し，受容されているのかもしれません。

　カウンセリングを，「困っていることと願っていることについての対話であり，その方向性に向かうための手段や道具は専門性によって異なる」と定義すると，心理職もスタイリストも，いずれもカウンセリングを行っていることになります。両者の違いは，用いる技術と道具でしょう。心理職の道具は自分自身と言葉，スタイリストはカットやスタイリングの技術と言葉ということかもしれません。

　ついでに，スタイリストさんに次のような質問をしました。「臨床心理学にはカール・ロジャーズという先達がいますが，ヘアスタイルに変革をもたらした人物はどなたですか？」。スタイリストさんの回答は，ヴィダル・サスーン（Sassoon, V.）でした。①そのカットは芸術的で，②それまでの技術とは真逆の技術を示し，③現在もそれを超えられることはない，そうです。ロジャーズのセラピーの芸術性は筆者には論じることができませんが，それまでの精神分析の指示的なアプローチと真逆の技術として非指示的なアプローチを示し，現在も多くの影響を与え続けている点では共通点を見出せたように感じました。ちなみに，そのスタイリストさんはカール・ロジャーズを知らないとのことでした。

ロジャーズのこの考え方をより正確に理解するために，ロジャーズによる**自己概念**（self-concept）（**自己構造**（self-structure）ともいいます）を概観しましょう。自己概念とは，自分が何者で，どんな価値観をもち，どんな人間になりたいかなどに関する自分自身の認識です。たとえば，「私は，我慢強い」「私は，いつも途中で諦めてしまう」などが挙げられます。「私は（I）」や「私に（me）」といった主語の後に表現される内容です。人間には自己に対して肯定的な関心（positive regard）をもちたい欲求がある一方で，基本的には，幼少期から他者と自分から条件つきの関心を寄せられて，無条件に積極的な関心を寄せられなくなる（「価値の条件」（conditions of worth））ととらえられています。自己に対して積極的な関心が条件つきであればあるほど病理が深くなっていきます。

　この自己概念の一つに**理想の自己**（ideal self）があります。理想自己とは，自分が望ましく価値があると思える自分自身の認識のことです。たとえば，仕事に追われて家庭の時間を作れずに，妻と仲が悪くなっている経験をしている男性が挙げられます。この男性にとって理想の自己は，「仕事と家庭を両立している自分自身」ではあるものの，**現実の自己**は「仕事と家庭の板挟みで辛い思いをしている自分自身」があることを認識しています。仕事に追われて，家庭の時間を作れずにいる経験は，未消化な状態です。このような事例に対して，セラピストがある種の関係を提供することができると，今の経験をあらためて自分自身のこととして経験し直したり，ありのままに受け止め直していくことができるようになります。

　ロジャーズは，この原理を，自己と経験の一致という考え方で説明しました。はじめに，**自己と経験の不一致**についてです。クライエントは，傷つきやすく，不安定な状態です。**図 10.1** の通り，今の自分の経験（「意識できる可能性のある潜在的なもののすべて」（Rogers, 1959））を，ありのままに自分自身のこととしてとらえられず，あるいは自分自身に強く寄せつけすぎてしまい，経験または自分を否認あるいは歪曲している状態となります。

　次に，**自己と経験の一致**についてです。クライエントはセラピストが提供する関係を活用し，自己と経験の不一致の状態から一致の状態に変化していきま

図10.1 ロジャーズの自己概念と経験

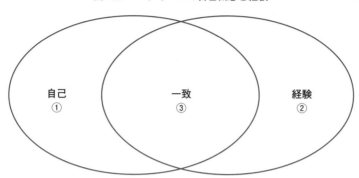

①自己不一致：経験に基づかず歪曲された自己
②自己不一致：自己と一致せず否定されている経験
③自己一致：自己概念と経験が一致している領域

す。すなわち、セラピストから純粋で欺瞞なく、無条件の積極的関心、共感的な理解を向けられることで、経験をとらえ返し、抑制していた自分を解放し、自分自身をより労わり、より自己決定できるようになり、自己を信頼し、より個性的になり、自己表現できるようになり、他者をより理解し、問題により対処できるようになると考えました。

　クライエントは問題の解決に向かう力を具有していることから、セラピスト自身の**自己と経験が一致**（congruence/genuineness）し、**無条件の積極的関心**（unconditional positive regard）を寄せられ、クライエントの**体験過程**（experiencing）を歪めずにクライエントの内的枠組み（思考、感情、考え方など）を**共感的に理解**（empathic understanding）しようとすると、クライエントは**自己不一致**（incongruence）となっている経験を徐々に受容し、**自己が一致**（congruence/genuineness）し、自ら成長・適応・健康へ向かっていくと考えました。

10.2.2 心理療法における必要十分な条件
　ロジャーズは、このようなクライエントの人間的な成長を促進するための条

表 10.1　人間的成長の条件

1	関　　係	2 人の人間が心理的な接触（ラポール）をもっていること。
2	クライエントの状態	第 1 の人（クライエント）は不一致の状態，傷つきやすい状態，または不安な状態にあること。
3	自己一致	第 2 の人（セラピスト）はその関係の中で一致している状態，統合している状態であること。
4	無条件の積極的関心	セラピストはクライエントに対して無条件の積極的関心を経験していること。
5	共感的理解	セラピストはクライエントの内的照合枠を共感的に理解しており，その経験をクライエントに伝えようと努めていること。
6	クライエントの知覚	セラピストの理解と無条件の積極的関心が，最低限にでも，クライエントに伝わっていること。

件として，ある関係を提供することが重要であるととらえ，必要十分な条件
（necessary and sufficient conditions）を 6 つ挙げました（Rogers, 1957；表
10.1）。①2 人の人間が接触していること，②クライエントは不一致の状態に
あり，傷つきやすく，あるいは不安な状態にあること，③セラピストは 2 人の
関係の中で，一致した状態にあること，④セラピストはクライエントに対して
無条件の積極的関心を経験していること，⑤セラピストはクライエントの**内的**
準拠枠（internal frame of reference；相手の物の見方，感じ方，受け取り，価
値観など）から理解する態度が必要であり，それらに対して共感的理解を経験
していること，⑥クライエントは自分に対するセラピストの無条件の積極的関
心と共感的理解を，少なくとも最低限度知覚していること。そして，以上の条
件が成立すれば，クライエントの側に，それまで否認あるいは歪曲されていた
経験が次第に自己に取り入れられていき，自己と経験が一致し，十分に機能す
る状態になっていくと考えました。

　ロジャーズは，これらの条件のうち，**自己一致，無条件の積極的関心，共感**
的理解を，3 つの主要な条件ととらえました。この自己一致は，純粋性（genu-
ineness）といわれ，セラピストが自分に対して自由で深い状態にあります。セ
ラピストが自分の体験を，気づきを含めて正確に表現することを意味しており，

表面的に見せることやクライエントやセラピスト自身を欺くことと正反対のものとされています。無条件の積極的関心とは，相手を一人の人間として，肯定的な面も否定的な面も無条件に認めること（「**受容**」ともいわれます）です。共感的理解とは，あたかも（as if）の性質を忘れずにクライエントを理解すること（「正確な**共感**（accurate empathy）」ともいわれます）です。

　ロジャーズは，このパラダイムの弱点について，精神病患者の治療的変化を挙げています（Rogers, 1961）。たとえ人間的成長の条件がセラピストの側で満たされても，それが重篤な病をもつ人に届かなければ望ましい結果は得られないからです。このことから，1つ目と6つ目の条件が大切になります。すなわち，クライエントとセラピストが接触し，セラピストとクライエントが共に存在している内的共生状態がそれぞれの中にあることが大切であるといえるかもしれません。

10.2.3　具体的な技法

　ロジャーズにとっては，心理療法の統一的な理論の構築よりも，人間および心理臨床についての誠実で幅の広い認識が重要であったのかもしれません。その証左に，ジェンドリンは，ロジャーズとの交流の中でロジャーズが語った「私はいわゆるクライエント中心的なやり方を見出したかったのではない。私は人々を援助するあり方を見出したかったのだ」という言葉を紹介しています（Gendlin, 1988）。コーリィ（Corey, 1991）の見解では，「技法の使用に専念することは，ロジャーズ派（Rogerian）の観点からは関係を非個人化するものとして見られる」ということです。事実，ロジャーズ自身，技法に特化した詳説は非常に少ないです。

　パーソンセンタード・アプローチの代表的な技法は，ロジャーズが挙げる通り**積極的傾聴**（active listening）です。ロジャーズは指示や助言を行わなくても積極的に傾聴を行っていくことで，クライエント自身が変化していくこと（**実現傾向**）に気づきました。この実現傾向を促進する方法が傾聴になります。浅井ら（Asai et al., 2020）は，ロジャーズの積極的傾聴をさらに発展させ Active-Empathic Listening Scale（AELS）の日本語版を作成し，積極的共感的な

BOX 10.2　セラピストの来談時不安

　クライエントは，来談時に特有の不安を感じることが知られています。直面する問題からもたらされる不安と，今直面している問題について，相談を持ち込もうとしている機関やセラピストが対応してくれるかどうかについての不安であり，これを**来談時不安**（または**二重の不安**）といいます。後者の不安の内容は，相手にうまく話せるだろうか，整理がつかないかもしれない，わかってもらえるだろうか，今より良い状態になるのだろうか，傷つけられないだろうか，などの考えが挙げられます。

　実は，クライエントだけでなくセラピストも不安を感じています。クライエントが今直面している問題について適切な対応ができるかという不安と，傷ついているクライエントをさらに傷つけてしまわないかという不安です。いわば，**来談時不安に対する不安**（または**二重の不安に対する不安**）です。たとえば，クライエントの困り事に対して，「整理がつくだろうか」「理解できるだろうか」「役に立てるだろうか」「傷つけないだろうか」「不利益を与えてしまわないだろうか」などの考えが浮かぶことが挙げられます。

　セラピストにこのような考えが浮かぶときは，とても自然なことですが，出会いに不安はつきものであることを理解し，ロジャーズの自己一致の姿勢に立ち返ることが役に立つかもしれません。セラピストは面接を始める前から，自己一致の状態に向かうよう準備することができます。不安が続く場合は，自分はクライエントの味方でありクライエントの言動や存在を否定的にとらえないこと（**無条件の積極的関心**）を決心し，クライエントが経験している感情で，見ているままの景色を見たいこと（**共感的理解**）を決心し，セラピストが自分自身と経験に誠実で開かれた態度でいる（**自己一致**）と，クライエントも次第にそのようになっていくと信じることが役に立ちます。このような 2 つの決心と信念は，セラピスト自身がさまざまな不安と共生するきっかけになり，技法や不安にとらわれずによりポジティブに面接に臨めるようになるかもしれません。

表 10.2 **積極的共感的な傾聴の具体的な行動指標**（Asai et al., 2020 を基に作成）

感知すること（sensing）

 1 相手が言っていないことに対して敏感である

 2 相手が言っていないがほのめかしていることに気づく

 3 相手の気持ちを理解できる

 4 話された言葉以上のことに耳を傾ける

処理すること（processing）

 5 言ったことを覚えていると相手に確信させる

 6 必要に応じて，意見の一致点・不一致点をまとめる

 7 相手の話の要点に注意を払う

応答すること（responding）

 8 相づちをうつことによって，話を聞いていると相手に確信させる

 9 相手の考えに対する理解力があると相手に確信させる

10 相手の立場を理解していることを示す質問をする

11 ボディーランゲージ（うなずくなど）によって，話を聞いていることを相手に示す

傾聴が，感知すること（sensing），処理すること（processing），応答すること（responding）から構成されることを示しています（**表10.2**）。**感知すること**は，聞き手が話し手の感情やメッセージに積極的に注意を払うことです。話し手のメッセージは暗黙的なことと明示的なことの両方があります。**処理すること**は，聞き手が話し手の内容を適切に統合することです。会話の内容を理解，解釈，評価，記憶し，会話のさまざまな部分をまとめます。**応答すること**は，聞き手が話し手に対する積極的な関心を示すことです。相づちをうつことや関連する質問をするなど，言語的および非言語的コミュニケーションで関心を示します。

10.3 フォーカシング

ジェンドリン（Gendlin, E. T.；1926-2017）は，ロジャーズのもとで心理療

法の成功要因に関する研究を行いました。彼は，クライエント側の条件と，ク
ライエントがいかに話すかに注目しました。そして，ロジャーズが示した**体験
過程**（experiencing）という言葉から**体験過程理論**（theory of experiencing）
を体系化しました。公刊された『体験過程と意味の創造（*Experiencing and the
creation of meaning*）』（Gendlin, 1962 筒井訳 1993）では，人間の経験を，他者
および状況との絶え間のない相互作用を体験している過程としてとらえ，人間
には刻々と何らかの実感されている体験の流れがあるという考え方が示されて
います。

　体験過程とは，人間にとって主観的かつ具体的に感じられている体験の流れ
を指します。体験過程には，次のような特質があります。①体験過程は感情の
過程である，②絶えず現在この瞬間において生起している，③個人の感じられ
た所与（felt datum）として直接に問い合わせる（directly refer）ことができる，
④言葉以前のものであり，個人は概念形成を行う，⑤豊かな意味を暗黙裡に含
んでいる，⑥前概念的，有機体的な過程であり，身体を通して感じられる，こ
とです。

　ジェンドリンは，このようなクライエントの体験過程に応答し，それを作
動・促進することがセラピーであると考え，この体験過程にふれやすくする技
法として**フォーカシング**を開発しました（図 10.2）。彼は，それまでパーソン
センタード・アプローチでは用いられてこなかったさまざまな方法を導入しま
した。もっとも重要な概念は，**フェルトセンス**（felt sense）という，気にな
っている事柄について身体で感じる感覚です。たとえば，「胸のつかえ」や
「肩の重み」などの「感じ」や「違和感」が挙げられます。このフェルトセン
スの中には，まだ言語化されていない重要な意味が含まれていると仮定しまし
た。そして，フェルトセンスに注意を向けながら，言葉を探す中で，「暗存的」
なものから「明在的」なものが生まれて，身体がほどける開放感を伴う気づき
（フェルトシフト（felt shift））が生じるとしました。もちろん，パーソンセン
タード・アプローチの姿勢を基本としていますので，このような関係性の中で
セラピストが体験過程にふれやすくする働きかけよりもクライエントの体験過
程が促進される関係性がより大切にされています。

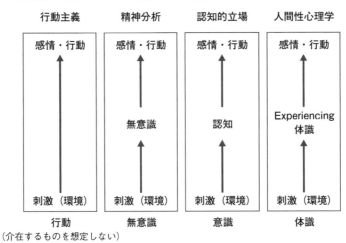

図 10.2　心理療法の基本モデルと人間性心理学（特に，フォーカシング）（近田，2009）

体識とは近田が提案する experiencing の訳語を指します。

10.4　エンカウンター・グループ

　1960 年代にアメリカで起きた**人間性回復運動**（Human Potential Movement; HPM）と符合して，**エンカウンター・グループ**（encounter group）のムーブメントがありました。それは，「幸福」「創造性」「自己実現」の主体である人間の「人間性」や「人間の潜在能力」を，回復・発展させることを旨とするものでした。当時，ベトナム戦争末期の反戦運動，黒人や少数民族への差別解消と権利を求める運動，発展途上国の先進諸国に対する権利拡大の主張など，それまで疎外されてきた人々が主張を始めた時代でもありました。このような背景の中で，差別との闘い，個人の自立への希求と解放など，親密さや自己を確認する機会を求める人々が結集し，人と人との心のふれ合い（「**エンカウンター**」）が注目されるようになりました。

　エンカウンター・グループの名称は，ロジャーズのベーシック・エンカウン

ター・グループ（basic encounter group）の省略語です。ロジャーズは，クライエント中心療法が一般の人々との関係の中で展開されることで，集団に働きかけることができると考え，その実践をベーシック・エンカウンター・グループとして体系化しました。

　ロジャーズとは異なるアプローチでは，アメリカの著名な心理学者レヴィン（Lewin, K.）による**Tグループ**（training group）と**感受性訓練**（sensitivity training），アメリカの精神科医モレノ（Moreno, J. L.）による**心理劇**，カナダの精神科医バーン（Berne, E.）による**交流分析**など，やがてさまざまなグループが集会を行うようになりました。

　エンカウンター・グループには，リーダーの関与とメンバーの自主性の程度によって**非構成的**（リーダーの指示が最小で，メンバーの自主性を優先するもの），**構成的**（リーダーが積極的に関与して，メンバーに指示を与えるもの），**折衷的**なアプローチがあります。いずれのあり方でも，参加者の心理的な安全と自由が保障される点では共通しており，次のような特徴が挙げられます。①相談機関に来談するのではなく，治療を求めない人々が心理的成長を求めて参加していること，②1週間～数週間など，集中的なセッションであること，③対面の親密な関係を重視すること，④リーダー（ファシリテーターとよばれることが多い）は心理職とは限らず，グループの経験者が担っていること，⑤リーダーとメンバーが同等の関係であり，治療的な関係ではないこと，⑥今，ここ（here and now）というその場の相互交流，全人的な関わり，自己開示，正直さなどが重視されていること，⑦感情体験が重視されていること，です。

　エンカウンター・グループの実践は，それまでの心理支援がおおむね個人を対象としていたのに対して，個人のみならず個人を取り巻く社会や組織のあり方そのものを見直す社会変革としての性質があります。従来の来談型を中心としたあり方から，集団やコミュニティの力を活性化させるアウトリーチ型の活動へと幅を広げる基盤の一つになりました。また，専門職の相互研鑽，心理職の養成，企業の人事研修においても，幅広く取り入れられるようになっています。

10.5 マイクロカウンセリングと基本的関わり技法

　マイクロカウンセリング（micro counseling）は，アイビイ（Ivey, A. E.）によって，1960 年代にアメリカにおいて開発されたカウンセリングのモデルです。アイビイは多種多様な心理療法やカウンセリング理論の基本となっている面接の技法に着目し，それらを統合してマイクロカウンセリングの基本的なモデルとしました。このマイクロカウンセリング技法は折衷的なアプローチですが，ロジャーズのパーソンセンタード・アプローチの影響も強く受けています。

　アイビイは，さまざまな心理療法やカウンセリングの面接のプロセスおよびコミュケーション技法には一貫してみられる形式があることに注目し，**マイクロ技法**（microskills）として分類および階層化し（**階層表**（microskills hierarchy）），面接の進め方を定式化しました（**表 10.3，図 10.3，図 10.4**）。「マイク

表 10.3　マイクロカウンセリングの面接技法と面接の構造

面接技法	
基本的関わり技法	関わり行動（視線の合わせ方，身体言語，声の調子，言語的追跡），質問（開かれた質問と閉ざされた質問），励まし（語りを促すうなずき；肯定的あいづち・中立的あいづち・否定的あいづち），要約，言い換え，感情の反映（感情の要約），意味の反映（意味の探求・意味づけ）
積極的関わり技法	指示，論理的帰結の検討，自己開示，フィードバック，解釈，カウンセラー発言の要約（積極的要約），情報提供・助言・教示・説明・示唆，対決技法（不一致を非審判的態度で取り上げること）
技法の統合	図 10.3 に示す通り，各技法を統合し，使い分けること
面接の構造	
ラポール	ラポールの形成
問題の定義化	何が問題か明確にする
目標の設定	クライエントの願いと目標
選択肢を探求し不一致と対決する	矛盾を抱えた状態や前に進めない感覚でいるクライエントに対して，可能性を発揮できるよう非審判的に不一致を取り上げる
日常生活への汎化	日常生活への転移

ロ」という言葉は，「微少」というだけでなく，一つひとつ小単位ごとに（一技法ごとに）着実に学習していくという意味があります。一つひとつを段階的に学習できることから，さまざまな大学院での臨床教育や心理教育に取り入れられています。

　表 10.3 のうち，**基本的関わり技法**（基本的傾聴技法；basic listening sequence）は，傾聴を中心とした関わり行動の要素から構成されています。以下では，代表的な要素を概観します。

　質問（question）は，クライエントの語りを豊かにすることを目的にしています。**開かれた質問**（open question）は，話し手の自由な応答を促すような

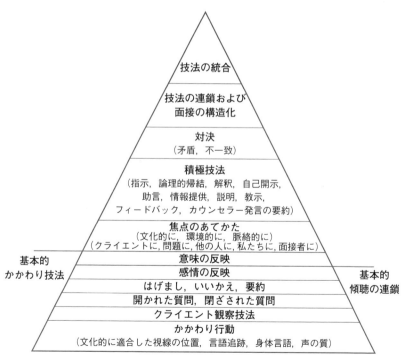

図 10.3　マイクロ技法の階層表（アイビイ，1985）

図 10.4 対人関係に影響を与える技法 (アイビイ, 1985)

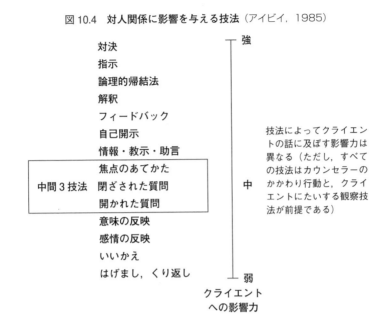

質問であり、話し手が「はい」や「いいえ」などの一言では答えられないような質問です。質問の形式は、どんな、どのように、何々してくれませんか、どうして、などの質問があります。応答の自由度が高いだけに、質問があまりにも漠然としてしまって話し手が何を話せばよいかわからなくならないように留意して用います。**閉ざされた質問**（closed question）は、話し手の応答が限定されていて、「はい」や「いいえ」もしくは1語か2語で答えられるような質問です。形態としては、「……ですか？」「……しますか？」などになります。

励まし（encouraging）は、クライエントの叙述に対するもっとも簡単な応答です。「ええ」「なるほど」「そうですか」など、あいづちを伴ううなずきがあります。**うなずき**（nodding）は、最小限の励ましができます。セラピストのうなずきは、話を聞いていることを会話の流れをさえぎらずに伝えることができます。また、会話の方向を変えるきっかけになることもあります。**言い換**

え（paraphrasing）は，クライエントが述べたことをどのように聞きとったのかをクライエントに言葉で伝え返すことです。言い換えをせずに，クライエントが言ったキーワードをそのまま反復する（**繰返し**）こともあります。適切な繰返しは，カウンセラーの側が，何を聞きとったのかをクライエントに伝えるのに役立ちます。**要約**（summarizing）は，クライエントが思考を整理する助けになります。また，セラピストの要約が正確であったかを確認することもできます。言い換えでは，クライエントの発言の最後の2，3章または短い段落を扱うのに対して，要約は，クライエントの発言したいくつかの文節や全セッション，または何度かの面接で繰返し表現された内容を扱います。

　感情の反映（reflecting feeling）は，クライエントの感情を述べた部分や感情的な状態に応答することです。クライエントの叙述の中から，感情を述べた部分や，言葉の背後に暗示されている感情や状態を理解し，セラピスト自身の言葉で適切に反映する表現を行い，セラピストの反映とその内容をクライエントに確認します。

復 習 問 題

1. 人間性心理学のもっとも重要な主張は何か，説明してください。
2. 人間的成長における3つの条件を説明してください。
3. フォーカシングの基本的な考え方を説明してください。

参 考 図 書

熊倉 伸宏（2002）．面接法　追補版　新興医学出版社

　誰でも受け入れることのできる常識的で基礎的な技法について，「人と人との出会い」という原点に立ち戻って論じた心の相談のための面接法の必読書。

ロジャーズ，C. R. 諸富 祥彦・末武 康弘・保坂 亨（訳）（2005）．ロジャーズが語る自己実現の道（ロジャーズ主要著作集3）　岩崎学術出版社

　ロジャーズが一般の読者向けに書いた書籍。臨床心理学者としてのみならず一人の人間として自分を開示し，読者に語りかけるように書かれており，ロジャーズの考え方がにじみ出ています。なお，専門家向けの主要な著作集は同シリーズ『クライアント中心療法（ロジャーズ主要著作集2)』になります。こちらには，ロジャーズ中期の代表作 *"Client-centered therapy: Its current practice, implications, and theory"*（Houghton Mifflin, 1951）の全訳が収められています。

ジェンドリン，E. T. 村瀬 孝雄・池見 陽・日笠 摩子（監訳）（1999）．フォーカシング指向心理療法（下）——心理療法の統合のために——　金剛出版

　ジェンドリンの書籍は絶版が多くなっている中で，本書は数少ない入手可能な書籍です。入手困難な書籍は，大学の図書館に蔵書があると思いますので図書館から入手してご一読ください。

行動療法の理論と技法

　本章では，行動療法の理論と技法について学びます。行動療法は，学習理論に基づくモデルおよび技法であり，観察ができる外顕的な行動を対象として，行動の修正（不適応な行動の消去，適応的な行動の習得など）を目的とした心理学的介入を行う技法の総称です。認知行動療法との関連では，次章で詳説する第1世代の認知行動療法（Cognitive Behavior Therapy; CBT）に位置づけられています。主な適用対象群は，不安障害群（anxiety disorders），心的外傷後ストレス障害（Post-Traumatic Stress Disorder; PTSD），強迫症／強迫性障害（Obsessive Compulsive Disorder; OCD）であり，その有効性が実証されていますが，神経発達症や子育て支援でも多く用いられています。

　行動療法は，精神分析やクライエント中心療法のように1人の人物が創始したものではありません。本章で概観する行動療法は，5つに大別されます。第1に，ドイツの心理学者であるアイゼンク（Eysenck, H. J.；1916-1997）が提唱した行動療法（Behavioral Therapy; BT）です。第2に，南アフリカの精神科医であるウォルピ（Wolpe, J.；1915-1997）による系統的脱感作法（systematic desensitization）です。第3に，アメリカの心理学者であるスキナー（Skinner, B. F.；1904-1990）による応用行動分析（Applied Behavior Analysis; ABA）です。第4に，カナダの心理学者であるバンデューラ（Bandura, A.；1925-2021）による社会的学習理論（social learning theory）に基づくモデリング（modeling）およびリバーマン（Liberman, R. P.；1937-）によるソーシャルスキル・トレーニング（Social Skills Training; SST）です。第5に，その他のアプローチとして，バイオフィードバック療法，ペアレント・トレーニング，親子相互交流療法を取り上げます。

11.1 アイゼンクによる行動療法

　アイゼンクは，1959年に精神分析と対比させて行動療法という呼称を提唱しました。アイゼンクによる行動療法は，パブロフ（Pavlov, I. P.；1849-1936）による**条件反射**と**古典的条件づけ**などの学習理論に基づいています。条件づけられた神経症的な行動をターゲットとして，主に**暴露法**（エクスポージャー法；exposure），**フラッディング**（flooding），**暴露反応妨害法**（Exposure and Response Prevention; ERP）などによってターゲットとなる行動を**消去**（extinction）するものでした。暴露法は，苦手と感じてこれまで恐れたり，避けたりしたことにあえて立ち向かうことです。暴露反応妨害法は，これまで不安を下げるためにしていた強迫行為をあえてしないことです。多くのメタ分析や学会などのガイドラインでは，不安症群（広場恐怖症，社交不安症，全般性不安症他）に対する暴露法の有効性が認められ，推奨されています。強迫症（OCD）の治療では暴露反応妨害法が推奨されています。

　暴露法では，刺激に対する恐怖・不安が時間の経過とともに慣れる**馴化**（じゅんか）（habituation）（または**慣化**（慣れ；habituation））を原理として，クライエントを不安となる刺激にさらし続け（「**暴露**」），不安が治まっていく**消去**を行います。馴化または慣化（慣れ）とは，恐怖・不安を生み出す刺激が短時間に連続して提示されることで，その恐怖・不安が減少することです。恐怖・不安を生み出す刺激が提示される以前よりも50%減少していることとして定義されます。たとえば，大きな警報音は驚いた反応を引き起こしますが，繰返しそれを聞くと驚きは小さくなります。馴化または慣化（慣れ）とは逆に，生得的な反応を誘発する刺激を短時間に連続して与えると，その反応が増強することもあります。これを**鋭敏化**（**感作**（sensitization））といいます。

　暴露法には，さまざまな種類があります（表11.1）。暴露反応妨害法を中心に，**持続的エクスポージャー療法**（Prolonged Exposure; PE）は，アメリカの心理学者であるフォア（Foa, E.；1937-）らが開発したPTSDの治療法です。不安障害のための暴露法とPTSDの情動処理理論（emotional processing theory）に基づいて開発され，PTSD治療の各種ガイドラインで推奨されています。

表 11.1　暴露法の種類（APA, 2017）

現実暴露法 (in vivo exposure)	恐れられている対象，状況，または実際の活動に直接直面する方法。たとえば，社会不安をもつ人が人前でスピーチをすることが挙げられます。
想像暴露法 (imaginal exposure)	恐怖・不安になる対象，状況，または活動を想像する方法。たとえば，心的外傷後ストレス障害をもつ人が，自分の心的外傷体験を思い出して説明することが挙げられます。
VR 暴露法 (virtual reality exposure)	現実暴露ができない場合に仮想現実（VR）の技術を用いて暴露をする方法。たとえば，飛行恐怖症の人が，心理学者のオフィスで，飛行機の光景，音，匂いを喚起する機器を装着して仮想飛行をします。
内受容的暴露 (interoceptive exposure)	恐怖・不安によって生じる身体感覚を故意に引き起こす方法。たとえば，パニック障害のある人は，心臓の速度を上げるためにその場で走ることです。
段階的な暴露 (graded exposure)	恐怖・不安の対象，活動，または状況を難易度に応じて段階的に暴露する方法。階層表を作成し，軽度または中程度の困難な暴露から始まり，その後，より困難な暴露に進みます。
フラッディング (flooding)	もっとも恐怖や不安が生じる場面に，逃げることなく長期間暴露する方法。通常，恐怖・不安が大幅に軽減されるまで行われます。 現実暴露法では，弱い不安が生じる場面から，徐々にレベルを上げていくのに対して，フラッディングでは，もっとも不安を感じる刺激状況（たとえば高所恐怖の人を高いところに上げるなど）にさらされます。想像によるフラッディング（インプロージョン（improsion））を現実刺激の前段階として行うこともあります。
系統的脱感作法 (systematic desensitization)	リラクセーションのエクササイズと組み合わせることで対処しやすくして暴露する方法。詳細は後述。

　フォアらは，PTSD のほか強迫性障害（OCD），広場恐怖を伴うパニック症，社交不安症などの不安障害に対する PE の有効性を示しています。

　持続的エクスポージャー療法の手続きは，第 1 に，トラウマ後の一般的な反応の説明などの**心理教育**（psychoeducation）を行います。心理教育では，次の内容を学習します。すなわち，トラウマ後の一般的な反応では，恐怖・不安が喚起される対象や活動，状況を避ける傾向があること，この回避反応は短期

的には恐怖・不安の感情を軽減するものの長期的には恐怖・不安がさらに悪化すること，危険でなくなった後も対象（刺激）が危険であると誤解されること，です。第2に，ゆっくりとした呼気によって不安と緊張を軽減する**呼吸再調整法**（呼吸法の再教育）（breathing retraining）を学習します。第3に，**現実暴露法と想像暴露法**を繰返し行います。最後に，トラウマ記憶の中でもっとも苦痛を感じている部分である**ホットスポット**（hot spot）を想起してその記憶について話し合います。週に1回，1回90分の治療を，全部で6～15回ほど行います。

11.2 系統的脱感作法

　系統的脱感作法（systematic desensitization）は，ウォルピが開発した不安・恐怖の条件反応を消去するための治療法です。系統的脱感作法では，不安・恐怖を喚起する刺激のうち，弱いものから段階的に暴露させ，同時にリラクセーションを行います。リラクセーションを患者自身でできるように訓練して，弱い訓練から順に不安・恐怖反応の除去を目指します。1970年代からは他の行動療法・認知行動療法の一部に取り入れられたり，研究者によっては暴露法の一つに位置づけられる傾向があったことから，現在では系統的脱感作法に関する文献は減っています。しかし，行動を扱う臨床分野では現在でも系統的脱感作法が多く行われていますので，理論と手続きについて詳しくみていくことにします。

　ウォルピは，帰還兵に対する戦争神経症（現在のPTSD）の治療に携わった後，神経症の治療として系統的脱感作法を考案しました。治療の機序は，**逆制止の原理**（reciprocal inhibition）が重要です。逆制止の原理とは，人が恐怖・不安とリラックスを同時に体験できないことを指します。彼は，不安刺激に対して繰返しリラックスすると，徐々に不安を取り除けることに注目しました。系統的脱感作法では，この逆制止の原理に基づき，恐怖・不安に対してリラックスという反応を拮抗条件づけします。**拮抗条件づけ**（counterconditioning）とは，ある条件反応と逆の反応を条件づけることです。

表 11.2　不安階層表の例

No.	問題場面	不安の強さ (SUD)
1	道路を歩いている	10
2	コンビニで買い物をしている	30
3	対面レジで支払いをしている	30
4	デパートなどの人ごみの中を歩いている	50
5	仕事の時間，同僚のデスクの隣に並んで座っている	50
6	朝礼などの集会で，同僚と一緒にいる	65
7	職場のデスクで昼食をとる	65
8	上司の指示を聞く	75
9	上司に報告をする	95
10	会議で発言をする	100

視線恐怖のクライエントの不安階層表を示したもの。視線恐怖が喚起される場面について，それぞれの場面での不安の強さ（SUD；主観的障害単位）を尋ね，不安の強さの順に並べ直します。

　系統的脱感作法の手続きは，第 1 に，クライエントから不安の場面とその強度を聞きとり，不安場面を強度の順に並べた**不安階層表**（anxiety hierarchy）を作成します（**表 11.2**）。典型的な階層表では，10〜20 の場面を設定し，10（あるいは 100）ポイントの順に，まったく不安を引き起こさないものから激しい不安を引き起こすものまで比較的等間隔に並べます。たとえば，不安・恐怖心を引き起こす状況についての階層表では，不安・恐怖を引き起こす状況を，「道路を歩いている」という最小の恐怖を引き起こす出来事から，「会議で発言をする」という最大の恐怖を引き起こすものまで，順番に並べます。

　第 2 に，**リラクセーション法**（**筋弛緩法**）を学習させます。ここでは，アメリカの精神科医・生理学者・内科医であるジェイコブソン（Jacobson, E.；1888-1983）による**漸進的弛緩法**（progressive relaxation）がしばしば用いられます。漸進的弛緩法とは，高血圧，心臓病，消化器疾患および不安状態などの身体疾患と精神疾患の治療法として開発された方法で，自然分娩法の基礎の

一つにもなっています。ジェイコブソンは，筋弛緩によって大脳の興奮状態を低下させ，それにより不安・緊張を軽減できることを見出しました。この方法では，筋肉を緊張させてから力を抜く弛緩状態を学習します。その簡便法は，表11.3の通りです。なお，漸進的弛緩法の手続きでは，静かで落ち着いた場所を見つけることが強調されています。また，最初の指導項目は，リラクセーションではなく観察であり，緊張に気づく力を重視しています。その上で，プ

表11.3　漸進的弛緩法の簡便法

（Jacobson, 1938；文部科学省ホームページ「CLARINETへようこそ」を基に作成）

基本動作
各部位の筋肉に対し，10秒間力を入れ緊張させ，15〜20秒間脱力・弛緩する。
〈手順の説明〉
①力を入れて（力を入れ過ぎない，緊張を感じる程度）10秒間その感じを味わいます。
②すっと力を抜く。15〜20秒間その感じを味わいます。
※身体の主要な筋肉に対し，この基本動作を順番に繰返し行っていく。各部位の筋肉が弛緩
　してくるので，弛緩した状態を体感・体得していく。
③手から足まで進みます。
④一区切りごとに1分間（または2分間）呼吸を整えます（呼吸再調整法）。

1.	両手	両腕を伸ばし，掌を上にして，親指を曲げて握り込む。10秒間力を入れ緊張させる。手をゆっくり広げ，膝の上に置いて，15〜20秒間脱力・弛緩する。筋肉が弛緩した状態を感じるよう教示する。
2.	上腕	握った握り拳を肩に近づけ，曲がった上腕全体に力を入れ10秒間緊張させ，その後15〜20秒間脱力・弛緩する。 ※以下，緊張させる部位について記述する。10秒間緊張後，15〜20秒間脱力・弛緩する要領は同様である。
3.	背中	2と同じ要領で曲げた上腕を外に広げ，肩甲骨を引きつける。
4.	肩	両肩を上げ，首をすぼめるように肩に力を入れる。
5.	首	右側に首をひねる。左側も同様に行う。
6.	顔	口をすぼめ，顔全体を顔の中心に集めるように力を入れる。 筋肉が弛緩した状態＝口がぽかんとした状態
7.	腹部	腹部に手を当て，その手を押し返すように力を入れる。
8.	足	a：爪先まで足を伸ばし，足の下側の筋肉を緊張させる。 b：足を伸ばし，爪先を上に曲げ，足の上側の筋肉を緊張させる。
9.	全身	1〜8までの全身の筋肉を一度に10秒間緊張させる。 力をゆっくりと抜き，15〜20秒間脱力・弛緩する。

ロトコルのように，リラックスする練習をしていきます。

　第 3 に，リラクセーション（筋弛緩）し，階層表にある，恐怖を引き起こす量のもっとも少ない項目から取り組みます。たとえば，女性のクライエントが，クラスメイトに対して恐怖を感じているケースを考えてみましょう。クライエントは，教室に行って学習したり，友だちに話しかけることはもちろん，学校に近づくこともできません。不安階層表の最上段は「家で学校の写真を見ること」，階層表の中段は「クラスの外からクラスを眺めること」，階層表の最下段は「実際にクラスに入ること」です。このクライエントが緊張を弛緩できるようになったら，階層表の最上段にある行動「家で学校の写真を見ること」を練習し，リラクセーション法を行います。このように，系統的脱感作では，クライエントは自分の階層表にあるそれぞれの状況を，もっとも恐怖の少ないものからセラピストのガイドのもとで実際に体験していきます。

　なお，不安の対象が人間関係の相互作用である場合は，自己主張訓練（アサーション・トレーニング（assertiveness training））を取り入れます。自己主張訓練における主張行動とは，他の人に対する不安以外のあらゆる情動の正しい表現を指します。不安に拮抗する行動として位置づけられており，主張的な行動ができるようになるにつれて患者の不安が軽減されるとともに，社会的に望ましい能力を獲得していけると考えられています。

11.3　応用行動分析

　応用行動分析（Applied Behavior Analysis; ABA）は，アメリカの心理学者スキナーによって提唱された**行動分析学**（behavior analysis）に基づき，日常場面での課題解決と行動修正を目指す方法です。自発的な行動に対して特定の刺激を与えるか除去して，行動の生起頻度を変化させます。

　行動分析学には，**実験的行動分析**（experimental analysis of behavior）と応用行動分析（ABA）があります。前者は，**オペラント条件づけ**（operant conditioning；道具的条件づけ（instrumental conditioning）ともいいます）と**レスポンデント条件づけ**（respondent conditioning）を原理として，実験的手法を

用いて行動の一般的な法則性を見出すことに重点がありました。これに対して，スキナーの弟子らが発展させた応用行動分析（ABA）では，実験的行動分析の考え方と知見に基づいた日常場面での課題解決に力点があります。

応用行動分析は，現在は**注意欠如・多動症**，**自閉症児の療育**，**チャレンジング行動**（challenging behavior）などに有効性が認められています。チャレンジング行動とは，文化的にノーマルでない行動を指します。その強度・頻度・持続時間がノーマルでないために，本人や周囲の人の身体的な安全を著しく損なうかもしれないような行動です（Emerson, 1995; 武藤，2018）。DSM-5 の診断分類では，**素行・非社会的行動症群**（disruptive, impulsecontrol, and conduct disorders）がチャレンジング行動に相当すると考えられます。なお，応用行動分析は心理臨床のみならず保育，教育，障害福祉などさまざまな現場で用いられており，後述する**ペアレント・トレーニング**にも取り入れられています。以下では応用行動分析の理論と手続きをみていきましょう。

11.3.1　オペラント条件づけ

先にも述べたように，応用行動分析は，オペラント条件づけに基づいています。オペラント条件づけ（道具的条件づけ）は，自発的な行動の生起頻度が変容する過程です。

スキナーは，行動を特定の刺激に誘発される**レスポンデント行動**（応答的反応；respondent behavior），特定の誘発刺激がない**オペラント行動**（自発的反応；operant behavior）に分けました。そして，自発的な行動であるオペラント行動に対して強化刺激（ほうびなど）を与えて行動が条件づけられることを**オペラント条件づけ**，オペラント条件づけによる学習をオペラント学習（operant learning）としました。オペラント学習では，環境に自発的に働きかける行動の結果，環境に何らかの変化が生じ，その変化によって学習が成立すると考えます。行動に伴って，正の結果（快や満足，利益）が得られると行動の生起頻度が高まり，負の結果（不快や不満足，不利益）がもたらされると行動の生起頻度が低まることを**効果の法則**（law of effect）といいます。

11.3.2 機能アセスメント

応用行動分析では，第1に，ターゲットとなる行動の意味を理解するために**機能アセスメント**（functional assessment）（**機能分析**（function analysis）ともいいます）を行います。機能アセスメントは，行動の前後関係から行動の機能を推測する手続きです。

はじめに，ターゲットとなる行動を明確にします。応用行動分析のターゲットになる行動が，オペラント行動になります。**死人テスト**（dead-man test）とよばれる条件を通過した行動が，便宜的にターゲットになります。死人テストでは，「死人にもできることは行動ではない」と考えます。たとえば，「座っていること」「叱られること」は，死人にもできますので，応用行動分析のターゲットにはなりません。すなわち，「否定形」「受け身形」「状態」を目安にして行動を弁別します。逆に，「立ち歩くこと」「話しかけること」は，死人にはできませんので応用行動分析のターゲットになります。さらに，ターゲットとなる行動を具体的にする必要があります。たとえば，「授業中の離席が多いこと」では，「離席をしないこと」であれば死人でもできてしまいますので，「1回の授業で離席をするのは1回まで，それ以外の時間は授業に集中する」と設定します。

次に，**随伴性**（または**行動随伴性**；contingent）について検討します。随伴性とは，行動，先行刺激，結果などの2つ以上の事象が関連することです。たとえば，"子どもの自己表現"（事象A：行動）と親が子どもをほめること（事象B：結果）に関連性がある場合，「子どもの自己表現と親が子どもをほめる行動が随伴する」と記述できます。事象Aが生起する条件として事象Bが起こる確率が1のとき，これを完全な正の随伴性といいます。逆に，事象Aがあるものの，事象Bが起こらないことを完全に予測できるとき完全な負の随伴性といいます。

1. 三項随伴性

応用行動分析では，**三項随伴性**（three-term contingent）の枠組みから，ターゲットとなる行動と環境の相互作用をみていきます。三項随伴性は，ある行動が生じるプロセスを，行動に先行する<u>先行刺激</u>（A：Antecedent），<u>行動</u>

図 11.1   三項随伴性の概念図

A 先行刺激	B 行動	C 結果（後続刺激）
聴覚刺激，見通しのない刺激，情緒を乱す刺激等	望ましくない行動	注意，注目，報酬等

（B：Behavior），結果（後続刺激）（C：Consequent）という三項の随伴性としてとらえる考え方です。それぞれの項の頭文字から ABC モデル（ABC model; ABC analysis）ともよばれます。自発的な行動とはいえ，その行動を引き起こすには何らかのきっかけ（トリガー）が存在しています。この行動に先行する刺激を先行刺激といいます。

図 11.1 は三項随伴性の概念図です。たとえば，ストレス解消にカラオケに行く，という行動習慣がある場合，先行刺激は「ストレスが溜まる出来事や状態」であり，それがきっかけとなって「カラオケに行く」という行動が生じ，その結果として「ストレスが発散できてスッキリする」という結果（後続刺激）が起きます。このように，応用行動分析では「どのような行動が起こっているか」だけでなく，「行動の前後でどのような状況の変化が起こっているか」に注目します。

2. 行動の機能

次に，なぜその行動が起きているのか，という行動の機能（function of behavior）を推定します。機能アセスメントにおける機能とは，行動が生起する理由やその目的です。どのような行動も，それが不適応や問題を招くものであったとしても，本人にとっては何らかの機能を果たしている，と考えます。望ましくない行動は，おおむね 3 つの機能に分けられます。第 1 に，欲しいものを得るための働き（物事の獲得要求，教示の要求，注目の要求），第 2 に，嫌なことから逃れるための働き（課題・物・場面・人からの逃避や回避），第 3 に，感覚刺激を得たり，こだわりのパターンを繰り返す働きです。1 つの行動

に，複数の機能が含まれることもあります。たとえば，青年が飲酒を繰り返す
チャレンジング行動は，他者からみれば社会的に望ましくない行動であり，法
律にふれる行為です。しかし，本人はかなりのストレスを感じており，酩酊状
態に陥っている間は現実を忘れられ，ストレスから解放されるという結果が生
じているととらえます。行動の機能は，嫌なことから逃れるための働きであり，
感覚刺激を得るための働きでもあります。このように，行動そのものが果たし
ている機能（本人にとってのメリット）を明らかにするために，行動の前後の
状況に関する情報を集め，何がその行動を引き起こすのか，その行動によって
本人がどのような結果を得ているのかを検討します。

11.3.3　介入方法

　応用行動分析の介入を，**三項随伴性**の項目ごとにみていきましょう（Cooper
et al., 2007; Raymond & Miltenberger, 2001）。

　はじめに，介入を計画する際は，増加もしくは減少させたい行動を正確に把
握します。正確な把握とは，行動が1日に何回生じるか，何分くらい持続する
か，どのくらいの強度か，といったように何かしらの数値化を行うことです。
介入前の行動の測定結果を**ベースライン**（baseline）とよびます。ベースライ
ンはターゲットとなる行動の自然な状態での行動の出現率（オペラントレベ
ル）です。介入前の状態（ベースライン期）を示したデータと，介入中・後
（介入期）を比較したものが介入を評価するときに使用するデータとなります
（図11.2）。

1. 先行刺激への介入

　先行条件を操作することで行動の修正を図ることを，**先行条件操作・先行介
入**（antecedent intervention）といいます。そして，先行刺激によって行動が
増減する状況を**刺激性制御**（stimulus control）といいます。

　先行条件操作・先行介入では，**動機づけ操作**（motivating operation）を行い
ます。動機づけ操作は，行動が発生する確率を上げたり下げたりするために，
強化子（後述）や弱化子の力（価値）を強めたり，弱めたりする操作のことで
す。三項随伴性（先行刺激―行動―後続刺激）の前段階に位置づけられます。

図11.2　ベースライン（5日間）と介入（5日間）のイメージ図

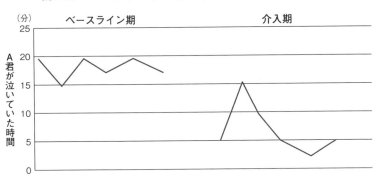

また，動機づけ操作と三項随伴性を合わせて**四項随伴性**といいます。

　動機づけ操作には，主に**確立操作**（establishing operation）と**無効操作**（abolishing operation）があります。確立操作は，強化子の価値を上げる動機づけ操作です。たとえば，ごほうびの価値が上がると，子どもの動機づけが高まることが挙げられます。他方，無効操作は，強化の有効性を減らす動機づけ操作です。たとえば，事前に子どもを十分に遊ばせることで，注意力が散漫になるトリガーをなくし，集中力を維持させる行動を増やすことが挙げられます。また，自閉症児の療育では，荷物をしまう場所や触ってはいけないものを見分けがつくように視覚支援をすることで，自閉症児の不適応的な行動を減らすことができます。

2. 行動レパートリーへの介入

　行動レパートリー（behavioral repertoire）とは，人ができるすべての行動（座る，立つ，食べる，歩く，声を出す，など）を指します。行動レパートリーへの介入では，ある状況の中でその人がとれる反応・行動のオプションを増やすことが基本的な方向性になります。たとえば，知的障害のある人の行動レパートリーは少なく，学習することが困難でもあります。その人がとり得る代替行動，適切な行動を教えることで，適切な行動が増えると不適切な行動が減

ります。

　行動レパートリーを増やす介入には，模倣（imitation），シェイピング（shaping），課題分析（task analysis），チェイニングがあります。**模倣**は，模倣する人間の行動をお手本（モデル）の形態に一致させることです。音声言語による模倣，行動模倣，逆の行動をする逆模倣などがあります。はじめに，お手本を提示し（先行刺激に相当します），模倣行動（行動に相当します）を観察し，結果に応じて対応を行います。

　シェイピングとは，段階的に強化を行い，最終的な目標へと近づけていく方法です。目標とする行動に少しでも近い行動を強化しながら目標とする行動を形成します。はじめは低い基準によって強化を行い，徐々に強化する基準を引き上げていきます。

　課題分析は，そのスキルがどのような動作によって構成されているかを分解する作業です。スキルを教える際には，分解された行動（タスク）を一つずつ教えます。

　チェイニング（連鎖化：chaining）は，1つのスキルのタスクを順番に教えていく方法です。一部のタスクから順に子どもに実施させ，できないタスク以降は指導者が補助（**プロンプト**（prompt））して成功に導き，全体のスキルの動作を完了させます。

3.　後続刺激への介入

　後続刺激への介入では，行動に対する反応（後続刺激）を操作することによって行動の変容を目指します。ここで，オペラント条件づけの種類をみていきましょう（**表11.4**）。**強化**（reinforcement）とは，特定の行動が起きる確率が増加することです。強化をもたらす刺激を**強化子**（reinforcer）といいます。対となる用語は弱化です。**弱化**（punishment）とは，特定の行動が起きる確率が減少することです。弱化をもたらす刺激を**弱化子**（punisher）といいます。強化は行動を強め，弱化は行動を弱める働きをする，と覚えましょう。なお，強化子と弱化子は，ものの提供や除去，物理的な刺激に限らず，人間関係の中で生じる社会的な刺激も含まれます。たとえば，他者からの注目，関心，賞賛，承認などは目に見えない社会的な強化子となり，無関心，無視，批判，叱責な

表 11.4　オペラント条件づけの種類

概念	説明	例
強化（reinforcement）	行動の生起頻度が増加する過程	自己表現が増える
正の〜（positive-）	強化子が出現する（提示型）	強化子＝ほめる
負の〜（negative-）	弱化子が除去される（除去型）	弱化子＝けなす
弱化（punishment）	行動の生起頻度が減少する過程	自己表現が減る
正の〜（positive-）	弱化子が提示される（提示型）	弱化子＝けなす
負の〜（negative-）	強化子が除去される（除去型）	強化子－ほめる

どは社会的な弱化子となります。

　後続刺激への介入では，**分化強化**（differential reinforcement）という手続きを行います。分化強化とは，望ましい行動を増やし，望ましくない行動を減らすために，強化と弱化の原理を応用することです。たとえば，望ましい適応的な反応に報酬を与え，望ましくない行動には報酬を与えないなどの手続きを行います。

　後続刺激への介入例を**表 11.5** に示します。望ましい行動に対しては，正と負の強化を行います。具体的には，タイミングを固定して強化する，タイミングをランダムにして強化する，連続的に強化する，間欠的に強化する，などの計画を立てて実行します（**強化スケジュール**（schedule of reinforcement）といいます）。

　トークン・エコノミー法（token economy）では，患者が望ましい行動をとると，これを強化するために特典あるいは景品と交換できるチップやカードなどの代理貨幣（トークン）を与えます。たとえば，注意が散漫で課題に取り組まない少年に対して，教師がトークンを与え，トークンが溜まると列の先頭に並ぶことが許されたり，職員室を探検することが許される，などが挙げられます（**表 11.5**）。

　なお，望ましくない行動に対しては，正と負の弱化を行います（**表 11.4**）。刺激除去による弱化として，許されない行動には，快をもたらす行動を制限す

表 11.5　後続刺激への介入例

行動	方法	原理	補足
望ましい行動	ほめる，トークンを与える	好子出現による強化	望ましい行動を増やす。 望ましい行動 1 回につき 1 ポイント，5 ポイントでゲームが 30 分できるなど。
望ましくない行動	無視，トークンを取り上げる	消去・好子消失による弱化	罰を与えることはデメリットもあるので用いるべきではない。 望ましくない行動がベースラインよりも増えるバーストとよばれる行動が生じるので注意と忍耐が必要。
許されない行動	タイムアウト	（強制的な）消去	他者や自己が傷つくような行動の場合に行う。行動が生じた際に，親や教師がタイムアウトを通告し，一定時間静かな刺激の少ない場所に行くなど。

るタイムアウトを行います。**タイムアウト**（time-out）は，行動を静止するために行います。タイムアウトと反対の概念は，タイムインです。**タイムイン**（time-in）とは，たとえば対象となる子どもを好きな活動や環境に置くことです。タイムインとタイムアウトの環境の違いを理解し，タイムイン環境から切り放します。タイムアウトの手続きは，タイムアウトの対象とする行動をあらかじめ決めておき，対象となる行動が生じたら数分間を上限として先行刺激が少ない環境に移行します。タイムアウト前後に弱化子や強化子を与えることは避けます。また，タイムアウトを実施する場所は強化子が存在しないことが望ましくなります。

　タイムアウトの他に，快をもたらす後続刺激を減じる**レスポンスコスト**（トークンの没収を含む）を行います。ただし，望ましくない行動に対して罰を与えることにはデメリットと倫理的な問題を含むので，介入に倫理的な問題がないかを慎重に検討します。

11.4 モデリングおよびソーシャルスキル・トレーニング

11.4.1 モデリング技法

　バンデューラによる社会的学習理論（social learning theory）と，その下位理論である自己効力感（セルフ・エフィカシー（self-efficacy））とモデリング（modeling）の考え方は行動療法に影響を与えました。バンデューラは，ほとんどの行動が外的な報酬や罰が与えられない状況で起きると指摘した上で，自己制御とよばれる内的過程から行動が生じると想定しました。この内的過程では，他者の行動を観察したり，他者の行動を見聞きすることが大きく影響することを指摘しました。

　バンデューラは，神経症の治療における自己効力感とモデリングの重要性を主張しました。オペラント条件づけでは新しい行動の学習に時間と手間がかかることがありますが，モデリングの技法を用いて模倣させると新しい行動に対する自己効力感が高まり，比較的簡単に行動を生起させることができると考えました。いくつかのモデリングの種類が提示され，モデリングの技法に基づく介入が行われました（Bandura, 1971; Kazdin & Smit, 1979; 前田，1985; 福島・西沢，1978）。それには，モデルの行動を実際に観察する**外顕的モデリング**（overt modeling），言語による教示によってある行動をとっているモデルをイメージする**内潜的モデリング**（covert modeling），問題場面を段階的に解決していくモデルを観察する**段階的モデリング**（step-by-step modeling），モデルを観察した後にクライエント自身が同一場面で遂行を反復する**参加者モデリング**（participant modeling），クライエントが課題に取り組んでいる様子を映したビデオを作成し，それを見ることによって行動改善を図る**ビデオセルフモデリング**（video self-modeling）などがあります。ビデオセルフモデリングでは，「できている自分の姿」を見せることで，その姿が顕在的な思いとして「ありたい姿」となり，「ビデオのような自分になろう」という意志を引き起こすことができるのではないかという期待がこの手法の背景にあります（Bandura, 1997）。

　現在は，モデリングに特化した治療が行われることは少なく，次に紹介するソーシャルスキル・トレーニングの重要な要素の一つになっています。また，

モデリングは標榜されなくても多くの行動療法で技法として取り入れられています。

11.4.2 ソーシャルスキル・トレーニング

ソーシャルスキル・トレーニング（Social Skills Training; SST）は，社会生活技能訓練，社会的スキル訓練，社会技術訓練ともよばれます。アメリカの心理学者であるリバーマン（Liberman, R. P.；1937-）が提唱した方法で，慢性期の精神疾患患者（統合失調症など）の社会的リハビリテーションのために開発されました。社会生活技能の開発または改善により困難を解決する方法で，ウォルピの自己主張訓練等の行動療法に原型があり，認知療法の諸技法を取り込んで発展しています。日本では1994年以降，精神科の入院患者を対象に「入院生活技能訓練療法」が診療報酬に算定されています。神経発達症，統合失調症の陰性症状，アルコール依存症，学校教育，職業リハビリテーションの支援

表11.6 ソーシャルスキル・トレーニングの手順（Liberman et al., 1976 安西監訳 2005；Liberman et al., 1985；Liberman et al., 1986 を基に作成）

1	インストラクション (instruction)	言葉でスキルを簡潔に教え，スキルを身につけることの重要性を学びます。
2	モデリング (modeling)	ロールプレイでセラピストまたはピアグループによるスキルの見本を見て，ロールプレイを振り返ります。
3	行動リハーサル／促し (behavioral rehearsal/ prompting)	頭の中でリハーサルをするか，ロールプレイで練習します。
4	フィードバック (feedback)	正のフィードバックを行います。良くないロールプレイであっても，やってみたことや少しでもできたことを認めて伝え返します。さらに良くする部分（修正点）を簡潔に伝えます。本人がアドバイスのうち取り入れたいものを選び，再度ロールプレイ等を行います。
5	強化 (reinforcement)	スキルを使うホームワークを課すなど，身につけたスキルがトレーニング以外の場面でも発揮できるようにします。次のセッションではホームワークの振り返りから始めます。

現場などで多く実践されています。

　SST の手順は，**表 11.6** のように，知識を伝達し，お手本を示し，ロールプレイし，フィードバックして，最後に強化を行います。介入では非嫌悪的な刺激を基本として，自発性を重視します。自発性については，練習したい課題や目標を対話の中で自己決定します。プログラムでは，食事などの基本的な生活のスキル，自己表現と会話のスキル，家族での話し合いのスキル，仕事のスキル，怒りなどの感情調節のスキル，疾病や服薬の自己管理のスキル（たとえば医療従事者とのコミュニケーション方法）などを学習します。嗜癖的行動に対する治療プログラムでは拒否スキル訓練（refusal skills training），コミュニケーションスキル訓練（communication skills training）などがあります。

11.5 その他のアプローチ

11.5.1 セルフコントロール訓練，バイオフィードバック療法

　行動療法における**セルフコントロール訓練**（self-control training）では，自分自身の行動をセルフモニタリングすることで，不適応行動を自己調整します。たとえば，不適応な行動が起きる状況と行動を記録することが挙げられます。セルフコントロール訓練では，特定の行動を達成すると，自分自身に報酬を与えるように指導されます。

　セルフコントロール訓練では，意識的な行動だけでなく，通常では自覚やコントロールが難しい行動も対象になります。その一つに，**バイオフィードバック療法**（biofeedback therapy）があります。バイオフィードバック療法では，応用行動分析の枠組みに基づき，外部装置を使用してクライエントに個人の生理学的な状態に関する情報を提供し，心拍数などの身体機能をコントロールできるようになることを目指します。適用対象として，片頭痛，慢性疼痛，排泄障害，脳卒中などの運動リハビリテーション，ADHD などに有効性があるかその可能性があるが，さらに無作為比較試験が必要とされています（Yucha & Gilbert, 2004）。

　バイオフィードバック療法の手続きでは，人間の不随意筋肉の動きや心拍，

血圧，脳波のような通常では自覚や制御が難しい事象を装置（血圧計，皮膚温度，心電図，筋電図，脳波計等）で連続的に検出して人間が感覚できる音や光などに変換することで，対象者にフィードバックします。筋電図では筋緊張を，脳波ではリラックスした状態と緊張した状態を評価できます。

　たとえば，腹圧性尿失禁に対する無作為比較試験では，骨盤底筋のトレーニングにバイオフィードバックを追加することで，骨盤底筋の機能が改善され，排尿症状が軽減することが明らかにされています（Fitz et al., 2012）。この他にも，頭痛患者に対してリラクセーション法とバイオフィードバック療法を組み合わせて，脳波のバイオフィードバックなども行われています。

11.5.2　ペアレント・トレーニングと親子相互交流療法

　ペアレント・トレーニング（parent training）は，1960年代半ばに行動療法家の研究グループによって開発されました。これは，養育者が子どもの機能を向上させることができるように，養育者に働きかける方法です。子育てのストレスや悩み，不安を抱える親や里親などの養育者を対象とし，子どもへの適切な関わり方を指導するプログラムです。WHOが提唱するメンタルヘルス・ギャップ・アクション プログラム（mhGAP）の介入ガイドでは，精神保健医療の専門家がいない保健医療の現場では，行為症・行動障害，発達症／発達障害の対応において，利用できるならペアレント・トレーニングを考慮する，とされています（WHO, 2010）。

　ペアレント・トレーニングは行動療法を理論的な基礎としています。プログラムの内容は対象によって多様性があるものの，おおむね積極的な育児スキルの習得を含んでいます。0～7歳の子どもがいる親を対象としたペアレント・トレーニングに関するメタ分析によると，ペアレント・トレーニングの構成要素のうち子どもの外在化問題と親の行動に対して効果的だったプログラムの要素は，ポジティブな親子関係，情緒的なコミュニケーションスキルの向上，タイムアウトの使用，一貫した子育ての大切さを教えること，保護者トレーニングセッション中の新しいスキルの子どもとの実践を保護者に求めることなどでした（Kaminski et al., 2008）。

親子相互交流療法（Parent-Child Interaction Therapy; PCIT）は，2〜7歳の破壊的な行動の問題を抱える子どもを治療するために，アメリカの心理学者エイバーグ（Eyberg, S.; 1944-）によって開発された方法です（Eyberg, 1988）。これは，親子関係の質の改善と親子の相互作用パターンの変化に重点を置いた，行動障害等のある幼児向けのエビデンスに基づいた治療法です。愛着理論，社会的学習理論，子育てスタイル理論に基づき，行動療法，遊戯療法，ペアレント・トレーニングを独自に組み合わせて，親子が一緒に治療を受けて，より効果的なしつけ方法を学び，親子関係を改善するものです。

PCIT の手順は次の通りです。通常，週1回，1時間のセッションで，合計10〜14回実施され，2つの治療段階から構成されています。前半は子ども指向交流（Child-Directed Interaction; CDI），後半は親指向交流（Parent-Directed Interaction; PDI）となっています。CDI の構成要素は，親子関係の質を向上させ，行動の変化を促進させることに重点を置いています。この段階は PDI の基礎となるもので，しつけのために一貫した対応方法を練習します。

復 習 問 題

1. 表 11.2 は視線恐怖のクライエントの不安階層表を示しています。これを参考に，あなたや周囲の問題について不安階層表を作成してください。

2. 機能アセスメントにおける三項随伴性，行動の機能を，身近な問題を例に挙げて説明してください。

3. 心理臨床場面でターゲットになり得るクライエントのソーシャルスキルを取り上げてください。その上で，その心理面接の流れの中で，クライエントのソーシャルスキルを高めることができる，簡易的なソーシャルスキル・トレーニングまたは簡易的なモデリング技法のあり方を考案してください。

参 考 図 書

山上 敏子（2016）．新訂増補　方法としての行動療法　金剛出版

　行動療法の基本的な理解ができ，日常臨床において行動療法を進める技術が紹介されています。臨床に役立つ基本となる考え方が平易な言葉で述べられており，必読の書です。

ミルテンバーガー，R. G. 園山 繁樹・野呂 文行・渡部 匡隆・大石 幸二（訳）
　　（2006）．行動変容法入門　二瓶社

　本書はもともと大学の教科書として執筆され，アメリカでは高い評価を得ています。行動変容法や応用行動分析を体系的に学びたい人，基本から応用まで知りたいと思っている方におすすめです。本書は第 2 版ですが，原書は第 6 版まで出版されています。

リバーマン，R. P.・キング，L. W.・デリシ，W. J.・マカン，M.（編著）安西
　　信雄（監訳）（2005）．生活技能訓練基礎マニュアル――対人的効果訓練：自己
　　主張と生活技能改善の手引き――　ハンディ版　新樹会創造出版

　ソーシャルスキル・トレーニングに関する書籍は，一般向けのものから子ども向けのものまで数多く，何を手に取ればよいかわからなくなりがちです。本書はソーシャルスキル・トレーニングを体系的に学ぶ人のための書です。ソーシャルスキル・トレーニングの始め方から，練習場面の構成，課題の設定，フィードバックの方法が丁寧に説明されています。

認知行動療法の理論と技法

　本章では，認知行動療法（Cognitive Behavior Therapy; CBT）の理論と技法について学びます。CBT とは，「行動科学と認知科学をさまざまな臨床の問題に応用したものであり，複数の理論と多数の技法を包含した広範な治療法」と定義されています（日本認知・行動療法学会，2019）。具体的な行動（思考，情緒，運動のすべてを含む精神活動）を扱い，観察・測定可能な指標で効果を検証し，具体的な行動の変容を目指します。世界の多くの地域の臨床心理学で活用されており，さまざまな精神疾患に対する有効性が実証されています（Hofmann et al., 2012）。

　本章では，ベック（Beck, A. T.；1921-2021）によるうつ病に対する認知療法（Cognitive Therapy; CT），エリス（Ellis, A.；1913-2007）による理性感情行動療法（Rational Emotive Behavior Therapy; REBT），ヤング（Young, J.；1950-）によるスキーマ療法（Schema Therapy; ST）を概観します。その上で，マインドフルネスストレス低減法（Mindfulness-Based Stress Reduction; MBSR），マインドフルネス認知療法（Mindfulness-Based Cognitive Therapy; MBCT），アクセプタンス＆コミットメント・セラピー（Acceptance And Commitment Therapy; ACT）および弁証法的行動療法（Dialectical Behavior Therapy; DBT）を概観します。

12.1　認知行動療法の変遷

　認知行動療法の理論および技法は，3つの波にたとえて区分されています（Hayes, 2004）。あくまで大づかみな区分ですが，第1の波が行動療法系，第2の波が認知療法系，第3の波がマインドフルネス系であると考えると覚えやす

表 12.1　**認知行動療法の分類**（Hayes, 2004 を参考に作成）

	第 1 世代	第 2 世代	第 3 世代
アウトカム	行動の変化	気分・感情の変化	気分・感情のコントロール
ターゲット	行動	認知（内容）	注意・文脈
技法	・暴露反応妨害法 ・系統的脱感作法 ・トークンエコノミー法，タイムアウト，バイオフィードバック法，シェイピング法等	・認知再構成法 ・自己教示訓練法，思考妨害法等	・マインドフルネス技法

いでしょう（**表 12.1**）。

　第 1 の波（以下，「**第 1 世代**」とします）は，外顕的な行動を扱い，学習理論に基づいたクライエントの行動の修正（不適応な行動の消去，適応的な行動の習得）を目的とするモデルおよび技法です。アイゼンク（Eysenck, H. J.；1916-1997）による**行動療法**（Behavioral Therapy; BT），ウォルピ（Wolpe, J.；1915-1997）による**系統的脱感作法**（systematic desensitization），スキナー（Skinner, B. F.；1904-1990）による**応用行動分析**（Applied Behavior Analysis; ABA），バンデューラ（Bandura, A.；1925-2021）による**社会的学習理論**（social learning theory）に基づく**モデリング**（modeling）および**ソーシャルスキル・トレーニング**（Social Skills Training; SST）などが含まれます。この第 1 世代は，おおむね行動主義心理学（behaviorism psychology）の **S-R**（**刺激─反応**）モデル（stimulus-response theory）に基づいています。ある環境の刺激から行動が強化されて反応が生じることから，介入は環境調整および直接的な行動の修正を行います。

　第 2 の波（以下，「**第 2 世代**」とします）は，非機能的な認知（信念や思考の内容）を扱い，認知理論および情報処理理論に基づきクライエントの非機能的な認知の修正を目的としたモデルおよび技法です。

アメリカの臨床心理学者エリスは，1955年に**論理療法**（Rational Therapy；RT），後の**理性感情行動療法**（REBT）を開発しました。1963年にアメリカの精神科医ベックはうつ**病に対する認知療法**（CT）を開発しました。第2世代は，おおむね新行動主義心理学（neobehaviorism psychology）の**S-O-R**（**刺激―生活体―反応**）モデル（stimulus-organism-response theory）に基づいています。環境からの刺激（出来事）に対する認知（思考，期待，出来事の解釈など）が行動に影響することから，認知の修正を目指します。

第1世代と第2世代は，行動または認知のどちらかに焦点をあてるか，依拠する理論が何かという差異はありますが，1990年代にはCTとBTを1つの「パッケージ」として認知行動療法（CBT）（学術団体や行政機関によっては「認知・行動療法」「認知療法および認知行動療法」という場合もあります）とよばれるようになり，技法の幅が広がりました。

第3の波（以下，「**第3世代**」とします）は，「注意」の仕方を扱い，注意や文脈の変化を目的としたモデルおよび技法です。熊野（2010）は，ヘイズ（Hayes, 2004）の議論を引き受けつつ，第3世代のキーワードの中でも中心となる介入要素はマインドフルネスおよびアクセプタンスであることを解説しています。アメリカの臨床心理学者リネハン（Linehan, M.；1943-）による境界性パーソナリティ障害に対する**弁証法的行動療法**（DBT），アメリカの生物学者であり心理学者カバットジン（Kabat-Zinn, J.；1944-）による**マインドフルネスストレス低減法**（MBSR），カナダの認知心理学者シーガル（Segal, Z. V.；1956-）らによる**マインドフルネス認知療法**（MBCT），アメリカの臨床心理学者ヘイズ（Hayes, S. C.；1948-）による**アクセプタンス＆コミットメント・セラピー**（ACT）などが挙げられます。第3世代のCBTでは，出来事によって不快な気分や感情が生じるのは自然なことで避けられないので，どの出来事にどのように注意を向けるかを操作することで自身の気分や感情との関わり方を変えて，上手な付き合い方を身につけることを目標としています。

12.2　うつ病に対する認知療法

　ベックによるうつ病に対する認知療法（CT）は，抑うつ者にみられる認知の歪みの修正に焦点をあてた心理療法です。ただし，健常者の認知が楽天的でポジティブな方向に歪んでおり，抑うつ者の認知は歪んでおらず現実的な推論である（「うつ病的リアリズム（depressive realism）」）という考え方もありますので，クライエントの認知を歪んでいると決めつけずに認知の機能に焦点をあてた丁寧なアセスメントが必要です。以下では，ベックの主著『認知療法——精神療法の新しい発展（*Cognitive therapy and the emotional disorders*)』（Beck, 1976 大野訳 1990）および『うつ病の認知療法（*Cognitive therapy of depression*)』（Beck et al., 1979 坂野監訳 1992）を基に CT を概観します。

12.2.1　認知療法における基本概念

　CT では，抑うつ症状が起こる機序を，出来事に対して素早く，短く生じる評価的な思考である自動思考（automatic thought）に焦点をあてます。また，自動思考に影響を与える媒介信念（intermediate belief）と中核信念（core belief：スキーマ（schema)），出来事に対する体系的な推論の誤り（dysfunctional assumption）を想定しました（図 12.1）。

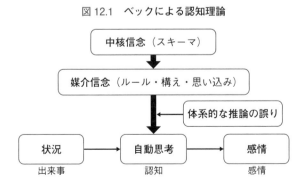

図 12.1　ベックによる認知理論

1. 自動思考

自動思考とは，出来事に対して素早く・短く生じる評価的な思考です。たとえば，ある出来事から「また失敗した。本当に自分はダメだ」というネガティブな思考やイメージが頭の中に浮かぶことが挙げられます。一般的に，自動思考には気づきにくく，喚起される感情のほうが気づきやすい傾向があります。自動思考は，次のように自分に問いかけることで気づきやすくなります。

「（ある出来事で感情が喚起されたり，違和感があったら）今，どんなことが，私の頭に浮かんだだろうか？」

2. 体系的な推論の誤り

出来事に対する**体系的な推論の誤り**は，ネガティブな自動思考に影響を与える要因であり，特有の推論の仕方のことです。この推論の誤りには，失敗や例外を許さない「全か無か思考」，高い理想や要求を自他に課すという「「べき」思考」などがあります（表12.2）。

3. 媒介信念

信念は，自動思考よりも高次元の認知で，自動思考の内容を方向づけるものです。中核信念（スキーマ）と媒介信念に分けられます。

媒介信念は，構え，条件つきの思い込み，ルールがあります。条件つきの思い込みは，「もし…ならば，〜である」，ルールは「〜しなければならない」といった形式で表現できることです。たとえば，復職を目指す抑うつ者では，構

表12.2 **出来事に対する体系的な推論の誤りの代表例**

全か無か思考	失敗や例外を許せない極端な考え
「べき」思考	高い理想や要求を自他に課す考え
過度の一般化	失敗を拡大解釈したり，一般化する考え
破局化思考	悲観的な予測を考えて，現実的な可能性をみない考え
飛躍的推論	事実を確認せずに推論して決めつける考え
選択的注目	もっとも明らかなものに目を向けず些細でネガティブなことに注目すること

えとして「上司の役に立てないのは恐ろしいこと」，条件つきの思い込みとして「もし職場復帰できないならば，私には働く力がないということ」，ルールとして「いつも最高のパフォーマンスを出さなければならない」などがあるかもしれません。媒介信念は，自動思考ほど柔軟に修正できませんが，中核信念よりは柔軟で修正しやすいとされています。

4．中核信念（スキーマ）

　中核信念（スキーマ）とは，本人の深層にある信念や態度であり，幼少期からの生育体験によって形成された自分自身や人生についての価値観です。ある出来事からスキーマが活性化されると，このスキーマから自動思考が生成され，感情や行動が形成されます。たとえば，何らかの失敗をしたときに，「私は不器用だ」というスキーマがあると，「またダメだった」「やっぱり自分は何をしても失敗する」などの自動思考が生じやすくなります。抑うつ者の中核となる信念は，私は無力であるというスキーマ（helpless schema），私は愛されないというスキーマ（unlovable schema）であるといわれています。

　うつ病患者の中核信念は，**抑うつ認知の3大徴候**（cognitive triad）ともいわれています。抑うつ認知の3大徴候とは，抑うつ者に認められる，自己，世界，将来という3つの領域の悲観的な信念のことです。第1は，「私はダメな人間である」「誰にも愛されていない」などの自己に対する悲観的な信念です。第2は，「世の中にはいいことなどない」「周りは誰も助けてくれない」などの世界に対する悲観的な信念です。第3は，「この先，生きていてもいいことな

表 12.3　抑うつ認知の3大徴候

自己に対する 悲観的な信念	「私はダメな人間である」「誰にも愛されていない」
世界に対する 悲観的な信念	「世の中にはいいことなどない」「周りは誰も助けてくれない」
将来に対する 悲観的な信念	「この先，生きていてもいいことなどない」「また同じ失敗を 繰り返すに違いない」

どない」などの将来に対する悲観的な信念です（**表12.3**）。

12.2.2 認知療法の技法

認知行動療法は，エビデンスベースド・プラクティス（Evidence-Based Practice; EBP）の代表的な心理療法で，ケースフォーミュレーション（**事例定式化**；case formulation）を行い，事例に応じてモデルと技法が選択されます。したがって，事例により介入方法は異なりますが，どのような事例であっても症状や問題行動の背景にあるメカニズムを学習する**心理教育**を行います。さらに，面接で話し合ったことを実生活で検証しつつ認知の修正を図る**ホームワーク**（**宿題**；homework）も必須で行われます。これは，現実に目を向けて認知の修正を行うためであり，この意味では認知に焦点をあてられますが，行動も扱われることで日常生活が治療の場となります。

クライエントとセラピストの治療関係において，セラピストは受容的な態度を基本とします。さらに，クライエントの考えや思い込みをセラピストとクライエントが科学者のように検証する**協同的経験主義**（collaborative empiricism）とよばれる関係が重要になります。たとえば，クライエントが技法を実行するときは，「やってみて結果がどうなるかみてみましょう」といった実験的なスタンスで提案しますし，効果を得られなかった場合には，何がうまくいかなかったかについて話し合い，次回に向けてより効果的と思われる取組みを探索します。

セラピストは，クライエントの主体性を尊重し，クライエントが自分で答えを見つけ出していけるように**ソクラテス的対話**（Socratic dialogue）とよばれる対話法で関与し，クライエントの気づきを促すように面接を行います。たとえば，「気分が落ち込んでいるときは，どんなことを考えていますか？」などが挙げられます。ただし，この問答を突き詰めると，クライエントにはとても負荷がかかり，不快に感じます。フラストレーションで怒りを表現する人もいるかもしれません。実際に，気分が落ち込んでいるときは，しばしば些細な言葉に敏感になることから，「なぜ」や「どうして」が責める言葉としてクライエントに受け取られてしまう懸念があります。そのため，クライエントの気持

ちに対して十分な共感を示すとともに，一緒に現実をみようとする姿勢の中で
ソクラテス的対話を行います。

1．認知的技法

　認知再構成法（cognitive restructuring）は，認知的技法の中心となる方法で，
認知的再体制化ともよばれます。自動思考や信念を明らかにし，認知の歪みを
修正する手続きの総称です。代表的なツールに，**非機能的思考記録表**（Dys-
functional Thought Record; DTR）（以下，思考記録表。しばしばクライエント
に「コラム法」という名称で案内されます）があります。この他にも，自動思
考の内容に対して「どのようなことからそう思うのですか」と繰返し尋ねるこ
とで自分の信念に気づく**下向き矢印法**（downward arrow technique），不安に
なって想像してしまう最悪の結末を挙げて，1 週間たったときに実際に最悪の
事態になったかどうか，思考と事実の違いを生活を通じて確認する**不安の星取
り表**（star chart）などがあります。

　思考記録表（DTR）は，生活の場面で生じた自動思考を書き出し，記録す
ることで認知の歪みに気づき，修正していくことを目的としています（**表
12.4**）。たとえば，「職場で症状をうまく説明できなかった」という状況を考え
てみましょう。具体的な状況を記載した上で，「落ち込み（80％）」「不安
（60％）」など，そのときに感じた感情とその強さを評定します。感情を特定し
たら，その感情のきっかけとなった考えを思い出し，その考えがどれくらい正
しいと思うか，その確信度も評定して「自動思考」の欄に記入します。「落ち
込み」のきっかけとなった考えは「私はうまく話すことができない（80％）」，
「不安」に対しては「こんなことでやっていけるのだろうか（70％）」です。自
動思考を明らかにしたら，次は，自動思考に対する事実，根拠に基づいた反証，
その出来事に対する別の見方や考え方があるか吟味し，「合理的反応」の欄に
記入します。そして，どれくらいその考え方が妥当であると思えるか，確信度
を数値化します。たとえば，「事前に練習をすればもう少しうまくやれるかも
しれない（70％）」「準備した報告は丁寧でわかりやすいと言われた（60％）」
などです。合理的反応まで終わったら，あらためて現在の感情がどうなってい
るかを，最終的な「結果」の欄に書き込みます。たとえば，「落ち込み（60％），

表 12.4 思考記録表の記入例

状 況	感 情	自動思考	合理的反応	結 果
• 不快な感情をもたらした実際の出来事。 • 不快な感情をもたらした思考の流れを記入。	• 悲しみ，不安，怒りなどそのとき感じた感情を記入。 • 感情の強さを0～100％で評定。	• 感情に先行する自動思考を記入。 • 自動思考がどれくらい正しいと思うかを0～100％で評定。	• 自動思考に対する合理的反応を記入。 • 合理的反応がどれくらい正しいと思うかを0～100％で評定。	• 現在の感情の強さを0～100％で再評定。
職場で症状をうまく説明できなかった。	落ち込み(80％)，不安(60％)。	私はうまく話すことができない(80％)，こんなことでやっていけるのだろうか(70％)。	事前に練習をすればもう少しうまくやれるかもしれない(70％)，準備した報告は丁寧でわかりやすいと言われた(60％)。	落ち込み(60％)，不安(40％)。

不安（40％）」などが挙げられます。このように，自動思考を明らかにした上で，事実や根拠に基づいた現実的な考え方があるかを検討します。

2. 行動的技法

行動的技法は，生活の様子を具体的に確認し，日常の行動を変えてみることで認知の変容を目指す技法です。1週間以上，自分の行動と気分を細かく記録する**自己モニタリング**（self-monitoring），生活の行動計画を1時間単位で立てる**活動スケジュール法**（activity scheduling）が挙げられます。

活動スケジュール法は，日々の生活の予定を立て，生活の中に快活動を取り戻すことで，行動を活性化し，気分の改善を促す方法です。予定を立てる際は，セラピストと話し合いながら無理なく確実に行えそうな行動を具体的にスケジュール表に記入します。このようにセラピストと共に検討しながら取り組むことで，現在の行動習慣や生活を活性化するだけでなく，認知の歪みを見直すきっかけにもなります。

12.2.3 標準的な認知療法・認知行動療法の実践

認知行動療法は，診療報酬の算定上，厚生労働省では「**認知療法・認知行動療法**」という名称になっており，「人間の気分や行動が認知のあり方（ものの考え方や受け取り方）の影響を受けることから認知の偏りを修正し，問題解決を手助けすることによって精神疾患を治療することを目的とした構造化された精神療法」と定義されています。診療報酬の改定により，2010年以降はうつ病等の**気分障害**に対して一定の要件を満たせば保険診療で治療を提供できるよ

表12.5 **認知療法・認知行動療法の治療全体の流れ**（大野，2010より一部改変）

ステージ	セッション	目的	アジェンダ	使用ツール 配付物
1	1-2	症例を理解する 心理教育と動機づけ 認知療法へ socialization	症状・経過・発達歴などの問診 うつ病，認知モデル，治療構造の心理教育	うつ病とは 認知行動療法とは
2	3-4	症例の概念化 治療目標の設定 患者を活性化する	治療目標（患者の期待）を話し合う 治療目標についての話し合い 活動スケジュール表など	問題リスト 活動記録表
3	5-6	気分・自動思考の同定	3つのコラム	コラム法〜考えを切り替えましょう
4	7-12	自動思考の検証 （対人関係の解決） （問題解決技法）	コラム法 （オプション：人間関係を改善する） （オプション：問題解決）	バランス思考のコツ 認知のかたよりとは 人間関係モジュール 問題解決モジュール
5	13-14	スキーマの同定	上記の継続 スキーマについての話し合い	「心の法則」とは 心の法則リスト
6	15-16	終結と再発予防	治療のふりかえり 再発予防 ブースター・セッションの準備 治療期間延長について決定する	治療を終了するにあたって

表 12.6　認知療法・認知行動療法による治療のセッションの流れ
（大野，2010 より一部改変）

1	開始 15 分前に来て，BDI-Ⅱベック抑うつ質問票（BDI-Ⅱ）・簡易抑うつ症状尺度（QIDS-J）に記入する。
2	ホームワークをふりかえる。
3	アジェンダ（取り扱う議題）を設定する。患者と協力して双方的に設定する。
4	アジェンダについて話し合う。
5	ホームワークを決める。
6	セッションをまとめ，フィードバックを求める。

うになりました。2016 年にはパニック症，社交不安症，強迫症，心的外傷後ストレス障害にも保険診療の対象が広がり，2018 年には神経性過食症も加わりました。

　認知療法・認知行動療法による治療は，対面式のセッションが中心で，1 回の時間は 30 分以上です。セッションは，診療報酬に算定できるものは 16 回までで，原則として 16〜20 回行います（表 12.5）。治療の流れは，①患者を一人の人間として理解し，患者が直面している問題点を洗い出して治療方針を立てる，②自動思考に焦点をあて認知の歪みを修正する，③心のより奥底にあるスキーマに焦点をあてる，④治療終結，となります。はじめは治療者主導で，徐々に患者主導にしていきます。患者の病態・理解度により，進展は異なります。各セッションの流れは，表 12.6 の通りです。セッションの開始前に，BDI-Ⅱベック抑うつ質問票（Beck Depression Inventory-second edition; BDI-Ⅱ），簡易抑うつ症状尺度（Quick Inventory of Depressive Symptomatology; QIDS-J）に記入してもらいます。

12.3　理性感情行動療法

　理性感情行動療法（REBT）は，エリスによって開発された認知行動療法で

す（Ellis, 1995, 1996）。エリスは 1955 年に REBT の前身である論理療法
（Rational Therapy; RT）を発表し（Ellis, 1955）, 1970 年代には主著の一つに数
えられる『論理療法――自己説得のサイコセラピイ（*A new guide to rational
living*）』を刊行しました（Ellis, 1975 北見監修 1981）。

　エリスは, 出来事（A：Activating event）に対する認知（B：Belief）の結果
として, さまざまな感情や行動（C：Consequences）が生じると説明しました
（「ABC フレームワーク」（ABC framework））。この認知の中核には, **合理的な
信念**（rational belief）と**非合理的な信念**（irrational belief）を想定しました。
合理的な信念は, 柔軟で, 非極端で, 論理的（つまり, 現実と一致する）な信
念です。対照的に, 非合理的な信念は, 厳格で, 極端で, 非論理的（つまり,
現実と矛盾する）な信念です。

　REBT では, 4 つの合理的な信念と 4 つの非合理的な信念があることを想定
しています（**表 12.7**）。これらのうち中核的な信念は, 非独断性に対する選好
（non-dogmatic preference）とよばれる合理的な信念と, 要求（demand）とよ
ばれる非合理的な信念です。これらの中核的な信念が満たされないと, **表
12.7** の②～④の信念が派生します。セラピストは論駁（D：Dispute）により,
非合理的な信念をより柔軟で合理的な信念に置き換え, 感情と行動の変容
（E：Effect）を促します。これらは ABC フレームワークと組み合わさって,
ABCDE フレームワークとよばれます。近年は, 目標によって扱われる出来事
（A：Activating event）が異なることから, 目標（G：Goal）を加えて, **GABC
DE フレームワーク**とよぶこともあります。

　REBT では, 生涯にわたり非合理的な信念をより合理的な信念に置き換える
ことができるスキルを習得します。**論駁**は, このスキルを習得することを目的
としています。セラピストは単に温かく支持的であるだけでなく, 直接的な方
法を使ってクライエントの非合理的な信念に異議を唱えます。率直で, 正直で,
論理的であり, クライエントの信念に正面から疑問を投げかけ, クライエント
にそれらを再考させることや, クライエントが新しい視点をもてるように促し
ます。

　REBT は, 感情や行動にも焦点をあてています。非合理的な信念を特定して

表 12.7 4 つの合理的な信念と 4 つの非合理的な信念
(Dryden & Neenan, 2004 より一部改変)

合理的な信念	非合理的な信念
①非独断性に対する選好 (non-dogmatic preference) 「こうでなければならない」と要求するのではなく，「こうであってほしい」という柔軟な考え。 例：自分自身について「私はうまくやりたいが，うまくできなかったとしても，自分の価値が下がるわけではない」，他者について「意見が一致することを願うが，私と意見が異なっても，間違いというわけではないし，その意見を尊重できる」，人生について「人生が思い通りにいくことを願うが，想定通りに進まなくても受け入れられる」	①要求 (demand) 物事が絶対にそうでなければならない，あるいはそうであってはならないという硬直した考え。 例：自分自身について「私はうまくできなければならない」，他者について「自分と異なる意見は間違っているし，もってはならない」，人生について「思い通りに進まないのは受け入れられない」
②非最悪化信念 (non-awfulizing belief) 例：自分自身について「うまくできなかったら残念だが，自分がまったくの無能ということではない」，他者について「不義理なことをされたら残念だが，そのことでまったく信頼できない人物だとは思わない」，人生について「思い通りに進まなかったら残念だが，それで人生が終わりということにはならない」	②最悪化信念 (awfulizing belief) 例：自分自身について「うまくできなかったら自分は価値がない」，他者について「不義理なことをされたら，理由はどうであれ，まったく信頼できなくなる」，人生について「うまくいかないことがあったら，人生は台無しになってしまう」
③高いフラストレーション耐性の信念 (high frustration belief) 例：自分自身について「うまくいかないときにはフラストレーションを感じるが，自分の成長の機会だと考えて耐えられる」，他者について「自分の思い通りにならないときにはフラストレーションを感じるが，関係性を築くために必要だと考えて耐えられる」，人生について「すべてが常に順調には進まなくても，困難や挫折は成長の機会だと考えて耐えられる」	③低いフラストレーション耐性の信念 (low frustration belief) 例：自分自身について「どんなことであれ，うまくできないのは耐えられない」，他者について「どんな理由があったとしても，自分の思い通りにならないのは耐えられない」，人生について「すべてが常に順調に進まないと耐えられない」
④アクセプタンスの信念 (acceptance belief) 例：自分自身について「うまくできないとき，自分は完全ではないし，間違えることもある」，他者について「嫌なことをされたとしても，誰しもが間違えることがあり，その人が悪人ということではない」，人生について「不公平な思いをしたとしても，ひどい世界という証拠にはならないし，良い出来事と悪い出来事の両方が起きる複雑な世界だと考える」	④価値低下の信念 (depreciation belief) 例：自分自身や他人について「完璧でなければならず，間違いは許されない」，人生について「常に順調でなければならず，困難や挫折はひどい世界だということの証だ」

論駁することに加えて，セラピストとクライエントは協力して，問題のある思考に伴う感情的な反応をターゲットにします。推奨される手法には，瞑想や，時間を決めて出来事と思考を書き出すジャーナリングなどがあります。

12.4　スキーマ療法

スキーマ療法（Schema Therapy; ST）は，アメリカの心理学者ヤングが開発した認知行動療法を中心とした統合的な心理療法です（Young et al., 2003）。ヤングは，認知療法を開発したベックに指導を受けた後，パーソナリティ障害，特に**境界性パーソナリティ障害**（Borderline Personality Disorder; BPD）を対象に認知行動療法を拡張し，スキーマ療法を構築しました。スキーマ療法では，現実と合わない不正確で歪曲されているスキーマ，特に幼少期に形成されて生涯にわたって維持される自滅的な認知と感情のスキーマ（**早期不適応スキーマ**（early maladaptive schema））を主に扱います。

ヤングはベックのモデルを参照し，スキーマは心の認知構造そのものであり，中核的の信念はスキーマの一部であると概念を整理した上で，スキーマの概念を次の通り述べています。

> スキーマの多くが人生の初期段階に形成され，その後それが精緻化され続け，たとえそのスキーマが適切なものではなくなったとしても，その後の人生経験に対して活用され続ける，ということである。これは人間が"認知的一貫性"を求めることにも関連するだろう。（中略）自らのスキーマがもはや現実とは合わない不正確で歪曲されたものになってしまっても，認知的一貫性を保つために，自分のスキーマを通して物事を解釈するのである。（中略）人のもつスキーマはポジティブな場合もあればネガティブな場合もある。適応的なスキーマもあれば不適応的なスキーマもある。幼少期に形成されるスキーマもあれば，それ以降に形成されたスキーマもある。
> （Young et al., 2003 伊藤監訳 2008，p.21）

　標準的な認知行動療法とスキーマ療法の相違点（スキーマ療法ならではの特徴）について，伊藤（2013）は，スキーマ療法が「幼少期の体験を重視する，治療的再養育法という治療関係を形成する，体験的・感情的・イメージ技法を多用する，最初から長期的な治療過程を想定する，スキーマ療法に特有の数々の『スキーマ用語』を用いる，そもそもCBTとは別に『スキーマ療法』という名前がついている」（伊藤，2013，pp.54-55）という点を挙げています。また，スキーマ療法は，標準的な認知行動療法のエッセンスをすべて引き継いだ上で，**早期不適応的スキーマ**に焦点をあてたさらなるアプローチを開発し，認知行動療法を膨らませる形で展開しています（伊藤，2013）。紙面の制約からここではスキーマ療法の詳説ができませんが，スキーマ療法の基礎的な知識の習得には，伊藤（2013）が読みやすくおすすめです。

12.5　第3世代の認知行動療法

12.5.1　マインドフルネスストレス低減法

　マインドフルネスストレス低減法（MBSR）は，生物学者で心理学者のカバットジン（Kabat-Zinn, J.；1944-）が疼痛などの慢性的な痛みの緩和のために開発した認知行動療法です（Kabat-Zinn, 1991）。いわば，仏教での瞑想実践の態度を技術として体系化し，宗教的問題の解決ではなく心身の健康に応用したものです。マインドフルネスとは，「瞬間瞬間に立ち現れてくる体験に対して，今の瞬間に，判断をしないで，意図的に注意を払うことによって実現される気づき」と定義されます（Kabat-Zinn, 2003）。現在の瞬間の認識，瞑想，呼吸法などのマインドフルネスの実践により，心的過程を**脱中心化**（decentering）（無理に感情を変えようとせずに，自分の感情や考えを観察している状態）します。MBSRも，後述するマインドフルネス認知療法（MBCT）も，本来はグループで行い，1セッション2時間ほどかかります。MBSRの技法は，MBCTと共通する技法を含むことから次項で概説します。

12.5.2　マインドフルネス認知療法

マインドフルネス認知療法（MBCT）は，現在の瞬間の認識，瞑想，呼吸法などのマインドフルネスの実践を取り入れた認知療法の修正版です。1979 年，うつ病の再発予防を目的に，マインドフルネスストレス低減法にうつ病への認知行動療法の知見を加えて開発されました。開発者は，イギリスの臨床心理学者ティーズデール（Teasdale, J. D.），カナダの認知心理学者シーガル（Segal, Z. V.），イギリスの臨床心理学者ウィリアムズ（Williams, M. J. G.）らです（Segal et al., 2012）。3 回以上の再発を繰り返している気分障害患者に有効であるとの報告から，特に回復期や寛解期の気分障害患者の再発予防のアプローチで用いられています。

マインドフルネス認知療法は，心には 2 つのモードがあると想定します。それは，**することモード**（'doing' mode）と**あることモード**（'being' mode）です。することモードとは，日常生活の多くの場面において発動している目的を実現するために問題解決的に考え，行動しているモードです。このモードでは，現在の自己と理想の自己との間に生じる不一致を減少させるために，悲しみやその他の否定的な感情を否定することや，考え方を修正することを含みます。

一方，あることモードとは，自分の中に浮かんでくる思考や感情に気づきながらも反応しないで，ただそこにいるというモードです。感情の緩和や思考の修正など特定の目標を達成するのではなく，現状を受け入れ，許容することに重点を置くモードです。いわば，意識が「今，ここ」にある状態であり，注意とその操作に気づいていることです。このモードでは，心の中の出来事を「観察」しますが，これらを「出来事」としてだけとらえ，意図的に反応できる状態ですが，判断も解決もしません。

ネガティブな感情や思考から，ポジティブな感情や思考に変化することが持続するには，古典的な認知行動療法はすることモードで認知の修正を試みますが，マインドフルネス認知療法はあることモードが重要であると考えます。そして，マインドフルネスによって心のあることモードを促進する必要があると主張しています。したがって，マインドフルネス認知療法の目的は，第 1 に，うつ病（気分障害）の再発を予防するのに役立つスキルを学べるようにするこ

表 12.8 マインドフルネス認知療法のプログラム構成（越川，2010 より作成）

セッション	テーマ	内容	ホームワーク
0	事前面接	参加が役立つかの見極め，参加の意思の確認	
1	自動操縦に気づく	レーズン・エクササイズ（①） ボディスキャン（②）	ボディスキャン
2	練習がうまくいかないとき	ボディスキャン 思考と感情のエクササイズ	ボディスキャン 呼吸へのマインドフルネス うれしい出来事日誌
3	呼吸へのマインドフルネス	5分間「見る」「聞く」練習 3分間呼吸空間法（③） マインドフル・ストレッチ（④） マインドフル・ウォーキング（⑤）	呼吸と身体へのマインドフルネス マインドフル・ウォーキング いやな出来事日誌 3分間呼吸空間法（定期）
4	現在にとどまる	5分間「見る」「聞く」練習 40分間の坐瞑想 3分間呼吸空間法	呼吸と身体，音，思考へのマインドフルネス 3分間呼吸空間法（定期，随時）
5	そのままでいる	40分間の坐瞑想 3分間呼吸空間法	呼吸と身体，音，思考へのマインドフルネス（ガイドなしでも実施） 3分間呼吸空間法（定期，随時）
6	思考は事実ではない	40分間の坐瞑想 3分間呼吸空間法 気分・思考・今までとは異なる見方のエクササイズ	ボディスキャン，呼吸と身体，音，思考へのマインドフルネス，マインドフルネス・ウォーキングを組み合わせて実施 3分間呼吸空間法（定期，随時）
7	自分を大切にする	40分間の坐瞑想 3分間呼吸空間法 マインドフル・ウォーキング	同上
8	これからに活かす	ボディスキャン	計画したワークの継続的な実践

①「食べる」という行動にしっかり意識を向けることで，マインドフルネスを高める方法。
②身体の微細な感覚に注意を払う方法。足のつま先から頭のてっぺんまで全身の感覚に意識を向ける。
③1分間ごとに3ステップで呼吸をする方法。1ステップ目は心に浮かぶ感情や身体の感覚に気づく（集中），2ステップ目は呼吸に意識を集中させる（向け替え），3ステップ目は呼吸を意識したまま，身体の感覚にまで意識を広げる（分配）。
④ストレッチをしながら身体の微細な感覚に注意を払う方法。ストレッチによる全身の感覚を観察する。
⑤身体を動かしながら身体の微細な感覚に注意を払う方法。「歩く」という動きの中で，足のつま先から頭のてっぺんまで，全身の感覚を観察する。

と，第2に，瞬間瞬間の身体感覚，感情，思考により気づくようにすること，第3に，感覚，思考，感情についてこれまでと異なる関わり方ができるようにすること，第4に，ネガティブな感情，思考，状況に対して上手に関われるようにすることです。たとえば，職場復帰を目指すクライエントが，ある出来事によって悲しみが生じ，うつ病の再発の引き金となる通常のネガティブな連想が続いているとします。このケースでは，マインドフルネス認知療法により瞑想その他のマインドフルネスを実践することで，うつ病の再発の引き金となる出来事や悲しみと距離をとり，受け入れ，冷静さ，思いやり，前向きな行動に置き換えることができるようになります。ただし，あることモードはマインドフルネスの瞑想等で得られる状態なわけですが，これを行う際にはあることモードになるという目的性を帯びることにもなります。特定の状態になるという「ゴール／目的」をもつことはマインドフルネスとは異なることでもあります。セラピストは，さまざまな場面でクライエントが脱中心化（無理に感情を変えようとせずに，自分の感情や考えを観察している状態）の性質について体験をし，出来事と新しい関わり方ができるように働きかけます。

　マインドフルネス認知療法は通常，グループ内で行われ，週1回のセッションはセラピストが指導します。約8回のセッションで，瞑想のテクニックや，考え方と感じ方の関係など，認知の基本的な原理を学びます（**表12.8**）。また，うつ病の状態について知る機会もあります。セッションがない日は，呼吸法やマインドフルな瞑想を実践するなどのホームワークを行います。また，食事の準備や食事中，シャワーを浴びているとき，歩いているときなど，日常生活の中にこの「今」の意識を取り入れることが奨励されます。

12.5.3　アクセプタンス＆コミットメント・セラピー

　アクセプタンス＆コミットメント・セラピー（ACT）は，1980年代に臨床心理学者ヘイズ（Hayes, S. C.；1948-）によって開発された行動志向の認知行動療法です。スキナーによる応用行動分析の理論を再構築した関係フレーム理論を基礎としています。**関係フレーム理論**（Relational Frame Theory; RFT）の要諦は，相互的内包（mutual entailment；2つの刺激間に関係が成立すると，

その逆方向の関係が必然的に成立すること），複合的内包（combinatorial entailment；AB 間と BC 間の関係が成立すると，これらが結合した双方向性の関係，すなわち AC 間と CA 間の関係が成立すること）です。これらの関係フレーム理論は，人々が自分自身と内的な経験をどのように関係づけるのかを理解する枠組みを提供します。たとえば，相互的内包は「特定の感情や思考が自分そのものだ」と認識する可能性を示唆し，「私が特定の感情や思考を持っている」という形で，自身の感情や思考と適切な距離をとり，それらにとらわれることを減らすことができます。また，複合的内包は，自分の価値観と特定の行動の間の関係を明確にし，このような関係性を見出すことで，自身の価値に基づいた行動を選択し実行することが容易になります。

　ACT は，ヘイズ自身のパニック発作と広場恐怖症のエピソードから着想が得られて開発されました。それは，辛い感情や心理的体験をコントロールしようとすることは逆効果であり，これらの感情を抑圧することは，最終的にさらなる苦痛をもたらすということです。ヘイズは，基本的な考え方を次のように述べています。

　　現代の技術的な成功は，私たちの問題解決能力の産物です。（中略）私たちは文化として，人間の"ネガティブな"感情は修正，管理，変更する必要があり，人生全体の一部として経験する必要はないという考え方に専念しているように思えます。私たちは，自分の人生を解決すべき問題として扱い，まるで自分の経験を好きなものだけに選別し，それ以外は捨ててしまうかのように考えているのです。　　　　　　　　　　　（Hayes, 2009）

　ACT では，クライエントの考え方を変えようとするのではなく，マインドフルな行動，個人の価値観への配慮，行動へのコミットメントといった有効な代替手段がある，という考え方があることを提供します。クライエントはセラピストと一緒に，課題について自分自身への語りかけに耳を傾けることから始めます。そして，その問題が，すぐに行動を起こして変える必要があるのか，状況を修正できるような行動の変化を学びながらありのままを受け入れること

表 12.9　心理的柔軟性を促進する 6 つの中核的プロセス（Harris, 2006 を一部改変）

受　容 (acceptance)	自分の考えや感情を避け，否定し，変化させようとするのではなく，そのすべてを認め，受け入れること。
認知的脱力 (cognitive defusion)	苦痛を感じる思考や感情から距離を置き，その反応の仕方を変えることで，その有害な影響を和らげるもの。認知的脱力のテクニックには，判断せずに思考を観察する，思考を歌にして歌う，自分がもっている自動的な反応にラベルを貼る，などがある。
現在に存在する (being present)	現在に注意を払い，自分の考えや感情を判断したり変えようとしたりせず，観察すること。
文脈としての自己 (self as context)	人は，自分の考えや感情，経験以上の存在であるという考え方。
価値観 (value)	さまざまな領域で個人の価値観を選択し，その原則に従って生きようとすること。苦痛を避けたい，他人の期待に応えたいといった欲求に基づく行動とは対照的。
コミットメント行動 (committed action)	自分の価値観に合った変化を取り入れ，ポジティブな変化をもたらすために，具体的なステップを踏むこと。これには，目標設定，困難な考えや経験への暴露，能力開発などが含まれる。

ができるのか，あるいは受け入れなければならないのかを判断します。このように，ACT の目的は，**心理的柔軟性**（psychological flexibility）を高め，拡大することです。心理的柔軟性には，感情の開放性と，自分の価値観や目標により合致するように思考や行動を適応させる能力が含まれます。心理的柔軟性を促進する 6 つの中核的プロセスは**表 12.9** の通りです。心理的柔軟性を高めることにより，個人の価値観や目標に基づいて，より自信に満ちた楽観的な行動をとれるようになります。

12.5.4　弁証法的行動療法

　弁証法的行動療法（DBT）は，リネハンが行動療法のモデルにマインドフルネスを統合させて開発した境界性パーソナリティ障害に対する認知行動療法で，その治療に有効性が認められています。弁証法的行動療法は標準的な認知行動療法を土台として開発されており，さらに次の点を重視します。①自分自

身の感情と行動を把握し受け入れること，②治療中の治療者と患者の関係を重視すること，③弁証法的なアプローチを行うこと（あるテーマに対して対立した2つの意見について話し合いながら，より高次な回答を導き出す）です。これらを通じて，患者は辛い感情を管理し，人間関係の葛藤を減らすスキルを習得します。特に，4つのスキルの習得に焦点をあてています。第1に，**マインドフルネス**（mindfulness；個人が現在の瞬間を受け入れて存在する能力を向上させること）に焦点をあてています。第2に，**苦痛耐性**（distress tolerance；ネガティブな感情から逃れようとするのではなく，ネガティブな感情に対する耐性を高めること）に向けられています。第3に，**感情の調節**（emotion regulation；その人の生活の中で問題を引き起こしている激しい感情を管理し，変化させるための戦略）です。第4に，**対人有効性**（interpersonal effectiveness；その人が自己主張し，自尊心を保持し，人間関係を強化する方向で他者とコミュニケーションする技術）で構成されます。

復 習 問 題

1. ベックのうつ病に対する認知療法（CT）の理論と技法について説明してください。
2. 思考記録表の記入例に沿って，あなたの自動思考について説明してください。
3. エリスの GABCDE フレームワークに沿って，非合理的な信念と論駁の例を挙げてください。

参 考 図 書

エリス，A.　本明 寛・野口 京子（監訳）（2000）．ブリーフ・セラピー——理性感情行動療法のアプローチ——　金子書房

　標準的な認知療法・認知行動療法の知識と技術の習得は，各種の治療者用のマニュアル，各学会の情報リソース，研修の機会が充実していますので，これらの資源を活用できます。これと並行して，臨床に深みをもたらす原典や専門書にあたることが有用です。本書は，エリス博士の40年にわたる臨床体験から理性感情行動療法を効果的に行う「ブリーフ・セラピー」の臨床モデルが詳述されています。

熊野 宏昭（2012）．新世代の認知行動療法　日本評論社

　第3世代の CBT について，認知行動療法の発展の中での位置づけ，それぞれの共通点と相違点などを俯瞰的かつ包括的に解説する入門書です。

シーガル，Z. V.・ウィリアムズ，J. M. G.・ティーズデール，J. D.　越川 房子（監訳）（2007）．マインドフルネス認知療法——うつを予防する新しいアプローチ——　北大路書房

　マインドフルネス認知療法の代表的な入門書で，理論の要諦，セッションごとの内容が解説されています。カバットジンの代表的な著書『マインドフルネスストレス低減法』（春木訳2007，北大路書房）と合わせて読むことでマインドフルネスストレス低減法とマインドフルネス認知療法への理解が深まります。

家族療法の理論と技法

13

　ここまでみてきたように，心理療法やカウンセリングにはさまざまなもの
がありますが，家族療法は，精神分析的心理療法やクライエント中心療法，行
動療法，認知行動療法と並んで代表的な心理療法の一つといえるでしょう。歴
史的には，アメリカにおいて1950年代にさまざまな家族病理論が提唱され，
1960年代以降，多くの家族療法の学派が誕生することとなりました。各学派
の理論や技法については，13.2節において詳述します。また，1980年代以
降，家族療法は，解決志向ブリーフセラピーやナラティブセラピー（物語療
法）へと展開をみせています。これらの展開については，次章で扱います。

13.1　家族療法とは？──家族療法成立の背景と歴史

　家族療法は，1940年代，統合失調症の家族因に関する研究やそれらに基づ
く治療実践が行われたことに端を発します。統合失調症の家族因を指摘する当
時の仮説としては，「**統合失調症を作る母親**（schizophrenogenic mother）」
（Fromm-Reichmann, 1948）や，「**分裂**（schism）」と「**歪み**（skew）」（Lidz et
al., 1957），「**偽相互性**（pseudo-mutuality）」（Wynn et al., 1958），「**ダブルバイン
ド**（double bind；二重拘束）**仮説**」（Bateson et al., 1956）が挙げられます。さ
らに理論的には，生物学者のベルタランフィ（von Bertalanffy, L.）による「**一
般システム理論**（general system theory）」の影響を受け，家族を「**システム**」
としてとらえる考え方が導入されることとなりました。加えて学派によっては，
言語学や記号論，情報科学等の影響を受けながら，病理を患者個人の内的属性
（自我やパーソナリティ）によって説明する intra-psychic（個人内）な視点で

はなく，患者を取り巻くもっとも身近な環境である家族や，患者と家族との相互作用によって説明する inter-psychic（個人間）な視点が定着していきました。家族療法において，問題を個人の中に帰属しないものの見方，考え方は，家族によって患者，問題を抱えた者とみなされた家族成員（メンバー）を意味する「IP（Identified Patient）」という呼称にも反映されています。通常の個人療法では，問題を抱えた本人がやって来て，来談者（クライエント）となります。しかし，家族療法では，たとえば IP はひきこもりの息子で，クライエントは母親といったように，IP とクライエントが別の個人であることは少なくありません。さらに介入の対象は，必ずしも IP 当人の心ではなく，IP とクライエントの家族との間で交わされるコミュニケーションパターンや家族の構造等になります。

　本節では，まず家族療法の成立に重要な役割を果たした諸概念のうち，特に大きな影響を及ぼした「一般システム理論」と「ダブルバインド理論」について概説していきます。

13.1.1　一般システム理論

　家族療法は，学派に限らず，家族を 1 つのまとまりのあるシステム，すなわち「家族システム（family system）」としてとらえる点で共通しています。このシステムという考え方は，オーストリア出身の理論生物学者ベルタランフィにより「一般システム理論（general system theory）」（von Bertalanffy, 1945, 1968）として体系づけられた概念です。ベルタランフィは，細胞や組織，器官，人間，家族，国家，国際社会，生態系，地球といったあらゆる開放系システム（システムが常に外部環境に開かれており，システムと外部環境とが絶えず相互に影響を与え合う（やりとり，相互作用する）システム）の共通性について検討しました。彼は，開放系システム共通の特徴として，①**等結果性**（equifinality），②**フィードバック**（feedback）を挙げています。これは，後に動的平衡システムとよばれることになるシステムが，外界とのやりとりを絶えず継続しつつ，安定（定常状態）を保持するメカニズムを明らかにしようとするものでした。システムのわかりやすい実例として，私たち人間のホメオスタシス

（恒常性）や免疫システム，生態系における食物連鎖等が挙げられるでしょう。また，長谷川（1987）は，システムの特徴として，①全体性，②自己制御性，③自己組織性の3点を指摘しています。

1. 全体性

　全体性とは，「全体は部分（要素・メンバー）の総和ではない（総和以上のものである（創発性））」という一文に象徴される概念であり，家族をはじめとするシステム全体を理解するためには，部分（家族システムであれば個々の家族メンバー）の理解の徹底を図るのみでは不十分であることを私たちに伝えてくれます。家族全体を理解する際に，家族の部分（要素）である個々のメンバーをいくら理解しても，家族全体を理解したことにはつながらないのはいうまでもありません。全体性は，家族をはじめとするIPを取り巻くシステム（学校，職場など）を理解する上で基盤となる重要な概念です。一方，この全体性の概念とは対照的に，「全体は部分の総和である」ことを前提とした概念が**「要素還元主義」**です。要素還元主義では「全体を構成する部分（要素）への理解を個々に積み上げることにより，全体を理解できる」ことが前提となっており，「機械論的認識論」ともよばれています。

2. 自己制御性

　自己制御性は，ベルタランフィが記述しようとした動的平衡システムの有り様を示しています。外界と絶えずやりとりを行いながら安定を維持するシステムが動的平衡システムであり，外界からのさまざまな影響を受けながら，逸脱を減少させるフィードバック（ネガティブ・フィードバック）が作動し（自己制御），安定（平衡状態）を保持しようとします。家族システムでは，ゲームばかりして宿題をしようとしない息子に対して，母親がゲームを取り上げ対処する例や，それまで家事を担っていた母親が入院した際，家事労働を一時的に父親や姉が担うことで，家族システムの安定が図られる例などが挙げられます。

3. 自己組織性

　動的平衡状態にある開放系システムにおいて，逸脱やゆらぎが増大し，この逸脱やゆらぎがある臨界点を超えた際，システム全体が飛躍的かつダイナミッ

クに変化を遂げる状態を**自己組織化**（self-organization）とよびます。自己組織化のわかりやすい例として，水を張った鍋を加熱した際のベナール対流があります。鍋で水を加熱すると，はじめは鍋の底部にある水の温度が上昇しますが，徐々に上部の水の温度が上昇していきます。しかし，ある臨界点を超えると突然鍋の中央部から周辺部へ六角形の対流（ベナール対流）[1]が生じます。また家族システムにたとえるとすれば，不登校の娘に対して，娘が何とか学校に戻るようさまざまな説得工作を行っていた両親が，学校に戻ることにこだわるのをやめ，長期的なスケールで娘のために何ができるのかを考え始めたケースなどが該当するでしょう。

　人間の心のシステムは，脳のシステムをはじめとする生体システムから影響を受けています。それと同時に，より上位のシステムである家族システムからの影響を受けますし，さらには子どもであれば学級システムや学校システム，社会人であれば職場システムから影響を受けます。さらに家族システムや学校システム，職場システムは，より上位の国内の行政，政治，経済といったシステムからの影響を受け，それらのシステムは，さらに上位の国際社会の行政，政治，経済のシステムから影響を受けています。このように各々のシステムは，より下位のシステムとより上位のシステムの双方から影響を受ける階層構造を形成しています。

　こうしたシステミックな認識論が，精神医学や臨床心理学に導入された経緯には，次に紹介するベイトソンによるところが大きいのですが，こうした認識論が導入されることにより，個人に影響を与える家族に注目が集まり，さらには家族療法の成立につながっていったといっても過言ではないでしょう。

13.1.2　ダブルバインド理論

　1956年，「行動科学誌（*Behavioral Science*）」に文化人類学者ベイトソン

---

[1] お椀に注いだ味噌汁をそのままにしておくと，味噌がお椀の中で雲のような形を作りますが，これもベナール対流です。逸脱が増幅し，ある臨界点を超えた際に新たに形成されるパターンをノーベル物理学賞を受賞したプリゴジンは「散逸構造」とよびました。

表 13.1　**ダブルバインドの成立条件**（Bateson et al., 1956）

1.　２人以上の人間の間で
2.　繰返し経験され
3.　最初に否定的な命令＝メッセージが出され
4.　次にそれとは矛盾する第２の否定的な命令＝メタメッセージが，異なる水準で出される
5.　そして第３の命令はその矛盾する事態から逃げ出してはならないというものであり
6.　ついにこのような矛盾した形で世界が成立しているとして全体をみるようになる

（Bateson, G.）らの「統合失調症の理論化に向けて」という論文が発表されました。この論文の中で提唱されたのが「**ダブルバインド理論**」です。

　ダブルバインドとは，コミュニケーションの一種であり，統合失調症患者に対して家族が行う矛盾したメッセージ，あるいは統合失調症患者が置かれた状況を指しています。ベイトソンが指摘したダブルバインドの成立条件を**表13.1**に示します。

　ベイトソンは，ダブルバインドの具体例として，次のような例を挙げています。

　　ダブルバインド状況を浮彫りにする出来事が，分裂症患者とその母親との間で観察されている。分裂症の強度の発作からかなり回復した若者のところへ，母親が見舞いに来た。喜んだ若者が衝動的に母の肩を抱くと，母親は身体をこわばらせた。彼が手を引っ込めると，彼女は「もうわたしのことが好きじゃないの？」と尋ね，息子が顔を赤らめるのを見て「そんなにまごついちゃいけないわ。自分の気持ちを恐れることなんかないのよ」と言いきかせた。患者はその後ほんの数分しか母親と一緒にいることができず，彼女が帰ったあと病院の清掃夫に襲いかかり，ショック治療室に連れていかれた。

（Bateson, 1972 佐藤訳 2000。分裂症は統合失調症の旧称）

　この例では，統合失調症の息子は，母親に近づいても罰を与えられ（母親の身体のこわばり＝拒絶），離れようとしても罰（「もうわたしのことが好きじゃないの？」＝批判）を与えられ，どうしていいかわからず顔を赤らめてしまうと，罰（「そんなにまごついちゃいけないわ。自分の気持ちを恐れることなんかないのよ」＝否定）を与えられるという，いわば八方ふさがりの状況に置かれてしまっています。

　また，ベイトソンは，寝る時間になってもなかなか寝室に行こうとせずに母親に甘える息子に対して，疲れきった母親が，「さっさと寝なさい，あなたは疲れているのだから」とやや冷たい口調で声をかける例を挙げています。ここでは，言語レベルでは，息子を気遣う愛情を伝えるメッセージが与えられている一方で，非言語レベルでは，冷たい口調で拒絶のメッセージ（こちらが母親の本音）が与えられています。この状況で，もし息子が愛情にあふれた言語メッセージに反応して「僕はそんな優しいママが好き！」と言って母親のそばに居続けた場合，母親は不快に思う（＝罰）でしょうし，一方，拒絶的な非言語メッセージに反応し，「わかったよ！　ママは僕に早く立ち去ってほしいんでしょ！」と言って寝室に行こうとすれば，「私がいつあなたを愛さなかったというの！　あなたは疲れているでしょ！　私はあなたのことを心配して言っているのよ！」と母親の怒りを買ってしまう（＝罰）ことになるでしょう。

　さらにベイトソンは，禅の師匠と弟子の禅問答の例を挙げています。師匠は弟子に対して棒を差し出し，「お前が目の前にあるこの棒を『存在する』と言うのであれば私はこの棒でお前をたたく，もし『存在しない』と言うのであれば私はこの棒でお前をたたく」と言うのです。弟子は棒が「ある」と言っても「ない」と言ってもたたかれる（＝罰）状況に置かれます。

　このように，ダブルバインドとは，言語レベルと言語レベル，あるいは言語レベルと非言語レベルで矛盾したメッセージが送られ，そのどちらに反応しても罰が与えられるようなメッセージあるいは状況のことをいいます。これは「板挟み状態」「ジレンマに置かれた状態」であり，「八方ふさがりの状態」ともいえるでしょう。

　こうした状況に長期間にわたってさらされた場合，子どもは，①あらゆる言

葉の裏に「隠された真の意味」を探すことに没頭する，②言葉の真の意味を理解するのを断念し，ひたすら字義通りに理解しようとする，③周囲のあらゆるコミュニケーションを一切拒絶する，のいずれかになるとベイトソンは指摘しています。①は統合失調症の妄想型，②は破瓜型（解体型），③は緊張型に通じる症状です。

　現在，ダブルバインド理論は，統合失調症の症状の生起理論としては妥当性に疑問が投げかけられているものの，心理的不適応状況を説明する理論としての価値は失われておらず，また後述するコミュニケーション派家族療法に大きな影響を与えた理論として広く知られています。

13.2 家族療法の各学派の理論と技法

　上述のように，1960年代〜70年代にアメリカを中心として，さまざまな家族療法の学派が生み出されました（**表13.2**）。こうした家族療法は，**第一世代家族療法**とよばれています。本節では，これら第一世代家族療法のうち，精神力動的家族療法，多世代派家族療法，コミュニケーション派家族療法，構造派家族療法を取り上げて概説します。

13.2.1　精神力動的家族療法

　ニューヨークで臨床を行っていた精神科医のアッカーマン（Ackerman, N.）

表13.2　さまざまな第一世代家族療法の学派

①精神力動的家族療法（Ackerman, N.）
②多世代派家族療法（Bowen, M.）
③コミュニケーション派家族療法（Jackson, D.,（Bateson, G.), Haley, J., Weakland, J., Fisch, R., Watzlawick, P.）
④構造派家族療法（Minuchin, S.）
⑤戦略派（Haley, J.）
⑥ミラノ派（Palazzoli, S., Chechin, G., Boscolo, L., Prata, G.）

は，もともと精神分析を専門としていましたが，家族が患者に与える影響について関心をもち，治療の対象を，患者個人から家族全体に拡張すべきではないかと考えるようになりました。アッカーマンは，こうした考え方を「全体としての家族（family as a whole）」とよび，次のように述べています。

　　「誰でも人間は，人生をただ独りで生きるわけにはゆかない。（中略）人生は，人々からわかち与えられ，また人々にわかち与える経験である。この互いにわかち，与え合う経験は，もっぱら幼児期には家族成員との間でそのほとんどが起こる。すなわち，家族とは成長と経験，この相互充足の成功と失敗の経験の基本単位（basic unit）である。したがってそれはまた，疾病と健康の基本単位である。」

（Ackerman, 1958 小此木・石原訳 1965）

　1960年代当時，家族（とりわけ母親）が子の精神病理に影響を与えるといった考え方はあったものの，家族を診断・治療するといった発想はありませんでした。これは，「全体としての家族」を診断・治療の単位とするというきわめて斬新な発想で，その後の家族療法の礎を築くこととなりました。

13.2.2　多世代派家族療法

　精神科医のボーエン（Bowen, M.）は，統合失調症の治療を行う中で家族の影響に気づき，独自の家族システム理論（ボーエン理論）を提唱しました。

1.　ボーエン理論の概要

　ボーエンは，まず個人の中には知性システムと感情システムが存在しており，これら2つのシステムの分化（すなわち成熟）の程度はさまざまであると考えました。さらに，両システムの分化度が低く，融合状態にある場合には，感情システムが優勢になり，日常生活における些細なトラブルにおいてより感情的になりやすく，冷静な対処をとることが難しいとしました。また，パートナーの選択にあたって，両システムの分化度が低い個人は，同様に分化度が低い個人を配偶者として選択しやすく，こうした夫婦関係においては，個人と個人も

分化度の低い融合関係が構築されやすいと指摘しています。

このような融合関係にある夫婦の間に何らかの葛藤が生じた際，子どもを巻き込むことで心理的な安定を図ろうとする傾向がみられ，こうした状態は**三角関係化**とよばれます。このような三角関係化を通じて，知性システムと感情システムの分化度の低さは子どもに伝達されていくことになります。子ども世代以降の配偶者選択においても同様に分化度の低い配偶者を選択するということが何世代にもわたり継続された場合，さまざまな心理的な障害が生じるとボーエンは指摘しています。上述の「分化」「三角関係化」を含め，ボーエン理論の主要概念を**表13.3**にまとめましたので，参照してください。

2. 多世代派家族療法の技法

多世代派家族療法の治療においてボーエンが重視したのは，分化度の低さが

表13.3　ボーエン理論の主要概念

①分化の尺度	知性システムと感情システムがどれだけ分化しているか？　これら2つのシステムの分化度が低い場合，感情システムが優勢となり，感情的になりやすい。 →さらに分化度が低い場合，人間関係に容易に巻き込まれ，融合しやすい（融合した人間関係）。分化度が高い場合には，互いに適度な距離を保ち，自立した多人間関係（分化した人間関係）を構築できる。
②三角関係化	分化度の低い二者が融合し葛藤が高まると，もう一人を巻き込み，三者システム（三角関係）を構成する。 例：感情的にも依存し合う夫婦関の緊張関係を緩和するために，母親が子どもと融合し，母子密着状態となることで緊張を回避するケース。
③家族投影過程	上記のようなケースでは，子どももこのように巻き込まれた結果，分化度が低くなる。このようにして両親の融合が子どもに伝播される。
④多世代伝達過程	さらに家族投影過程は，何世代にもわたり伝達され，世代を下るごとに徐々に分化度が低くなる傾向がみられる。統合失調症の発病は8〜10世代の伝達過程が必要で，犯罪行為，アルコール中毒，肥満症などは多世代伝達過程の産物ととらえられる。

世代を越えて伝達されるプロセスを次の世代に持ち越さないことです。そのために必要なものとして，ボーエンは治療者の分化度の高さを挙げており，治療者の力量は，治療者自身の分化度の高さであると指摘しています。すなわち，分化度の高いセラピストが患者に向き合うことを通じて，患者の分化度が徐々に高まると考えました。この分化度について，ボーエンは0〜100のスケール（分化度のスケール）を提唱しています。0〜25は，もっとも困難を抱える人たちであり，「快適か否か」の基準に沿って物事を決断しがちです。25〜50では，激しい感情状態や不安が高い場合は別にして，穏やかな状態であれば，ある程度機能的，適応的な判断をすることが可能であり，多くの人はこの範疇に入るとされています。50〜60では，他者に対してオープンで，たとえ自分の意見に反対されてもあまり感情的にならずに対処することが可能であり，長期的な視野に基づいてより思慮深い決断を行い，穏やかな人間関係を構築することが可能です。60〜75では，感情システムから解放されており，他者を受け入れ，周囲の動揺に巻き込まれることもありません。75〜100は，非常に成熟し，自律した状態とされています。ボーエンは60以上の人は，全体のほんの数パーセントであり，75以上はきわめて高い水準の人であると述べています。

13.2.3　MRI コミュニケーション派家族療法

　MRI コミュニケーション派家族療法は，カリフォルニア州パルアルト市にある MRI（Mental Research Institute）を中心とする学派（パルアルトグループ，MRI アプローチともよばれます）です。MRI の初代所長は精神科医のジャクソン（Jackson, D.）で，創成期メンバーには，ベイトソンと共にダブルバインドの論文を書いたヘイリーやウィークランドもおり，ダブルバインドで知られるベイトソンともっとも縁のある学派といえるでしょう。学派の名称に象徴されるように，家族メンバー間のコミュニケーションやコミュニケーションパターンに着目する学派で，システム論に加え，言語学（特に語用論）の観点から，家族内コミュニケーションを分析する視点が特徴的です。

　主要概念，技法としては，①家族ホメオスタシス，②インタラクショナル・ビュー，円環的認識論，悪循環，③コミュニケーションの5つの定理，④リフ

レーミング，⑤治療的パラドックス技法，などがあります。

1. 家族ホメオスタシス

　家族臨床の場では，**家族の中で問題を抱えているとみなされている患者**（IP; Identified Patient）の症状が改善すると，不思議と他の家族構成員が別の問題や症状を呈するような事例に遭遇することがあります。家族臨床を行っていたMRI所長のジャクソンは1959年，こうした事例から，クライエントの症状は家族のデリケートなバランス（ホメオスタシス）を保持する機能を果たしているとする「**家族ホメオスタシス**」の概念を発表しました。この家族ホメオスタシスの概念は，それまで個人（個人システム）に帰属されていた病理の要因を，より上位のシステムである家族（家族システム）に帰属する認識論（ものの見方，とらえ方）として家族療法にもたらすこととなりました。いわば，個人内（intra-personal; intra-psychic）から個人間（inter-personal; inter-psychic），への認識論的転換が図られたといえるでしょう。

2. メッセージが有する「拘束（bind）」という機能について

　コミュニケーション派家族療法のコミュニケーション観の柱の一つが，「拘束（bind）」です。拘束とは，伝達されるメッセージが有する重要な機能の一つであり，長谷川（1991）によれば，「あるメッセージが，メッセージの受信者の行動の幅を制限する（行動のレパートリー（選択肢）を狭める）」機能を指しています。たとえば，夫が深夜に帰宅するなり，妻が遅い帰宅に対する不満を，大声で怒鳴りながら，怒りの形相で伝達した際，夫は，「顔はひきつり，何も言い返せない状況」になるかもしれませんし，これは謝ったほうがが得策と考え「本当にすまなかった！」と言って真摯に謝罪するかもしれません（しかし，妻の怒りは一向に収まらず，逆に水を得た魚のごとく不満をまくし立てる場合もあるでしょう。こうした関係性は相補的（コンプリメンタリー）関係とよばれています）。あるいは逆に「誰のためにこんなに遅くまで仕事をしていると思ってるんだ！　ふざけるな！」と大声で怒鳴り返すこともあるかもしれません（互いに怒りがエスカレートし，夫婦喧嘩の激しさが増していくような関係性は，対称的（シンメトリー）関係とよばれています）。このように，妻から遅い帰宅に対する不満をぶつけられた夫は，真摯に謝罪するか，怒鳴り

返すか，といった形で，妻からの働きかけに自身の行動の幅が制限されること
となります。このような状況では，その日職場であった他愛もない出来事を妻
に穏やかに語ったり，その週の週末，長男の野球部の部活の送迎をどちらが引
き受けるか，あるいは週末の外食はどこの店にするか話し合ったりすることは
ほぼ不可能になり，二者の関係性にある種のパターンが生じることになります。

3. インタラクショナル・ビュー（相互作用的なものの見方）

　私たちは，何らかの問題が生じた場合，そうした結果をもたらした要因や原
因を探し，それらを取り除くことによって問題を解決しようとしがちです。こ
うした思考法は**直線的因果律（認識論）**とよばれ，現代社会においては，一般
的で馴染みのある思考法といえるでしょう。一方，たとえば，エスカレートす
る夫婦喧嘩や，国と国との利権争い，互いに切磋琢磨するライバル関係などの
ように，A（原因）が B（結果）をもたらしつつも，同時に B（原因）→A（結
果）となっている状況も存在します。問題をこのようにとらえる思考法は**円環
的因果律（認識論）**とよばれます。

　コミュニケーション派家族療法では，こうした円環的認識論で家族をとらえ
る点が特徴の一つとなっています。加えて，先述したコミュニケーションの
"拘束"の観点から円環的認識論をさらに一歩進めたものの見方が，「**インタラ
クショナル・ビュー（相互作用的なものの見方）**」になります（図 13.1）。

　家族や学校，職場など身近な人間関係においては，コミュニケーションがそ
の都度交わされているわけですが，そうしたコミュニケーションのたびに，互
いに相手を拘束し合う，いわゆる相互拘束の構造がみられます。そうした相互
拘束が何重にも交わされた結果，「関係性」が立ち現れることとなります（暴
力的な夫と過度に従順な妻，常にいがみ合い対立する夫と妻，過干渉な母親と
反抗できずに母親の言われた通りにする息子，等）。とりわけ，ある家族メン
バーの問題行動も，行動自体がメッセージとして周囲の重要な他者に伝達され，
彼らの行動を拘束しています。たとえば，学校から帰宅した後，夕食もろくに
とることなくゲームに熱中する息子に対し，母親は，「いいかげんに宿題をし
なさい！」と怒鳴りながら，ゲーム機のコンセントを引き抜いたとします。こ
うした対処行動が功を奏して息子がゲームをやめることもあるかもしれません。

図13.1 インタラクショナル・ビュー（相互作用的なものの見方）

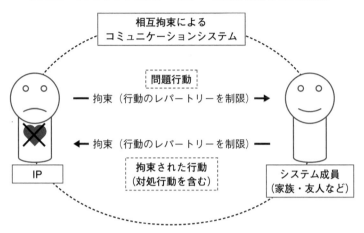

しかし，「てめえ，何するんだよ！ クソババア！ ここまでの努力が無駄に
なったじゃねーか！」と言って反発し，二人の間は冷めた関係性となり，母親
に対する反抗心も加わって，その後息子は毎日母親の注意を無視し，ゲームを
やり続けるかもしれません。このように，息子の問題行動によって，母親の行
動が拘束され，母親は叱るという対処行動を示します。一方で，息子は母親の
叱るという対処行動に行動が拘束され，反発を示すこととなります。

4. 悪循環（vicious circle）

　家族システムや学校の友人関係システム，職場システムにおいては，システ
ム内に問題が起きた際，周囲の他者が解決に向けた何らかの**対処行動（解決努
力）**をとることにより，問題解決が図られることになります。上記の例でいえ
ば，母親が怒鳴りながら息子を注意したのは，問題に対する対処行動であり，
解決努力です。こうしたダイナミズムが生じるのは，人間の免疫システムやホ

図 13.2　悪 循 環

メオスタシス（恒常性）に代表されるように，システムには自らの問題を解決する自己制御性が備わっているためです。また，こうした対処行動（解決努力）は，システムの**第一次変化**とよばれています。

　しかし，問題行動に対する周囲の対処行動（解決努力：解決に向けた努力）が，問題の解決に至らないばかりか，むしろ逆に，問題の維持，悪化につながっている場合が存在します。これを**悪循環**（**図 13.2**）とよび，この場合，第一次変化である対処行動（解決努力）よりも上位の変化が求められることとなります。これは，第一次変化の変化といえ，第一次変化と区別して**第二次変化**とよばれます。

　コミュニケーション派家族療法では，面接の中で，問題の維持，悪化につながる悪循環を同定し，この悪循環を断ち切ることにより，問題解決を図ろうとします。これは，いわば，家族システムの第二次変化を支援する営為といえるでしょう。

5.　コミュニケーション派家族療法の技法

　コミュニケーション派家族療法の技法にはさまざまなものがありますが，ここではリフレーミングとパラドックス（治療的二重拘束，治療的ダブルバインド）についてふれます。

(1)　リフレーミング（reframing）

　リフレーミングは，「否定的な意味を肯定的なものに変えるための技法。一

定の考え方で枠づけされた出来事の枠組みを変え，その結果事実を変えること
なく事柄の意味づけや，価値判断を変えようとすること」（Paolino & McCrady,
1978），「症状あるいは行動を，何か違ったものに言い換えるだけでなく，その
ように知覚される脈絡を変えることによって，家族の知覚を変化させようとす
る治療的な介入法」（Minuchin, 1974）と定義されています。たとえば，「過干
渉の母親」→「子育てに強い関心と情熱をもったお母さん」や，「心配しがちで
不安定な子ども」→「自らが問題を呈することで家族がバラバラになるのを防い
でいる家族の守護神」が挙げられます。

(2) 治療的パラドックス（therapeutic paradox；治療的二重拘束，治療的ダブルバインド，対抗逆説（パラドックス））

　治療的パラドックスは，治療的二重拘束，治療的ダブルバインド，対抗逆説
（パラドックス）ともよばれます。①症状を改善させない（変化しない，今の
ままの状態を維持する），②症状の改善の速度を緩める，③症状をあえて起こ
す（生じさせる），といったように，一見，症状を迅速に改善させる方向性と
は逆の，むしろ問題を維持，悪化させると考えられるような指示や課題を提案
することを指しています。たとえば，コミュニケーション派家族療法では，問
題について理解を深めるというフレームで問題が生じた際，周囲で起きている
ことや問題が生じる条件について観察し，調べるといった**観察課題**が提案され
ることがあります。観察課題を実行するためには，症状や問題行動が生じる必
要があるので，観察課題も治療的パラドックスの好例といえるでしょう。この
他，急激に好ましい変化を遂げた IP に対して，「急激な変化はそれだけ大きな
揺り戻しが起こり得るため，むしろゆっくり変化したほうが望ましい」という
フレームで，変化のスピードを落とすよう指示する **go slow** 課題があります。
先述のように，特に IP の問題行動に対する周囲の解決努力が悪循環を形成し
ている場合には，こうした技法はより効果的であると考えられます。

13.2.4 構造派家族療法

　ミニューチン（Minuchin, S.）は，フィラデルフィア・チャイルド・ガイダ
ンス・クリニックでスラム街の貧困家族を対象に臨床を行う中で家族構造を理

解し，構造派家族療法の治療アプローチを導き出しました。

　構造派家族療法では，個人の問題は原則的に家族構造の歪みから生じるとされています。そのため，歪んだ家族構造を変化させ，家族メンバーの成長がもっとも促進されるような適切な家族構造への**再構造化**（restructuring）を目指すこととなります。

1.　家族構造を把握するための3つの主要概念

　構造派家族療法の主要概念は，①境界，②提携，③勢力の3つが挙げられます。

　境界（boundaries）は，家族成員間に引かれる境界であり，同じ境界内にあるメンバーによって**サブシステム**が構成されています。たとえば，父母世代と子ども世代との間に境界が引かれる場合，この境界は**世代間境界**とよばれ，夫婦サブシステムと子どもサブシステムが存在することとなります。また，これらの境界には，①**明瞭な境界**，②**曖昧な境界**，③**固い境界**があり，通常，曖昧すぎず，固すぎない明瞭な境界が望ましいとされています。ミニューチンは，明瞭な世代間境界を望ましい境界としており，世代間境界が侵害された家族構造が問題を引き起こし得ると考えました。

　また，境界内のメンバーの関係として**提携**（alignment）があり，提携には単に親密で協力的な関係である「**同盟**」と，他の成員に対抗しこれを排除するための協働関係である「**連合**」の2種類があるとされています。母親が子どもに父親の悪口を吹き込むなどして母子密着が進行し（三角関係化），父親を排除する「連合」は，臨床の場に限らずよくみられます。

　家族が次の行動を起こす際に発揮される，ある家族構成員の影響力が**勢力**（power）です。家族で食事に出かける際の店の決定権や，住宅や車など高額なものの購入といった重要な決断の際に顕在化するのがこの勢力です。特に，子どもの教育やしつけ，社会化については，両親サブシステムがある程度の勢力をもつべきとされますが，家庭内暴力やひきこもり，その他問題行動のある子どもの事例では，子どもが両親を凌駕する勢力を有する場合も少なからずみられます。

　構造派家族療法では，こうした3つの観点から，家族構造をアセスメントし，

適切で望ましい構造に再構造化することが目指されます。

2. 構造派家族療法の技法

(1) ジョイニング

　一般的な個人療法において，セラピストとクライエントとの信頼関係はラポールとよばれます。一方，家族を対象に面接を行う家族療法では，セラピストとクライエント家族との関係づくりはジョイニングとよばれています。"JOIN" という言葉が示すように，「家族に加わる」「家族に参加する」「家族の仲間に入れてもらう」といったニュアンスをもつ概念です。ジョイニングのための具体的な技法として，クライエント家族固有の「家族ルール」「役割行動」「コミュニケーション」にセラピストが波長を合わせていく，**アコモデーション，トラッキング，マイム**などの技法があります。

(2) エナクトメント（enactment）

　エナクトメントとは「再演化」のことで，面接中にセラピストの目前で家族の日常的なやりとりを再演するよう求める技法です。代表的なものに**ランチセッション**があり，これは，面接室でランチ（昼食）の様子を再現してもらうというものです。

(3) リラベリング（re-labeling）

　リラベリングとは，コミュニケーション派家族療法におけるリフレーミングにも近い技法です。たとえば，息子の不登校の原因は息子自身の心の弱さとする両親の認識を，夫婦の絆の問題として再びラベル化します。

13.3 おわりに

　本章では，1950 年前後に行われた家族研究や家族の理論，また 1980 年までの第一世代家族療法の各学派の主要な概念，理論，技法についてふれてきました。家族療法は，家族を 1 つのまとまりのあるシステム，すなわち「家族システム（family system）」としてとらえる点に特徴があります。システムとして考えることによって，家族を全体としてとらえたり，コミュニケーションの観点から理解を深めたりすることが可能となります。次章では，1980 年代以降

の家族療法の展開として，ナラティブセラピーについて概説していきます。

復 習 問 題

1. 下記の①から④の組合せで適切なものを1つ選んでください。
   ①構造派家族療法—ベイトソン—治療的パラドックス
   ②コミュニケーション派家族療法—ウィークランド—リフレーミング
   ③多世代派家族療法—ワツラウィック—分化の尺度
   ④精神力動的家族療法—パラツォーリ—全体としての家族
   ⑤精神の生態学—ベルタランフィ—当結果性

参 考 図 書

日本家族心理学会（編）（2019）．家族心理学ハンドブック　金子書房
　家族療法の各学派の理論や技法，家族心理学の基本的な概念，各領域における家族支援の実際に関するさまざまなトピックが網羅されており，わかりやすく解説されています。

ナラティブセラピーの理論と技法

　前章では，家族療法について，その歴史的背景や，いわゆる第一世代家族療法とよばれる 1980 年代以前の各学派の理論，主要概念，技法について学びました。本章では，1980 年代以降にみられたシステム論から構成主義，社会構成主義への認識論的転換と，そうした認識論の展開を背景にした解決志向ブリーフセラピーやナラティブセラピーといった諸学派のアプローチについて概観していきます。

14.1　システム論から構成主義，社会構成主義へ

　前章で述べた 1980 年代までの第一世代家族療法においては，システム論をその理論的基盤としていました。そこでは，家族という実体をシステムとみなし，問題を抱える家族システムに介入し，家族システムが変化することによって，問題が解決に至るものと考えられていました。

　しかし，現代思想の潮流が，モダンからポストモダン，あるいは構造主義からポスト構造主義へと展開したことを受け，家族療法にも従来のシステム論の認識論にとって代わる新たな認識論が導入されることとなりました。これらが，**構成主義**（constructivism），あるいは**社会構成主義**（社会構築主義；social constructionism）です。

　構成主義や社会構成主義は，それぞれ若干力点の置き方が異なるものの，「客観的な現実は存在しない。現実は作り上げられるものである」という認識においては共通しています。構成主義は，心理的構成主義ともよばれ，各個人が現実を作り上げる点を強調し，さらには，人間に限らず，さまざまな生物は，

それぞれの感覚器官を通じて現実を作り上げていると考えます。たとえば，生物学者のユクスキュル（Uexküll, J. J. B. von）は，ダニが決して高等とはいえない貧弱な感覚器官に基づいてどのような現実を構成し，さらにそうした貧弱な感覚器官が実にうまく機能しながら種の保存が実現されてきたかについて言及しています。同じ地球上に存在しながらも，人間が構成している世界と，ダニのそれとでは大きく異なっているのです。

　一方，社会構成主義は，社会学や社会心理学にそのルーツをもち，現実が，社会の中で人々の相互作用（会話や語り）によって作り上げられる点を強調します。たとえば，子育てのあり方や家庭での夫や妻の振る舞い方などは，昔と今とでは違っています。何が正しくて何が正しくないのか，善と悪，あるいは正常と異常を分ける境界線，行動規範といったさまざまな基準は時代とともに変化しています。かつては西欧社会の伝統的な子育てであった「たたくことを許容する子育て」は，現在では児童虐待とよばれますし，妻が外で働きたいと考えているにもかかわらず，夫が妻の就業を拒んだとすれば，経済的 DV とみなされる可能性があるでしょう。

　また，かつては，社会の中で多少困った現象でしかないとされた問題が，時代を経て病気や障害とみなされるようになったりもしています。こうした現象は，医療社会学では「医療化」とよばれており，たとえば，アルコール依存症や，被虐待児症候群，行為障害，反社会性パーソナリティ障害，ADHD や LD，自閉スペクトラム症などがそれにあたります。

　逆に性同一性障害や LGBT のように，かつて病気や障害とみなされたものが，生き方として認められるようになることもあります。また，1970 年代半ば頃までの日本社会では，子どもたちの間で生じるいじめに該当する行為は，あくまで子どもたちの世界で起きたことであり，大人が口出ししたり介入したりするべきものではなく，子どもたち同士で解決するべき問題と考えられてきました。しかし，その後いじめ自殺が相次ぎ，いじめが社会問題化して以降，そのような考え方をする者はほとんどいないのではないでしょうか。

　多くの場合，ある事柄が表に現れると，それに対して，専門家やマスメディアがその状態を問題であると訴え始めます。そうした異議申し立てが，行政や

政治，社会全体を動かし，法律や制度が整備されるなどしながら，社会の中の
当たり前（現実）が変わっていくことになります。

　前述の通り，構成主義や社会構成主義では，客観的な現実は存在せず，現実
は作り上げられるものとするわけですが，とりわけ社会構成主義においては，
「（対話（会話）を含めた）人と人との相互作用（やりとり）によって現実が作
り上げられる」点が強調されています。そうであるならば，セラピー場面での
対話という相互作用（やりとり）においても，クライエントが構成している現
実とは異なる新たな現実を作り上げることができるのではないかと考えられる
ようになり，ナラティブセラピーの誕生につながっていくことになりました。

　若島ら（2002）は，1980 年代以前の第一世代家族療法と，1980 年代以降の
第二世代家族療法の相違点を，表 14.1 のように整理しています。第一世代家
族療法では，セラピストをシステムの客観的な観察者だと考えましたが，第二
世代家族療法では，セラピストをクライエントと共にシステムを形作る存在と

表 14.1　**1980 年代以前の第一世代家族療法と 1980 年代以降の第二世代家族療法の相違点**（長谷川・若島，2002）

1980 年代以前	1980 年代以後
・「問題」は客観的実体である。 ・セラピストは「問題」を支える家族の構造やパターンに焦点をあてる。 ・セラピストは家族という問題システムの外側に立つ観察者であり，問題を「正確に」把握できる。 ・セラピストはシステムに外部から，特権的専門知識をもとにシステムを操作でき，変化を起こせる。セラピストは介入する人であり，変化を生む人である。 ・セラピストとクライエントは，専門家と非専門家の二分的関係にある。 ・セラピストの焦点は家族システム。	・「問題」は人々の相互作用の中から構成されたものであり，客観的実体ではない。 ・セラピストは可能性の拡大に焦点をあてる。 ・セラピストとクライエントは 1 つのシステムを形作り，共同探索者として，問題や解決を話し合っていく。 ・セラピストとクライエントは 1 つのシステムの内部に位置し，そこでの相互作用（特に言語的相互作用）の結果，変化は自然と生じる。 ・セラピストとクライエントは，平等で協調しあう関係にある。 ・セラピストは，クライエントとクライエントを取り巻く環境や社会文化的文脈も考慮する。

考えます。このような変化は，セラピストがシステムの内部から言語を用いて
クライエントの変化を生み出す学派の発展につながっていきます。

　次節では，こうした構成主義や社会構成主義を理論的背景にもつ解決志向ブ
リーフセラピーやナラティブセラピーの各学派について概観します。

14.2 さまざまな第二世代家族療法

　第二世代家族療法の主な学派は，以下の4つです。ただし，①の解決志向ア
プローチは，第一世代家族療法のシステム論の流れを汲んでいる部分もあり，
1.5世代とよばれることがあります。また，②③④の3つの学派は，まとめて
ナラティブセラピーとよばれています。

①**解決志向アプローチ**
②**ナラティブ・モデル**
③**リフレクティング・プロセス**
④**協働的言語システムアプローチ**

　本節では，前章同様それぞれの学派の主要な概念，理論，技法等について学
んでいきます。

14.2.1　解決志向アプローチ

　解決志向ブリーフセラピー，ソリューション・フォーカスト・アプローチ，
SFA等とよばれることもある**解決志向アプローチ**（Solution Focused Ap-
proach）は，アメリカ合衆国ミルウォーキー州にあるブリーフ・ファミリー・
セラピー・センター（Brief Family Therapy Center; BFTC）において，ソーシ
ャルワーカーのバーグ（Berg, I. K.）とシェイザー（Shazer, S.）夫妻によって
1980年代に開発されたカウンセリングアプローチです。2人はコミュニケーシ
ョン派家族療法のMRIのトレーニーでもあり，特に初期の理論には，MRIの
影響も色濃くみられます。たとえば，解決志向アプローチでは，各回の面接終
了時に介入課題の提案を行うことがありますが，これはMRIをはじめとする
第一世代家族療法の名残といえるでしょう。

解決志向アプローチの基本的な考え方は，「問題を解決するのではなく，解決を作り出す，もしくは解決を大きくする（解決構築（solution building））」ことです。以下に主要な概念について述べていきます。

1. 例外 (exception)

例外とは，問題が当たり前となっているクライエントにとっては，まさに例外的と思えるような「問題が存在しないとき，あるいは条件」を指しています。不眠症のクライエントがたまたまぐっすり眠ることができた日や，ゲーム依存の子どもがきりの良いところでゲームをやめて宿題を始めることができた日などが該当します。例外は，多くの場合，存在しています。にもかかわらず，問題にのみ焦点があたってしまっており，問題を中心とした現実を構成しているクライエントにとっては，このように例外に焦点をあてることはなかなか困難な場合も少なくありません。

2. 良循環 (virtuous circle)

良循環とは，コミュニケーション派家族療法の項（13.2.3 項）で述べた悪循環の対概念であり，うまくいっている周囲の対応や，工夫している取組みのうち奏効しているものなどを指す概念です。先述の通り，解決志向アプローチでは，コミュニケーション派家族療法同様，面接の最後に介入課題を提示する場合がありますが，この際，コミュニケーション派家族療法が「悪循環を断ち切るための課題」を案出し提示するのに対し，解決志向アプローチでは，「良循環を維持，あるいは増やす課題」を提示します。たとえば，なかなか学校に足が向かない子どもの両親が，外出機会を確保すべく休日に子どもを外に連れ出していて，子どもも楽しく外出できている場合，そうした取組みを継続するよう促す課題を提案することになります。

3. リソース (resource)

リソースは，解決のための資源で，内的リソースと外的リソースがあります。**内的リソース**とは，クライエントや問題を抱えているとみなされた者（Identified Patient; IP）の内側にある解決のための資源で，素直な性格や真面目な性格といった望ましい性格特性や，得意教科や特技などを指しています。一方，解決のための本人以外の資源は**外的リソース**とよばれ，クライエントやIPの

身近に存在していて親身に相談に乗ってくれる人や問題解決のために一生懸命サポートしてくれる人，マスクやサングラスがあれば外出できるひきこもりのクライエントの場合には，マスクやサングラスなどが該当します。介入課題提案時，こうしたリソースの活用も踏まえ，介入案を提案することになります。

4. 治療的会話（therapeutic conversation）

　社会構成主義の影響を強く受けている解決志向アプローチでは，面接の会話において，受容や共感的な態度でクライエントの話に耳を傾けながら，例外や良循環，あるいは内的，外的リソースについて質問によって尋ねることで，クライエント自身が問題に関する例外や良循環，リソースについて語ることができるよう支援していきます。例外，良循環，リソースといった問題以外の要素に焦点をあてた会話をクライエントが行うことで，現実の再構成につながるとされています。こうした会話は，「**治療的会話**」とよばれています。

5. セラピストとクライエントの関係性の３類型

　セラピストとクライエントの関係性には，①**カスタマー・タイプ**，②**コンプレイナント・タイプ**，③**ビジター・タイプ**の３つの類型があります。①カスタマー・タイプでは，クライエントが文字通り顧客であり，クライエントの解決に対するモチベーションが高く，介入課題をきちんとこなしてくるような場合です。また，②コンプレイナント・タイプのコンプレイナント（complainant）とは，不平，苦情，愚痴を言う人を意味する言葉であり，コンプレイナント・タイプの関係性の場合には，クライエントは面接の中で周囲の無理解等に対する不平や不満については語るものの，自ら解決に向けて行動をとることは少ないとされています。また，③ビジター・タイプの関係性は，知人の勧めで一度来談してみたといったようなクライエントの場合に多くみられ，コンプレイナント・タイプのように，不平，不満を述べることはないものの，やはり解決に向けた生産的な行動をとることが困難なタイプであるとされています。ただし，いずれにしても，こうした傾向はクライエントの特性や性格の類型ではなく，セラピストとクライエントの関係性の類型である点に留意する必要があります。したがって，関係性が変わることによって，コンプレイナント・タイプやビジター・タイプのクライエントが，カスタマー・タイプのクライエントに変化す

ることは十分にあり得るわけです。そのため，コンプレイナント・タイプやビジター・タイプの場合には，あまり無理な介入課題を提案せず，クライエントの来談に対し敬意を伝えるとともに，来談をねぎらうといった対応をとりながら，機が熟するのを待つといった対応が中心となります。

6. ソリューション・フォーカスト・アプローチの技法

(1) 関係性を築くための技法

　クライエントとの関係性を築くために用いられる技法に，コンプリメントがあります。**コンプリメント**とは，ねぎらい，敬意を伝える，賞賛，ほめることなどを意味する言葉で，来談に対してねぎらいの言葉をかけたり，問題解決に向けてクライエントが真剣に向き合う姿勢に対して敬意を表したりする言葉がけを意味しています。また，介入課題の提案の直前にコンプリメントを行うことで，介入課題に対する動機づけを高めるのにも用いられます。

(2) 治療的会話のためのさまざまな質問技法

　解決志向アプローチにおいて，クライエントから例外やリソースを引き出す治療的会話のために，以下のような質問技法があります。

①**スターティング・クエスチョン**……面接開始後最初にクライエントに投げかけられます。「この面接において，○○さんはどんなふうになったらいいなとお感じになっていますでしょうか？」のような，クライエントの目標やニーズを面接の最初の段階から把握するための質問です。

②**スケーリング・クエスチョン**……「これまでもっとも状態が悪かったと思われる時期を0点として，こんなふうになったらいいなと思われる状態を10点とすると，現在の状態は何点くらいになると思われますでしょうか？」のような，現在の状態について10点（もしくは100点）満点で回答を求める質問です。また，質問に対して0点という回答でなければ（1点以上の回答であれば），その点数の内訳（すなわち，最悪の状況からの改善，進捗した点，変化した点）について尋ねたり，「もし，（今後その点数が）さらに1点上がるとしたら，どんなことが起きると思われますか」と質問したりする場合もあります。さらに，単純に，片頭痛や腹痛のような痛み，気分的な落ち込みの程度等について，10点満点で尋ねることもあります。スケーリング・クエスチョンは，

セラピストがクライエントの現状に対する認識を客観的な数値として把握するための質問であるとともに，クライエントが最悪の状況から現在までの改善点に注意を向けたり，さらには一歩先の改善点を具体的にイメージしたりするのを支援する質問法でもあります。

③ミラクル・クエスチョン……「(少し奇妙な質問と感じられるかもしれませんが) 仮に，○○さんが寝ている間に，奇跡が起きたとします。朝，○○さんが目を覚ましたときに，奇跡が起きたことをどのようにしてお知りになるでしょうか？」といったように，架空の奇跡が起きた想定で，どのようにそれに気がつくかを問う質問です。クライエントの望みや願いを詳細に把握するとともに，問題解決後のイメージの具体化を促します。

④コーピング・クエスチョン……「(今お話しいただいた) この大変な状況に対して，○○さんは，どのように対応（対処）されてきたのでしょうか？」「こうした困難に対して，どのように向き合われているのでしょうか」といったように，問題に対する対処法について尋ねます。クライエントには問題に対処する力があるということを暗に伝えると同時に，どのような対処が役に立っているのかを把握するための質問です。

⑤サバイバル・クエスチョン……「今お聞かせいただいたようなきわめて困難な状況をどのようにして耐え忍んでこられたのでしょうか？」といったように，問題の中をこれまでどのようにやってきたのか，またそうした状況をどのように耐え忍んできたのかを尋ねる質問です。クライエントが大変な状況の中で取り組んできたことをねぎらうと同時に，その中で役に立ったことを把握します。

　この他，例外やリソースを引き出すために，「最近，症状が比較的軽いと感じたときはいつでしたか？」「その問題を解決するために，手伝ってくれる方はどなたでしょうか」といった質問があります。

14.2.2　ナラティブ・モデル

　ナラティブ・モデルは，ニュージーランドのホワイト（White, M.）とエプストン（Epston, D.）らによって創始されたアプローチです。クライエントがセラピー場面に持ち込む「(問題に関する) 支配的なストーリー（ドミナン

ト・ストーリー）」を「それにとって代わる（代替的な）ストーリー」へと
“書き換える（re-authoring）”ことを目指します。

　以下，ナラティブ・モデルの主要概念，技法等について述べていきます。

1. ドミナント・ストーリーとオルタナティブ・ストーリー

　ドミナント・ストーリー（dominant story）とは，面接開始時，クライエン
トが有する支配的な物語です。多くの場合，それは問題の染みついた物語
（problem-saturated story），すなわち問題が非常に深刻で，対処する術はまっ
たく存在せず，問題に打ち負かされているといった内容の，後述するユニーク
な結果が排除された物語です。一方の**オルタナティブ・ストーリー**（alterna-
tive story）とは，ドミナント・ストーリーにとって代わる物語です。問題に
まつわる物語のうちこれまで光が当てられていなかった点や要素（ユニークな
結果）を取り込んであり，クライエントに問題に再び立ち向かわせるような物
語です。

　ナラティブ・モデルは，会話によって，ドミナント・ストーリーからオルタ
ナティブ・ストーリーに変わることを支援するモデルです。荒井（2007）は，
ナラティブ・モデルの援助の目標について，「『問題をかかえた利用者』が，そ
の『問題』と向き合い，それを乗り越えて回復へと向かうプロセスにある」と
述べるとともに，「しかし，この目標を達成することは容易ではない。通常，
援助の対象となる利用者の多くは，『問題』との格闘のため疲弊し，ディスエ
ンパワメントされている。具体的には私たちが困難事例と呼ぶような多問題の
ケースである。そのような利用者は，ホワイトの言葉を借りれば，『問題が染
み込んでいる（problem-saturated）』（White & Epston, 1990 小森訳 1992）状態
にあり，『問題をかかえた私』という自己物語が，ドミナントストーリーとし
て，利用者のリアリティを支配し，固定化している」とも指摘しています。

2. ユニークな結果

　ユニークな結果（unique outcome）とは，確かに経験しているにもかかわら
ず，ドミナント・ストーリーに織り込まれなかったものを指しています。たと
えば，①問題に立ち向かうことができた経験，②問題を無視した経験，③なぜ
か問題に振り回されずにすんだ経験などが該当します。そのため，ユニークな

結果は，解決志向アプローチの「例外（exception）」と重なる部分も少なくない概念といえるでしょう。

3. ナラティブ・モデルの技法

(1) 問題の外在化

　問題の外在化（problem externalization）とは，①本人や関係者にとって耐え難い問題を，名前をつけることによって（例：○○菌，○○虫）対象化または人格化し，②本人および関係者から切り離すことにより，その外側に位置させ（外在化），③みんなで一致団結して対応することを勇気づける，治療的アプローチとされています。この背景には，「（問題は）問題自体が問題なのであって，人間やその人間関係が問題なのではない」（White & Epston, 1990）という基本認識があります。

　以下，問題の外在化を促す質問の一例を示します。

セラピスト「○○君をイライラさせて，キレたくなっちゃうような状態にしてしまうものに名前をつけるとすると，どんな名前になるかなー？たとえば，イライラ虫とかキレキレ菌とかね。どうかなー？」

クライエント「うーん，イラキレ星人！」

セラピスト「イラキレ星人！　そっかそっかー，○○君，イラキレ星人ってどんな星人？　もしよかったらこの紙に描いてもらえる？」

　　　　　　　　　　　　　　　　　⋮

セラピスト「○○君がイラキレ星人とうまく戦える方法ってある？」

　　　　　　「イラキレ星人の弱点って何？　どんなときに○○君はイラキラ星人を打ち負かすことができる？」

　　　　　　「イラキレ星人の弱点とか苦手なことってどんなことがある？」

　また，本邦において，東（1997）は，この問題の外在化を応用した「虫退治」テクニックを提案しています。虫退治テクニックとは，外在化に加えて，虫退治の儀式を行うものです。虫退治の儀式は，以下のような手続きで進められます。

図 14.1 **問題の外在化の概念図**（高橋・吉川，2001 を参考に作図）

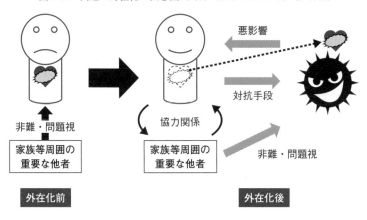

①虫を絵に描き，その絵を数十枚コピーした上で，家族全員で（心を1つにして），紙が破れるまでたたく，破る（あくまでも遊び感覚，ゲーム感覚で，楽しく！）。

②簡単な目標の設定（例：不登校児童であれば，友だちと遊ぶ，10分間勉強する，先生と電話で話す，夜間に登校する，など）。

③目標が達成されたら，家族全員で IP をほめ，目標が達成されなかったら，IP は責めずに，虫のせいにした上で，家族みんなで楽しい罰ゲーム（みんなで風呂掃除，玄関掃除，お片づけ，ゴミ拾い，など）を行う。

　こうした問題の外在化による意味づけの変化についての概念図を，**図14.1**に示します。図の左側の外在化前では，問題の原因は IP の内部に内在化されており，たとえばゲーム依存の子どもを例にとれば，家族は，「意思が弱い」などと言って本人を責めてしまうことになりがちです。一方，図右側の外在化後では，問題の原因は本人から切り離され（外在化され），「悪いのは IP でなく，架空の存在である「○○虫」で，IP はむしろ「○○虫」の被害者であり，家族と IP は「○○虫」を退治すべく，一致団結することとなります。

14.2.3　リフレクティング・プロセス

　リフレクティング・プロセスとは，ノルウェーのトロムソでアンデルセン（Andersen, T.）によって創始されたアプローチで，その地名からトロムソ・グループともよばれています。

　リフレクティング・プロセスでは，面接室でセラピストとクライエントが通

図14.2　通常の面接（上）とリフレクティング・プロセス（下）

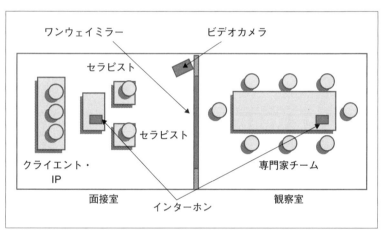

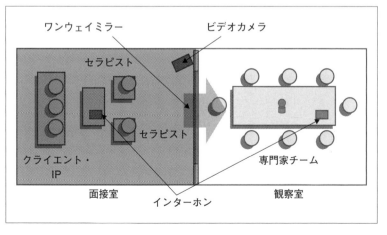

常の面接を行い，観察室で複数の専門家が面接を観察する形で進行しますが，
観察室で行われるチームの協議の様子をクライエントに公開するという点に特
徴があります。リフレクティング・プロセスの具体的な手続きは，以下の通り
です。

①通常の面接（**図 14.2** の上の状態）。

②面接室の照明を消し，観察室のマイクのスイッチを入れる。観察室にいるチ
ーム（「**リフレクティング・チーム**」とよばれる）の音声が面接室で聞こえる
ようにする（**図 14.2** の下の状態）。

③観察室では，複数の専門家が，ケースについて自由に議論する。ただし，こ
の際に，クライエントや IP を傷つけるようなネガティブな発言はしない（こ
れらの発言は，「**リフレクション**」とよばれる）。

④再び，面接室の照明をつけ，観察室で話された内容についての感想やクライ
エントがリフレクションの内容で有益と感じた内容をテーマにした面接を行う。

　こうした一連のプロセスを経ることで，クライエントの物語の要素に，専門
家チームであるリフレクティング・チームの物語の要素が加わり，新たな意味
の創出が期待されています。

14.2.4　協働的言語システムアプローチ

　協働的言語システムアプローチは，アメリカ合衆国テキサス州にあるヒュー
ストン・ガルヴェストン・インスティテュート（Houston Galveston Institute）
において，グーリシャン（Goolishian, H.）とアンダーソン（Anderson, H.）に
よって創始されたアプローチで，ガルヴェストン・グループ，あるいはコラボ
レイティブ・アプローチともよばれています。主要概念には，「無知（not-
knowing）の姿勢」と「ディスソルヴィング（dissolving）」があります。

　「**無知（not-knowing）の姿勢**」とは，「クライエントこそが専門家である」
という姿勢で面接に臨む態度を意味する概念です。たとえば，あるクライエン
トがうつの症状でやってきたとします。面接を行うセラピストは，うつの症状
や有病率，予後などに関する専門的な知識を有する一方，そのクライエントが
どのような経緯でうつとなっていったのか，また生育歴や家族歴，現在の状況，

辛さについては無知であるといえます。むしろこの点については，クライエントのほうが情報を有しており，その意味においては専門家といえることになります。このことは，クライエントの個々の語りを尊重する態度の重要性を示すといえるでしょう。

　社会心理学者のガーゲンは，無知の姿勢ではない通常の面接について，以下のように述べています。

　　　　フロイトから現代の認知療法家に至るまで，職業的セラピストは科学者としての役割を果たす（のが理想である）という信念が共有されている。（中略）訓練された専門家は，科学者コミュニティ公認の綿密に練り上げられた語りをセラピーに持ち込む。このことは，クライエントの語りに対するセラピストの姿勢を規定している。

　　　　クライエントの語りは，結局のところ，日常生活の雑多な出来事から作られている。（中略）対照的に，科学的な語りは，専門家のお墨付きである。

　　　　こうした観点からすると，セラピーの過程は，クライエントの物語をセラピストの物語に，ゆっくりとしかし確実に置き換えていくものとなる他ない。

　　　　　　　　　　　　　　（Gergen, 1994 永田・深尾訳 2004，pp.318-319）

　「ディソルヴィング（dis-solving）」とは，協働的言語システムアプローチの「問題を解決せずに，解消する」といった基本認識を示した造語です。

　この "dis-solving" は，以下の 2 つの言葉で構成されています。

①問題を解決しない（dis（= not）solve）

②解消する（dissolve）

　この「問題を解決せずに，解消する」とは，いったいどのような意味なのでしょうか？　問題が解決するとは，たとえば，ひきこもりの青年がアルバイトをするようになるなど，実際に問題が解決に向かうことを意味しています。しかし協働的言語システムアプローチでは，ひきこもりの青年の両親が「外出は

困難であるものの，最近は表情も良く，少しずつ両親に心を開いてくれるよう
になり，何とか私たち夫婦だけでもやっていけそうである」と感じるように，
少しでも問題が解消している状態を目指すというわけです。

14.3　おわりに

　本章では，1980年代以降の第二世代家族療法の各学派について学んできま
した。システム論に基づく第一世代家族療法では，セラピストをシステムの客
観的な観察者と考えましたが，第二世代家族療法では，構成主義や社会構成主
義の影響を強く受け，セラピストをクライエントと共にシステムを形作る存在
と考えます。これは，ポストモダンやポスト構造主義といった思想の潮流の影
響をも多分に受けたアプローチといえます。その結果，解決志向アプローチや
ナラティブセラピーなどの学派の発展へとつながっていきます。こうした認識
論の大きな変革は，現代社会の変化に応じた家族療法の進化であり，深化とい
えるものなのかもしれません。

復 習 問 題

1. 第二世代家族療法と関係のないものを 1 つ選んでください。

① 社会構成主義

② リフレクティング・プロセス

③ not-knowing の姿勢

④ オルタナティブ・ストーリー

⑤ ランチセッション

参 考 図 書

長谷川 啓三・若島 孔文（編）（2002）．事例で学ぶ家族療法・短期療法・物語療法 金子書房

　本章でも概説した 1980 年代以前の第一世代家族療法から，1980 年代以降の第二世代家族療法に至る歴史的経緯について端的にまとめられています。パニック障害，抑うつ，摂食障害，難解事例，児童虐待，非行問題，スクールカウンセリング等における家族臨床事例について，面接の会話プロトコルと共に記述されていて，面接の具体的なイメージをつかみやすくなっています。

その他の心理療法の理論と技法 15

第9章から前章まで，さまざまな心理療法についてみてきました。本章では，これまで取り上げてこなかったその他の心理療法の理論と技法についてみていくことにします。まずは日本独自の心理療法に焦点をあて，さらに個人療法と集団療法，コミュニティ・アプローチについても学んでいきます。

15.1 日本独自の心理療法

本書でこれまでにみてきたさまざまな心理療法は，欧米で開発され，その後日本に導入されるようになったアプローチでした。一方，本邦で開発された心理療法もいくつか存在しています。本節では，日本で生まれた日本独自の心理療法として，森田療法，内観療法，動作療法の3つを取り上げます。

15.1.1 森田療法

森田療法は，1919年，精神科医の森田正馬（もりたしょうま（まさたけ）；1874 1938；東京帝国大学医科大学卒・慈恵会医科大学初代教授；図15.1）により創始された本邦独自の精神療法[1]です。森田療法は，①パニック発作を克服した森田自身の体験，②長期にわたり神経症を患っていた巣鴨病院の看護婦

---

[1] "psycho" "psychotherapy" は，心理学においては「心理」「心理療法」，精神医学においては「精神」「精神療法」と訳すのが一般的なため，ここでは「精神療法」を用いました。

図 15.1　森田正馬

長に対して行った森田の自邸における家庭入院療法[2]が奏効した臨床経験，さらには③仏教の「禅」の「あるがまま（無為自然）」「心身自然一元論」の思想から，神経衰弱（neurasthenia）[3]に対する治療技法として編み出されたもので，神経症におけるさまざまな症状を“とらわれ”という認知・行動の悪循環の結果からとらえようとしました（森田，1928）。元来，森田療法は，①**絶対臥褥期**，②**軽作業期**，③**作業期**，④**社会復帰期**の4期からなる入院治療を前提とした治療技法として提案され長く実践されてきたものでしたが，近年では外来患者に対する治療（**外来森田療法**）やセルフヘルプグループによる森田療法も行われるなど，誕生から100年以上がたった現在もなお新たな展開がみられています。また，森田自身はフロイトの精神分析に対して批判的な考えをもってい

---

[2]　森田は，自邸にて神経症患者を患者と一緒に生活を行う中で，さまざまな指導，治療を行いました。

[3]　神経衰弱（neurasthenia）は，もともとアメリカの神経学者ビアード（Beard, G. M. B.）によって提唱された概念で，後の神経症を指します。より正確には，森田が治療の対象とした森田神経質は，①普通神経質（心気症），②発作性神経症，③強迫観念症の3種で，現在の強迫性障害，恐怖症，心気症，全般性不安障害，パニック障害に該当し，神経症概念のうちヒステリーを除く広範な症状を含む概念です。

たとされ，アメリカの精神医学者マイヤーを通じて精神分析や力動精神医学の考え方を本邦に紹介した丸井清泰（東北大学医学部精神医学講座教授）との論争（**森田―丸井論争**）はよく知られています。以下，森田療法の中心概念について述べていきます。

1. ヒポコンドリー性基調

　森田は神経衰弱患者に共通してみられる性格傾向があるとし，その性格傾向をヒポコンドリー性基調とよびました。**ヒポコンドリー性基調**とは，生まれ持った性格傾向で，自らの心身の不調や変調に過敏に反応し，気に病みやすいという特徴を有しています。ちなみにヒポコンドリー（hypochondria）とは，心気症（病気不安症）のことです。語源は，hypo（下部），chondor（軟骨）で，胸骨の下端，すなわち「みぞおち」を指しています。

　後に，ヒポコンドリー性基調は，知性化傾向，内向的，自己内省傾向，心配性，小心，敏感，些細なことにこだわりやすい，完全主義，強迫傾向，理想主義，頑固，負けず嫌いといった性格傾向からなる神経質性格という概念に改められることになりました。上記の性格傾向のうち，心配性，小心，敏感，些細なことにこだわりやすいといった性格傾向は弱力的側面（弱力性）とされ，一方，完全主義，理想主義，頑固，負けず嫌いは強力的側面（強力性）とよばれます。こうした一見相反する性格特性が，患者の葛藤を引き起こすことにつながるとされています。

2. とらわれの機制

　神経症の患者が，種々の症状を維持，悪化させていくメカニズムを，森田は「**とらわれの機制**」とよびました。この「とらわれの機制」は，（1）精神交互作用，と（2）思想の矛盾からなっています。

(1) 精神交互作用

　交互作用とは，互いに影響し合うことで，精神交互作用とは，患者の「感覚（症状）」と「注意」が互いに影響し合うことを意味しています。たとえば，不安を例に挙げれば，不安という「感覚（症状）」が生じると，患者はその「感覚（症状）」である不安に対して，より「注意」を向けることになります。そして，より「注意」を向けることが，不安という「感覚（症状）」を強めてし

図 15.2　精神交互作用

感覚
（症状）

注意

まうわけです。すなわち，不安という「感覚（症状）」と「注意」が悪循環構造を形成してしまいます（**図 15.2**）。森田は，こうした「感覚（症状）」と「注意」が形成する悪循環構造を「精神交互作用」とよび，以下のように述べています。

　　「ある感覚に対して，それに注意を集中すれば，その感覚は鋭敏となり，
　　この感覚の鋭敏さは，さらにますます注意をそれに固着させ，この感覚と
　　注意とがさらに交互に作用し，ますます注意を過敏にする精神過程であ
　　る。」
　　　　　　　　　　　　　　　　　　　　　　　　　（森田，1960，p.29）

　したがって，こうした悪循環から抜け出すためには，森田がいう，「あるがまま」の態度で，「感覚（症状）」と向き合う必要があります。不安に身を任せ，委ねる，こうした「感覚（症状）」に身を委ねる姿勢は，「あるがまま」とよばれています。

(2) 思想の矛盾

　「思想の矛盾」とは，私たちが自然や自らの精神，身体を思考によってコントロール，支配しようとする考え方で，森田は，患者が不安や症状を除去しようとすればするほど，上述の精神交互作用に陥りやすくなると指摘しました。すなわち，症状の除去を企てれば企てるほど，症状に注意が向き，感覚が鋭敏

になり，症状にとらわれるといった悪循環に陥ることになります。「不安をで
きるだけ感じないようにしなければ」と考えれば考えるほど，努力すればする
ほど，不安に注意が向き，不安に対する感覚が研ぎ澄まされ，不安を強く感じ
て苦しむことになります。これを苦痛懊悶（くつうおうもん）といいます。

　森田療法においては，精神交互作用と思想の矛盾からなるとらわれの機制か
ら脱却し，症状も含め，あるがままに身を委ねることが求められます。

3. 森田療法の治療

　森田療法の治療は，（1）**絶対臥褥期**，（2）**軽作業期**，（3）**作業期**，（4）**社会
復帰期**の 4 期から成り立っています。もともとの治療期間は 30 日程度が想定
されているのですが，患者に応じて治療期間は 3 カ月くらいになることもあっ
たようです。こうした 4 期にわたるプロセスを経て，患者は症状に対するとら
われから解放され，改善へ向かうことになります。

(1) 絶対臥褥期（通常は 7 日間）

　「絶対臥褥（がじょく）」の「褥」とは，「しとね」，すなわち「敷布団」を意味する言葉
です。したがって，絶対臥褥とは，食事や排泄，洗面以外，終日一人きりで自
室にこもり横になって過ごす（臥床）ことが求められる時期です。この時期は，
他者との面会や読書，その他の行為は厳に戒められます。さらに，この臥褥期
において，患者は不安や苦しさがたとえ増大したとしても，主治医と話すこと
もできず，その不安と一人で向き合うことを強いられます。不安や苦しみと向
き合う中で，自然とそうした苦悩が消失する「煩悶即解脱（はんもんそくげだつ）」を体験します。こ
の絶対臥褥期を通じて，患者のエネルギー（生の欲望）が次第に蓄積され，
徐々に活動への欲求が生じるとされています。

(2) 軽作業期（7 日間程度）

　第 2 期の軽作業期は，集団で軽作業のみを行います（ただし他者との関わり
は最小限のものに限られます）。さらに，主治医との週 1，2 回の面談とともに，
毎日日記を書くことが求められ，内容について指導（日記指導）が行われます。

(3) 作 業 期

　第 3 期は作業期で，この時期の患者は，睡眠時以外は，家事（配膳，清掃），
運動，レクリエーション活動，各種委員会活動といった他者との関わりを含む

さまざまな作業に従事するよう求められます。委員会活動では，見習いから，中堅，さらには責任あるリーダーへと役割も変化していきます。主治医との面談，日記指導が継続されますが，その内容は，集団との関わりに関するものへとシフトしていきます。

(4) 社会復帰期

　第4期の社会復帰期では，通勤や通学といった日常の社会生活への復帰の準備を行います。

15.1.2　内観療法

　内観療法は，吉本伊信（よしもといしん（本名いいのぶ）：1916-1988：図15.3）によって創始された自己探求の手法である「内観法」を心理療法に適用したものです[4]。したがって，「内観法」は，一般の健康的な人に対する自己探求，自己啓発を目的とした手法で，他方「内観療法」は，不登校，非行，うつ，摂食障害，薬物依存，神経症といった臨床的水準にある人を対象とする治療技法です。

図 15.3　吉 本 伊 信

---

[4]　吉本の「内観法」は，三木善彦（1941-2018：元大阪大学教授）らにより「内観療法」とよばれ，臨床的水準にある者に対する心理療法として発展していきました。

「内観法」の創始者であるとともに，実業家でもあった吉本は[5]，これを自身の会社の社員教育に用いるとともに，少年院や刑務所での実践，さらには各種研修会・講演会の開催，書籍・ラジオ・テレビなどのマスメディアによる精力的な普及啓蒙活動を通じて，「内観法」を広く世間一般に普及させました。

現在では，医療，教育，司法矯正産業等，広範にわたる領域で「内観法」や「内観療法」が実践され，国内学会はもとより国際学会も組織されています。

「内観」とは，読んで字のごとく，「自らの内面（心，精神）を観察（見つめる，向き合う）こと」を指します。この源流は，吉本が20歳の頃に体験した浄土真宗の一派であった諦観庵に伝わる修行法の一種である「**身調べ**」[6] にあります。ここでは，内観法の基本概念や手法についてみていきます。

内観には，集中内観と日常内観（分散内観，記録内観ともよばれます）があります。集中内観とは，研修所等で7日間宿泊し，毎朝6時に起床した後21時に就寝するまでの間，集中的に内観を行うもので，通常，内観法といった場合には，この集中内観を指しています。集中内観では，和室の一角に外部からの刺激を遮断するために屏風で囲った半畳ほどのスペースを設け，内観者はその中で壁に向かって座ります。そして，これまでの人生の各時期（内観者の年齢，学歴，職歴等によって異なります），たとえば，小学校低学年，小学校高学年，中学校，高校，大学，社会人（1〜5年目），社会人（6〜10年目），社会人10年目以降現在まで）において，母親（あるいは自分を育ててくれた主な養育者）をはじめ父親，兄弟・姉妹，祖父母等の家族，恩師（先生，師匠），

---

[5] この他，吉本は，宗教家（僧侶），書家（書道塾の師）の顔も持ち合わせていました。

[6] 高山（2006）によると，本来の身調べは，「強い求道心をもった信者を一定の場所に一人だけ隔離し，肉親との面接も許さず，数日間，食べてもいけない，水を飲んでもいけない，寝てもいけないという厳しい条件下で，『今，死んだら自分の魂はどこへ行くのか，地獄行きか極楽行きか？』と真剣に無常をといつめて，身も命も財産も投げ捨てる思いで，今日までの自分の行ないを反省するものである。」とし，「2時間おきくらいに信仰の先輩たちが代わる代わる来ては，現在の心境を聞いたり，激励したりし，修行を通じて，信者に罪悪深重のみを自覚させ，仏の救いにあずからせようとするものであった。」と述べています。こうした厳格な修行法を，一般にも適用可能な形にしたものが，内観法です。

表15.1　**集中内観の一日の内容**（高山，2006に基づき筆者が再構成）

5:00	起床・洗面の後，内観（※夏時分，明るいときは起床後に清掃）
6:00	清掃
6:30	〈内観〉
7:30頃	朝食（食事も屏風の中でとる）
	〈内観〉
11:30頃	昼食
	〈内観〉
15:00頃	入浴（入浴は一人ずつ。入浴中も内観）
	〈内観〉
17:30頃	夕食
	〈内観〉
21:00	就寝

表15.2　**内観面接の流れ**（高山，2006に基づき筆者が一部修正の上再構成）

①面接者が内観者の部屋を訪れる。屏風の前で，丁寧にお辞儀をする。
　（このときの気配で内観者は面接者を迎える姿勢に入る）
②面接者「失礼いたします（屏風の扉を開ける）」
③面接者は合掌で内観者に一礼をする。（面接者）「よろしくお願いいたします」
④面接者「この時間，誰に対して，どのようなことをお調べになりましたか？」
⑤内観者「この時間，母親に対する，中学時代の自分について調べました」
⑥内観者「お世話になったことは，………」
　例：「母親にしてもらったことは，遠足のとき私の大好物の鮭の入ったおにぎりを作って，
　　　笑顔でリュックに詰めてくれました」
　　「して返したことは，………」
　　「迷惑をかけたことは，………。以上です」
　例：「迷惑をかけたことは，母が病気で具合が悪いときも『食事の仕度は母親の仕事だ』
　　　と言って，労わることはおろか手伝おうともせず，冷たい態度をとっていました」
　（※上記の3つのテーマについて合計2〜3分ぐらいで話す）
⑦面接者「次は，いつの時代の自分について調べていただけますでしょうか？」
⑧内観者「父親に対する，高校時代の自分について調べてみたいと思います」
⑨面接者「よろしくお願いします」（合掌・一礼）
　　　　面接者は屏風の扉を閉めて立ち去る。

配偶者，職場の同僚など自分にとって重要な人から，①「お世話になったこと」，②「して返したこと」，③「迷惑をかけたこと」の3点（これらを「内観3項目」とよびます）について重要な他者の視点で具体的な事実を振り返るよう求められます。また，1〜2時間に1度，3〜5分程度，指導者との面接が行われ，内観者は指導者に内観の内容を伝えます。なお，こうした手続きは，洗面，排泄，掃除の時間を除き，徹底して行われ，また食事も上記スペース内でとることとなります（**表15.1**に集中内観の一日の内容，**表15.2**に内観面接の流れを示しました）。

一方の日常内観とは，日常生活において毎日短時間の内観を実践するものです。

15.1.3 臨床動作法

臨床動作法は，**脳性麻痺**（cerebral palsy）の子どもたちに対する訓練技法である「**動作訓練**」がルーツとなっています。成瀬悟策（1924-2019；元九州大学教授；**図15.4**）によって1960年代に開発されました。

当時，脳性麻痺は，脳の病変が原因であるため，その病変自体が改善しない

図15.4 成瀬悟策

限り症状の改善は不可能とされていました。しかし，成瀬は，①催眠暗示によって症状の改善がみられた事例や，②通常ではみられない動作が睡眠中，あるいは楽しいことに夢中になっている際にみられる事例があることから，脳の器質的要因に加え，何らかの心理的要因が介在する可能性があると考えました。さらに，脳性麻痺の子どもたちは「力が入らないためではなく，過剰な筋緊張のために身体動作ができない」との仮説を立て，催眠や漸進的弛緩法といったリラクセーション技法の効果に関する臨床や研究を重ね，「動作訓練」技法を精緻化させていきました（成瀬，1998）。

　「動作訓練」は，基本的な動作として，①腕の挙げ下ろし，②手の握り伸ばし，③腕，脚，足首の曲げ伸ばし，④軀幹部の屈伸，⑤発声・発語，⑥歩行，⑦書字をはじめとする各種手作業等，さまざまな動作の訓練を行うものであり，「不自由を克服し，意図通りの身体運動をするための努力の仕方を身につけるための方法」です。この「動作訓練」は，脳性麻痺児の運動，動作の改善に著しい効果を上げ，主に肢体不自由児の特別支援教育の領域で広く用いられるようになっていきました。

　その後，この脳性麻痺児の動作の改善を目的とした動作訓練は，1970 年代後半から 1980 年代初頭にかけて，脳性麻痺以外の自閉症（自閉スペクトラム症）や多動（ADHD）の子どもたちの問題行動の改善に対しても有効であるという報告がなされ（たとえば，今野，1982；今野ら，1979），1984 年に「動作法」，さらには「臨床動作法」とよばれるようになりました。上述のように，臨床動作法は当初，「身体的リハビリテーション」の枠組みである動作訓練から始まりました。しかし，子どもたちが動作訓練によって獲得するものは，動作にとどまりませんでした。成瀬は，著書『臨床動作学基礎』（1995）の中で，ある子どもの動作の獲得による変化について，以下のように述べています。

　　「坐れなかった子が，一人で坐れるようになると，その後心身共に驚くほど急激な変化を示す。それまで弱々しくて幼かった表情や身のこなしがしっかりした逞しいものになってくる。他人に関心を示し，よくしゃべり，生活が積極的になってくる。」

　　　　　　　　　　　　　　　　　　　　　　　　　　　　　　　（成瀬，1995）

　また，動作の獲得は心理的要因が介在するプロセスで生み出されるものととらえられ（「**意図―努力―身体運動**」図式），臨床動作法は，「動作をとおして動作者（主体者）の心に働きかける心理学的方法であり，課題・動作の過程を通して動作者（主体者）の動作体験に介入し援助するものである」（成瀬，1995）とされることから，現在では臨床動作法は「心理的リハビリテーション」の技法ととらえられています。

　「臨床動作法」は，脳性麻痺の支援法（動作訓練）はもとより，現在，精神科医療（動作療法）や高齢者福祉の領域（高齢者動作法），スポーツ技術の向上（スポーツ動作法），自閉スペクトラム症等発達障害を対象とした動作法（教育動作法），健常者の健康増進を目的とした動作法（健康動作法）といった非常に幅広い領域を包含するものとなり，現在に至っています。また，国内外における5泊6日の短期集中合宿形式である心理リハビリテーションキャンプ（動作法キャンプ）も実施されています。今野（2005）による「とけあい動作法」といった新たな技法も開発され，現在も臨床実践，研究が積み重ねられ，発展，展開をみせています。次に，「臨床動作法」の基本概念のうち，「タテ系動作訓練」を取り上げ，概説します。

1. タテ系動作訓練

　タテ系動作訓練とは，「座位」「膝立ち」「立位」「歩行」からなる動作訓練です。従来，寝たきりだった脳性麻痺児が，寝たままの状態で動作を行うことができるようになると（「2次元的平面」「2次元的姿勢」），さらには重力の支配を受けつつ，その重力に抗うことを求められる“座位”“膝立ち”“立位”“歩行”等の「抗重力姿勢」を伴う「タテ」方向での動作（「3次元的平面」「3次元的姿勢」）が獲得されていきます。とりわけ，身体をタテにするということは，3次元上の座標軸が形成されるとともに，主体的な活動の軸となる「自己軸」が作られ，前後・左右・上下からなる3次元空間における外界空間，周囲の環境を把握するための準備状態を形成することにつながると考えられています。また，この「タテ」方向の動作の獲得こそが，その後の時間軸を伴う日常生活における心身の大きな変容（コミュニケーション能力，社会性，等），すなわち4次元的平面における変化につながると考えられています。

表15.3　タテ系動作訓練の座位，膝立ち，立位の獲得における課題（成瀬, 1998）

(1) 座位
①首の後ろへの反り返り
②肩の前屈げ
③背中の前屈げ（または反返り）
④腰の反返り（または前屈げ）への強い緊張ないし動き
(2) 膝立ち
①出っ尻と腰反り（背中から腰にかけての後ろ反り，または前屈げ）
②股関節の前屈げとお尻の後ろ引け
(3) 立位
①股関節の屈げ（ないし反り）
②膝の屈げ（ないし反張）
③足首の突っ張り（または屈曲）
※反りと屈げの力が，大地と平行（ヨコ）の方向（前後）に入っており，その方向に力が入ると，からだを立てることはできなくなり，崩れ落ちてしまう。からだを立てるためには，からだの中央部から下部は，大地へ向けての踏みつけ，上部は上に向けての伸び上がりの感じで，重力にそってタテにまっすぐの力が入らなければならない。

　こうしたことから，成瀬は，とりわけ「タテ」方向での姿勢保持や動作の獲得が重要であるとし，「座位」「膝立ち」「立位」「歩行」の訓練からなる「タテ系動作訓練法」を提唱しました。なお，**表15.3**に，タテ系動作訓練の座位，膝立ち，立位の獲得における課題（成瀬, 1998）をまとめましたので，参照してください。これらの訓練は，以下の4つの過程から構成されています。

①援助者による支え，援助のある状態で，タテ姿勢保持体験をさせる過程。

②援助者の援助を少しずつ減らし，子ども自身の姿勢保持の割合を少しずつ増やしていく過程。

③タテの力を入れつつも，ある部分だけを緩めて動かせるように促し，タテの姿勢保持における安定性を高める過程。

④前後左右に重心を移動させてもなお踏みとどまり，倒れないようバランスがとれるようにする過程。

　なお，動作訓練や臨床動作法の実施にあたり，治療者（実施者）は，①相手の絶対的受け入れ，②密着的共感的援助，③相手への根源的信頼，④責任ある

能動的働きかけ，の4点が求められるとされています。これは，さまざまな他の心理療法と共通する部分が多いといえるでしょう。

15.2　集団療法

　本書でこれまで取り上げてきた数々の心理療法は，単一のクライエント（個人のクライエントや，クライエントの家族）を対象とするものでした。一方，同じ問題を抱えた複数のクライエントや患者の集団を対象とする心理療法も行われています。こうした心理療法は，**集団療法**とよばれ，医療領域を中心に，さまざまな領域で実践されています。

15.2.1　（ベーシック・）エンカウンター・グループと構成的グループエンカウンター

　（ベーシック・）エンカウンター・グループは，1960年代，クライエント中心療法を創始したロジャーズによって始められた集団療法です。エンカウンターとは，「（偶然の）出会い」を意味し，10人程度のメンバー（参加者）たちが自らの感情や考えを自由に語っていくものです。ファシリテーターとよばれる進行役が司会を務めるものの，きっちりとした枠組みや構造はなく進められる点が特徴です。

　この（ベーシック・）エンカウンター・グループに対して，國分康孝らによって提唱され，日本の教育現場において児童生徒に対して広く行われているものに，**構成的グループエンカウンター**（Structured Group Encounter; SGE）があります。構成的グループエンカウンターでは，（ベーシック・）エンカウンター・グループとは異なり，エクササイズとよばれる課題があらかじめ設定されており，より構造化されている点が特徴です。エクササイズは，楽しさの中に，自己発見や自己成長，コミュニケーションスキルの育成，他者とのふれ合い体験にもつながるものです。また，ファシリテーターは教員が担うのが一般的です。

15.2.2　サイコドラマ（心理劇）

　サイコドラマ（psychodrama；心理劇）は，モレノ夫妻（Moreno, J. L., & Moreno, Z.）によって創始された即興劇を用いた集団療法です。サイコドラマでは，はじめにサイコドラマの説明を行うとともに，緊張をほぐすゲームなどを用いたウォーミングアップを行います。その後，ドラマの題材や主役を含めた配役を決め，それぞれの役を演じるサイコドラマの実演，そして最後にシェアリングといった流れで進み，全体としては，1～3 時間程度のセッションとなります。サイコドラマは，①監督，②補助自我，③演者，④観客，⑤舞台の5 つの要素からなり，患者は，③演者，④観客を担当し，治療者は，全体を統括する①監督と，いわば助監督役として主役を補助し，監督と主役との間をとりもつ②補助自我の役割を担います。演劇の舞台となるある程度の広さを備えた空間が，⑤舞台です。患者は，サイコドラマという即興劇を通じて，身体表現も交え自由に感情を表現する中で，自らの感情に気づくとともに，役割交換などを通じて，自らの問題を客観視することが可能になるとされています。

15.2.3　セルフ・ヘルプ・グループ（自助グループ）

　「セルフ・ヘルプ・グループ（self help group；自助グループ）」とは，病気や各種障害，依存症（アルコール，薬物，ギャンブル）など，共通の問題，悩み，生きづらさや困難を抱える当事者同士が，ミーティング等を通じてその問題を克服するために集う集団を指します。ミーティングを含めた各種活動は，当事者たちのみで運営され，専門家が関与しないのが通例です。

　たとえば，代表的な自助グループであるアルコール依存症のセルフ・ヘルプ・グループとしては，1930 年にアメリカのウィルソンとスミスによって始められ世界中に広まっている「AA（Alcoholics Anonymous；アルコール匿名会）」や，AA をモデルに日本で発展した「断酒会」があります。AA は文字通り参加者が匿名でミーティングに参加するのに対し，断酒会は氏名を名乗った上で参加する点が異なります。また，アルコール依存症者の家族の自助グループとして，アラノン（Al-Anon）があります。

　この他，犯罪被害，家族の死（病気，事故，自死等），不登校の子どもや発

達障害をもつ子どもの保護者などの自助グループ活動もさかんに行われています。

15.2.4 ソーシャルスキル・トレーニング

　精神科への長期入院を余儀なくされ，社会とのつながりが希薄な状態が長く続いたケースでは，あいさつやコミュニケーション，適切な服装といった社会的生活習慣やスキル（ソーシャルスキル）の喪失による適応不全がみられる傾向があります。ソーシャルスキル・トレーニング（SST; Social Skills Training；社会生活技能訓練）は，患者たちに対し，ソーシャルスキルを学習させることにより，適応の改善を図ろうとするものです。本来，精神科医療の枠組みで行われていたものですが，現在，教育領域をはじめ，各領域に広まっています（11.4.2 項参照）。

15.3　コミュニティ・アプローチ

　コミュニティ・アプローチは，「人と環境の適合性（person-environment fit）」（Murrell, 1973）を重視し，個人のみならず，個人の生活環境（たとえば，学校，職場，地域社会，コミュニティ）に対して，より積極的に働きかけ，環境を変えることで，より良い個人との調和を図ろうとするアプローチです。コミュニティ・アプローチにおいては，支援者は，面接室の中でクライエントを待つ姿勢から，積極的に地域に出向き，当事者に対する支援はもとより，当事者を周囲で支える支援者や，当事者が暮らすコミュニティの人々に対する支援を行うことが求められます。

　1963 年，アメリカでケネディ教書（精神病及び精神薄弱に関する大統領教書）が発表され，地域精神保健センター法ができました。その後，精神障害者たちの生活の中心が，病院や施設から地域社会（コミュニティ）へと移行し，地域精神保健という新たな考え方が登場したことが，こうしたアプローチが生まれる土壌を生み出しました。

　コミュニティ・アプローチの日本への導入にあたっては，キャプラン

表 15.4 臨床心理学的コミュニティ・エンパワメント・アプローチの構成要素（窪田，2009）

当事者の支援	①心理カウンセリング	個人への心理カウンセリングは身近な支援者へのコンサルテーションも含む。
	②心理教育	生じている問題についての正確な知識と対処方法についての情報提供。
	③スキル・トレーニング	問題への対処法として有効なスキルについてトレーニングを行う。
	④必要な専門的支援の提供者へのリファー	①〜③の中で，より専門的な支援が必要かつ有効であると判断された場合，そのような支援の提供者へのリファーを行う。
身近な支援者への支援	①支援者のネットワーク作り・維持・強化	支援者相互のつながりを持つことは，適切な支援が行われるだけでなく，支援者自身のエンパワメントにもなる。
	②心理教育	身近な支援者への支援プログラムとして最も重要。当事者が抱えている問題や起こしている反応についての正確な知識・情報と，それに対してどのような支援を行っていくかについての知識・技術を提供するプログラム。
	③ケース・コンサルテーション	当事者の言動や反応の理解の仕方と対応についてのコンサルテーション。Caplan, G の言う「クライエント中心の事例コンサルテーション」，および「コンサルティ中心の事例コンサルテーション」にあたる（植村，2012）。
	④マニュアル・ワークシートの提供	身近な支援者が短期間に行うべき支援を理解し，機能することができるようになるための支援として，マニュアルやワークシートの提供を行う。
コミュニティ（の管理者）への支援	①コミュニティの全体状況の把握のための援助	対処計画を策定するために，コミュニティ全体の状況把握が不可欠。 1，調査の実施と結果のフィードバック 2，システム関係図など，コミュニティ全体状況の図示 コミュニティの管理者に対し，問題を端的に示す図や文書の提示は，彼らが冷静さを取り戻し，問題に対処する力を回復する上で有効。
	②心理教育	コミュニティ（の管理者）に対しても，当事者および身近な支援者に生じている問題と対処方法について，正確な知識・情報を提供する。
	③コミュニティとしての支援システムの構築への支援	コミュニティ（の管理者）に対し，恒常的な支援システム構築のための支援を行う。Caplan, G の言う「プログラム中心の管理的コンサルテーション」にあたる（植村，2012）。
	④コミュニティとしての支援システムの運用への支援	支援システムを効果的に運用するために，実際の問題やその時のコミュニティのありように応じて調整していく。Caplan, G の言う「コンサルティ中心の管理的コンサルテーション」にあたる（植村，2012）。

(Caplan, G.) らのもとで地域精神保健を学んで帰国した山本和郎に加えて，安藤延男，さらに星野命らの尽力によるところが大きいとされています。1998年には，日本コミュニティ心理学会が設立されました。また，臨床心理士の主な業務として臨床心理査定技法や臨床心理面接技法とともに臨床心理的地域援助の技法が，さらには公認心理師の業務としても「心の健康に関する知識の普及を図るための教育及び情報の提供」が規定されるなど，コミュニティ・アプローチは現在の心理支援活動に欠かすことのできない中心的な柱の一つとなっています。

　コミュニティ・アプローチの領域や手法は，多岐にわたります。窪田（2009）は，コミュニティに対する支援をコミュニティ・エンパワメント・アプローチとして規定し，①当事者の支援，②身近な支援者への支援，③コミュニティ（の管理者）への支援，の3種に分類・整理しています（**表15.4**）。

復 習 問 題
1. 以下のうち，森田療法とは直接的な関連がないものを1つ選んでください。
　①ヒポコンドリー性基調
　②絶対臥褥
　③身調べ
　④精神交互作用
　⑤思想の矛盾

参 考 図 書
成瀬 悟策（2016）．臨床動作法——心理療法，動作訓練，教育，健康，スポーツ，
　　高齢者，災害に活かす動作法——　誠信書房
　本章で述べた心理療法のうち，動作法について，わかりやすく解説されています。心理療法，動作訓練の他，スポーツ選手，高齢者，災害における支援といった新たな領域での展開，実践について述べられています。

復習問題（選択式）解答

第3章

1. ③

第4章

1. ①③

第7章

1. ③

第8章

1. ①

第13章

1. ②

第14章

1. ⑤

第15章

1. ③

引用・参考文献

第１章

Lambert, M. J.（1992）. Psychotherapy outcome research: Implication for integrative and electical therapists. In J. C. Norcross, & M. R. Goldfriend（Eds.）, *Handbook of psychotherapy integration*（pp.94-129）. New York: Basic Books.

日本心理研修センター（監修）（2018）. 公認心理師現任者講習会テキスト2018年版　金剛出版

外林 大作・辻 正三・島津 一夫・能見 義博（編）（1981）. 誠信 心理学辞典　誠信書房

十島 雍蔵（2018）. 心理療法の事例報告として『王舎城の悲劇』を読む　*Research Bulletin of the Faculty of Humanities, Shigakukan University, 39*, 111-139.

Watzlawick, P., Bavelas, J. B., & Jackson, D. D.（1967）. *Pragmatics of human communication: A study of interactional patterns, pathologies, and paradoxes.* New York: W. W. Norton.
（ワツラヴィック, P.・バヴェラス, J. B.・ジャクソン, D. D. 山本 和郎・尾川 丈一（訳）（1998）. 人間コミュニケーションの語用論——相互作用パターン, 病理とパラドックスの研究——　二瓶社）

山村 豊・髙橋 一公（2017）. 心理学　カレッジ版　医学書院

第２章

Achenbach, T. M., & Edelbrock, C.（1989）. Diagnostic, taxonomic, and assessment issues. T. H. Ollendick, & M. Hersen（Eds.）, *Handbook of child psychopathology*（pp.53-69）. Springer.

Baltes, P. B.（1987）. Theoretical propositions of life-span developmental psychology: On the dynamics between growth and decline. *Developmental Psychology, 23*（5）, 611-626.

Chess, S., Thomas, A., & Birch, H. G.（1959）. Characteristics of the individual child's behavioral responses to the environment. *American Journal of Orthopsychiatry, 29*, 791-802.

Chess, S., Thomas, A., Birch, H. G., & Hertzig, M.（1960）. Implications of a longitudinal study of child development for child psychiatry. *American Journal of Psychiatry, 117*, 434-441.

Deci, E. L.（1971）. Effects of externally mediated rewards on intrinsic motivation. *Journal of Personality and Social Psychology, 18*（1）, 105-115.

Erikson, E. H.（1950）. *Childhood and society.* New York: Norton.
（エリクソン, E. H. 仁科 弥生（訳）（1977）. 幼児期と社会（1）　みすず書房）

Maslow, A. H.（1954）. *Motivation and personality.* New York: Harper & Row.
（マズロー, A. H. 小口 忠彦（監訳）（1971）. 人間性の心理学——モチベーションとパーソナリティ——　産業能率短期大学出版部）

Myers, D. G.（2013）. *Psychology*（10th ed.）. New York: Worth.
（マイヤーズ, D. 村上 郁也（訳）（2015）. カラー版　マイヤーズ心理学　西村書店）

Rutter, M.（1982）. Temperament: Concepts, issues, and problems. In R. Porter, & G. M. Collins（Eds.）, *Temperamental differences in infants and young children*. London: Pitman.

Ryan, R. M., & Deci, E. L.（2000）. Self-determination theory and the facilitation of intrinsic motivation, social development, and well-being. *American Psychologist, 55*（1）, 68-78.

Sadock, B. J., Sadock, V. A., & Ruiz, P.（2015）. *Kaplan and Sadock's synopsis of psychiatry: Behavioral sciences/clinical psychiatry*（11th ed.）. Wolters Kluwer Health.
（サドック，B. J.・サドック，V. A.・ルイース，P. 井上 令一（監修）四宮 滋子・田宮 聡（監訳）（2016）. カプラン臨床精神医学テキスト──DSM-5 診断基準の臨床への展開── 第3版 メディカル・サイエンス・インターナショナル）

第3章

American Psychiatric Association（2013）. *Diagnostic and statistical manual of mental disorders: DSM-5*（5th ed.）. Washington, DC: American Psychiatric Association.
（アメリカ精神医学会 髙橋 三郎・大野 裕（監訳）（2014）. DSM-5 精神疾患の診断・統計マニュアル 医学書院）

川上 憲人（研究代表者）（2007）. こころの健康についての疫学調査に関する研究 厚生労働省 Retrieved from https://mhlw-grants.niph.go.jp/project/12929

厚生労働省（2010）. ひきこもりの評価・支援に関するガイドライン 厚生労働省 Retrieved from https://www.mhlw.go.jp/file/06-Seisakujouhou-12000000-Shakaiengokyoku-Shakai/0000147789.pdf（2023年6月28日）

文部科学省（2010）. 生徒指導提要 教育図書

文部科学省（2022）. 令和3年度児童生徒の問題行動・不登校等生徒指導上の諸課題に関する調査結果について 文部科学省 Retrieved from https://www.mext.go.jp/content/20221021-mxt_jidou02-100002753_1.pdf

内閣府（2015）. 平成27年版自殺対策白書 内閣府 Retrieved from https://warp.da.ndl.go.jp/info:ndljp/pid/9929094/www8.cao.go.jp/jisatsutaisaku//whitepaper/w-2015/pdf/honbun/index.html

World Health Organization（1993）. *The ICD-10 classification of mental and behavioural disorders: Diagnostic criteria for research*. Geneva: World Health Organization.
（世界保健機関 融 道男・中根 允文・小見山 実（監訳）（1993）. ICD-10 精神および行動の障害──臨床記述と診断ガイドライン── 医学書院）

第4章

American Psychiatric Association（2013）. *Diagnostic and statistical manual of mental disorders: DSM-5*（5th ed.）. Washington, DC: American Psychiatric Association.
（アメリカ精神医学会 髙橋 三郎・大野 裕（監訳）（2014）. DSM-5 精神疾患の診断・統計マニュアル 医学書院）

Freudenberger, H. J.（1974）. Staff burnout. *Journal of Social Issues, 30*, 159-165.

Jung, C. G. (1933). Die Lebenswende. In *Seelenprobleme der Gegenwart* (pp.248-274). Zürich: Rascher.

（ユング，C. G. 鎌田 輝男（訳）（1979）．人生の転換期　現代思想，*7* (5)，42-55.）

Holmes, T. H., & Rahe, R. H. (1967). The Social Readjustment Rating Scale. *Journal of Psychosomatic Research, 11*, 213-218.

Kahn, R. (1978). Job burnout: Prevention and remedies. *Publick Welfare, 36*, 61-63.

厚生労働省（2017）．平成 29 年（2017）患者調査の概況　厚生労働省　Retrieved from https://www.mhlw.go.jp/toukei/saikin/hw/kanja/17/index.html

厚生労働省（2022）．令和 4 年版　自殺対策白書　日経印刷

桑原 寛・河西 千秋・川野 健治・伊藤 弘人（編）（2009）．自殺に傾いた人を支えるために――相談担当者のための指針――自殺未遂者，自傷を繰り返す人，自殺を考えている人に対する支援とケア――　厚生労働省　Retrieved from https://www.mhlw.go.jp/file/06-Seisakujouhou-12200000-Shakaiengokyokushougaihokenfukushibu/02_2.pdf

日本心身医学会（1991）．心身医学の新しい診療指針　心身医学，*31*，537-573.

World Health Organization (2014). *Preventing suicide: A global imperative.* Geneva: World Health Organization.

（世界保健機関　国立精神・神経医療研究センター精神保健研究所自殺予防総合対策センター（訳）（2014）．自殺を予防する――世界の優先課題――　国立精神・神経医療研究センター精神保健研究所自殺予防総合対策センター）

第 5 章

Atchley, R. C. (1989). A continuity theory of normal aging. *The Gerontologist, 29* (2), 183-190.

Baba, H., Kito, S., Nukariya, K., Takeshima, M., Fujise, N., Iga, J., ...Mimura. M. (2022). Guidelines for diagnosis and treatment of depression in older adults: A report from the Japanese society of mood disorders. *Psychiatry and Clinical Neurosciences, 76* (6), 222-234.

（伊賀 淳一・押淵 英弘・河野 仁彦・鬼頭 伸輔・木村 真人・武島 稔…三村 將（2022）．日本うつ病学会治療ガイドライン 高齢者のうつ病治療ガイドライン（最新版：2022 年 7 月 1 日）　日本うつ病学会　Retrieved from https://www.secretariat.ne.jp/jsmd/iinkai/katsudou/data/guideline_20220720.pdf）

Cheng, S. T. (2009). Generativity in later life: Perceived respect from younger generations as a determinant of goal disengagement and psychological wellbeing. *Journal of Gerontology, 64B*, 45-54.

Cumming, E., & Henry, W. E. (1961). *Growing old: The process of disengagement.* New York: Basic Books.

Erikson, E. H. (1959). *Identity and the life cycle: Selected papers.* New York: International Universities Press.

（エリクソン，E. H. 小此木 啓吾（訳編）（1973）．自我同一性――アイデンティティと

ライフサイクル——　誠信書房）

Erikson, E. H., Erikson, J. M., & Kivnick, H. Q.（1986）. *Vital involvement in old age: The experience of old age in our time.* New York. W. W. Norton.

Fong, T. G., Tulebaev, S. R., & Inouye, S. K.（2009）. Delirium in elderly adults: Diagnosis, prevention and treatment. *Nature Reviews Neurology, 5*（4）, 210-220.

Havighurst, R. J.（1961）. Successful aging. *The Gerontologist, 1*（1）, 8-13.

Havighurst, R. J.（1972）. *Developmental tasks and education*（3rd ed.）. Addison-Wesley Longman.

（ハヴィガースト，R. J.　児玉 憲典・飯塚 裕子（訳）（1997）. ハヴィガーストの発達課題と教育——生涯発達と人間形成——　川島書店）

平泉 拓（2015）. 軽度脳梗塞を患い人生への絶望感を抱える定年独居男性に対する解決志向型訪問カウンセリング　日本ブリーフセラピー協会第7回学術会議抄録集，20.

伊賀 淳一・押淵 英弘・河野 仁彦・鬼頭 伸輔・木村 真人・武島 稔…三村 將（2020）. 日本うつ病学会治療ガイドライン 高齢者のうつ病治療ガイドライン　日本うつ病学会 Retrieved from https://www.secretariat.ne.jp/jsmd/iinkai/katsudou/data/guideline_20200713.pdf（2022年8月26日）

Inouye, S. K., Westerndorp, R. G. J., & Saczynski, J. S.（2014）. Delirium in elderly people. *Lancet, 383*, 911-922.

Klein, G.（1976）. *Psychoanalytic theory: An exploration of essentials.* New York: International Universities Press.

厚生労働省（2021）. 令和2年簡易生命表　厚生労働省　Retrieved from https://www.mhlw.go.jp/toukei/saikin/hw/life/life20/index.html（2022年8月26日）

日本神経学会（監修）「認知症疾患診療ガイドライン」作成委員会（編）（2017）. 認知症疾患診療ガイドライン 2017　医学書院

日本臨床心理士会（2019）. 高齢者領域における臨床心理士の活動実態に関する WEB 調査報告書（2018）　日本臨床心理士会　Retrieved from http://www.jsccp.jp/suggestion/sug/pdf/koureisya_WEBhoukoku.pdf

二宮 利治（研究代表者）（2015）. 日本における認知症の高齢者人口の将来推計に関する研究　厚生労働省　Retrieved from https://mhlw-grants.niph.go.jp/project/23685（2022年8月26日）

小此木 啓吾（2004）. コラム　老年者の心理　小此木 啓吾・深津 千賀子・大野 裕（編）心の臨床家のための精神医学ハンドブック　改訂版　創元社

小曽根 基裕・黒田 彩子・伊藤 洋（2012）. 高齢者の不眠　日本老年医学会雑誌，*49*（3），267-275.

Peck, R. C.（1968）. Psychological developments in the second half of life. In B. L. Neugarten（Ed.）, *Middle age and aging*（pp. 88-92）. Chicago: University of Chicago Press.

van Schaik, A., van Marwijk, H., Adèr, H., van Dyck, R., de Haan, M., Penninx, B., …Beekman, A.（2006）. Interpersonal psychotherapy for elderly patients in primary care. *American*

Journal of Geriatric Psychiatry, 14（9），777-786.

総務省統計局（2020）．高齢者の人口　総務省統計局　Retrieved from https://www.stat.go.jp/data/topics/topi1261.html（2022 年 8 月 26 日）

東京都リハビリテーション協議会（2012）．24 年度研修テキスト（案）　東京都福祉保健局　Retrieved from https://www.fukushihoken.metro.tokyo.lg.jp/iryo/sonota/riha_iryo/kyougi01/rehabiri24.files/siryou242.pdf（2022 年 8 月 26 日）

第 6 章

Engel, G. L.（1977）. The need for a medical model: A challenge for biomedicine. *Science, 196*（4286），129-136.

Engel, G. L.（1980）. The clinical application of the biopsychosocial model. *American Journal of Psychiatry, 137*, 535-544.

小川 俊樹（2011）．絵画と臨床心理学——ロールシャッハ・テストはインクのしみではない？——　心理学ワールド，*54*，9-11.

小川 俊樹・岩佐 和典・李 貞美・今野 仁博・大久保 智紗（2011）．心理臨床に必要な心理査定教育に関する調査研究　第 1 回日本臨床心理士養成大学院協議会研究助成（B 研究助成）研究成果報告書

Rorschach, H.（1921）. *Psychodiagnostik. Methodik und Ergebnisse eines wahrnehmungsdiagnostischen Experiments*（Deutenlassen von Zufallsformen）. Bern: Ernst Bircher.
（ロールシャッハ，H. 鈴木 睦夫（訳）（1998）．新・完訳　精神診断学——付 形態解釈実験の活用——　金子書房）

下山 晴彦（2008）．心理アセスメントとは何か　下山 晴彦・松澤 広和（編）実践 心理アセスメント——職域別・発達段階別・問題別でわかる援助につながるアセスメント——　日本評論社

Sullivan, H. S.（1953）. *The interpersonal theory of psychiatry.* New York: W. W. Norton.
（サリヴァン，H. S. 中井 久夫・秋山 剛・野口 昌也・松川 周二・宮﨑 隆吉・山口 直彦（訳）（1986）．精神医学的面接　みすず書房）

第 7 章

Flanagan, D. P., & Kaufman, A. S.（2009）. *Essentials of WISC-IV assessment*（2nd ed.）. New York: John Wiley & Sons.
（フラナガン，D. P. カウフマン，A. S. 上野 一彦（監訳）（2014）．エッセンシャルズWISC-IV による心理アセスメント　日本文化科学社）

加藤 伸司・下垣 光・小野寺 敦志・植田 宏樹・老川 賢三・池田 一彦…長谷川 和夫（1991）．改訂長谷川式簡易知能評価スケール（HDS-R）の作成　老年精神医学雑誌，*2*（11），1339-1347.

ウェクスラー，D. 日本版 WISC-IV 刊行委員会（訳編）（2010）．日本版 WISC-IV 理論・解釈マニュアル　日本文化科学社

ウェクスラー，D.　日本版 WISC-IV 刊行委員会（訳編）（2014）．日本版 WISC-IV 補助マニュ
アル　日本文化科学社

第8章

安香 宏・藤田 宗和（編）（1997）．臨床事例から学ぶ TAT 解釈の実際　新曜社

Allport, G. W.（1937）. *Personality: A psychological interpretation.* New York: Holt.

Allport, G. W.（1961）. *Pattern and growth in personality.* New York: Holt, Rinehart & Winston.
　　（オールポート，G. W.　今田 恵（監訳）（1968）．人格心理学（上・下）　誠信書房）

粟村 昭子（2006）．TAT（主題統覚検査）についての一考察　関西福祉科学大学紀要，*10*,
　　55-62.

Koch, K.（1952）. *The tree test: The tree-drawings test as an aid in psychodiagnosis*（2nd ed.）.
　　Bern/Stuttgart: Hans Huber.
　　（コッホ，C.　林 勝造・国吉 政一・一谷 彊（訳）（1970）．バウムテスト——樹木画によ
　　る人格診断法——　日本文化科学社）

Morgan, C. D., & Murray, H. A.（1935）. A method for investigating fantasies: The thematic ap-
　　perception test. *Archives of Neurology and Psychiatry, 34*, 289-306.

Murray, H. A.（1943）. *Thematic Apperception Test manual.* Cambridge, MA: Harvard Univer-
　　sity Press.

中島 ナオミ（2002）．わが国におけるバウムテストの教示　臨床描画研究，*17*, 177-189.

西河 正行（2008）．Thematic Apperception Test（主題統覚検査）の力動的理解について　大
　　妻女子大学人間関係学部紀要，*10*, 95-124.

海本 理恵子（2004）．TAT 再考　京都大学大学院教育学研究科紀要，*50*, 386-398.

第9章

Bateman, A., & Fonagy, P.（2010）. Mentalization based treatment for borderline personality dis-
　　order. *World Psychiatry, 9*（1）, 11-15.

Driessen, E., Hegelmaier, L. M., Abbass, A. A., Barber, J. P., Dekker, J. J. M., Van H. L., Jansma,
　　E. P., & Cuijpers, P.（2015）. The efficacy of short-term psychodynamic psychotherapy for
　　depression: A meta-analysis update. *Clinical Psychology Review, 42*, 1-15.

Fonagy, P.（2015）. The effectiveness of psychodynamic psychotherapies: An update. *World
　　Psychiatry, 14*（2）, 137-150.

Fonagy, P., & Target, M.（2008）. Psychodynamic treatments. In M. Rutter, D. Bishop, D. Pine,
　　S. Scott, J. Stevenson, E. Taylor, & A. Thapar（Eds.）, *Rutter's child and adolescent psychiatry*
　　（5th ed., pp.1079-1091）. Oxford, UK: Blackwell.

Freud, S.（1933）. *Neue Folge der Vorlesungen zur Einführung in die Psychoanalyse.* Wien:
　　Internationale Psychoanalytische Verlag.
　　（フロイト，S.　道籏 泰三（責任編集）（2011）．フロイト全集 21　続・精神分析入門講
　　義　終わりある分析とない分析　岩波書店）

北山 修（2001）．精神分析理論と臨床　誠信書房

Leichsenring, F., & Leibing, E.（2007）．Psychodynamic psychotherapy: A systematic review of techniques, indications and empirical evidence. *Psychology and Psychotherapy, 80*, 217-228.

妙木 浩之（2005）．精神分析における言葉の活用　金剛出版

妙木 浩之（2010）．初回面接入門——心理力動フォーミュレーション——　岩崎学術出版社

Prochaska, J. O., & Norcross, J. C.（2007）．*Systems of psychotherapy: A transtheoritical analysis*（6th ed.）．Belmont, CA: Thomson/Brooks/Cole.
　（プロチャスカ，J. O.・ノークロス，J. C.・津田 彰・山崎 久美子（監訳）（2010）．心理療法の諸システム——多理論統合的分析——　第6版　金子書房）

Winnicott, D. W.（1965）．*The maturational processes and the facilitating environment: Studies in the theory of emotional development.* London: Hogarth Press.
　（ウィニコット，D. W. 牛島 定信（訳）（1977）．情緒発達の精神分析理論　岩崎学術出版社）

第10章

Asai, K., Hiraizumi, T., & Hanzawa, R.（2020）．Reliability and validity of the Japanese version of the active-emphatic listening scale. *BMC Psychology, 8*, 1-11.

近田 輝行（1997）．「間」をとること——その役割と工夫——　池見 陽（編著）フォーカシングへの誘い——個人的成長と臨床に生かす「心の実感」——（pp.56-67）　サイエンス社

Corey, G.（1991）．Invited commentary on macrostrategies for delivery of mental health counseling services. *Journal of Mental Health Counseling, 13*, 51-57.

Frankl, V. E.（1960）．Paradoxical intention: A logotherapeutic technique. *American Journal of Psychotherapy, 14*, 520-535.

Gendlin, E. T.（1962）．*Experiencing and the creation of meaning: A philosophical and psychological approach to the subjective.* New York: Free Press.
　（ジェンドリン，E. T. 筒井 健雄（訳）（1993）．体験過程と意味の創造　ぶっく東京）

Gendlin, E. T.（1964）．A theory of personality change. In P. Whorchel, & D. Byrne（Eds.）, *Personality change*（pp.100-148）．New York: John Wiley.
　（ジェンドリン，E. T. 村瀬 孝雄（訳）（1981）．体験過程と心理療法　ナツメ社）

Gendlin, E. T.（1988）．Obituary: Carl Rogers（1902-1987）．*American Psychologist, 43*（2），127-128.

アイビイ，A. E. 福原 真知子・椙山 喜代子・國分 久子・楡木 満生（訳編）（1985）．マイクロカウンセリング——"学ぶ—使う—教える"技法の統合：その理論と実際——　川島書店）

May, R., Angel, E., & Ellenberger, H. F.（Eds.）．（1958）．*Existence: A new dimension in psychiatry and psychology.* New York: Basic Books.
　（メイ，R.・エンジェル，E.・エレンバーガー，H. F.（編）伊東 博・浅野 満・古屋

健治（訳）（1977）．実存——心理学と精神医学の新しい視点——　岩崎学術出版社）

Rogers, C. R.（1957）. The necessary and sufficient conditions of therapeutic personality change. *Journal of Consulting Psychology, 21*, 95-103.

Rogers, C. R.（1959）. A theory of therapy, personality and interpersonal relationship: A developed in the client-centered framework. In S. Koch（Ed.）, *Psychology: A study of a science.* Formulations of the person and the social context Vol.3（pp.184-256）. New York: McGraw-Hill.

Rogers, C. R.（1961）. *On becoming a person: A therapist's view of psychotherapy.* Boston, MA: Houghton Mifflin.

（ロジャーズ，C. R.　諸富 祥彦・末武 康弘・保坂 亨（訳）（2005）．ロジャーズが語る自己実現の道　岩崎学術出版社）

ロージァズ，C. R.　村山 正治（編訳）（1967）．ロジャース全集 12　人間論　岩崎学術出版社

Sartre, J. P.（1942）. *L'existentialisme est un humanisme.* Paris: Nagel.

（サルトル，J. P.　伊吹 武彦（訳）（1996）．実存主義はヒューマニズムである　サルトル，J. P.　伊吹 武彦・海老坂 武・石崎 晴己（訳）実存主義とは何か　人文書院）

第 11 章

American Psychological Association（2017）. What is exposure therapy? APA Div. 12（Society of Clinical Psychology）Retrieved from https://www.apa.org/ptsd-guideline/patients-and-families/exposure-therapy（2023 年 5 月 15 日）

Bandura, A.（1971）. *Social learning theory.* New York: General Learning Press.

（バンデュラ，A.　原野 広太郎・福島 脩美（訳）（1974）．人間行動の形成と自己制御——新しい社会的学習理論——　金子書房）

Bandura, A.（1997）*Self-efficacy: The exercise of control.* New York: Freeman.

Cooper, J. O., Heron, T. E., & Heward, W. L.（2007）. *Applied behavior analysis*（2nd ed.）. Upper Saddle River, NJ: Pearson Education.

（クーパー，J. O.・ヘロン，T. E.・ヒューワード，W. L.　中野 良顕（訳）（2013）．応用行動分析学　明石書店）

Emerson, E.（1995）. *Challenging behaviour: Analysis and intervention in people with learning disabilities.* Cambridge, MA: Cambridge University Press.

Eyberg, S.（1988）. Parent-Child Interaction Therapy: Integration of traditional and behavioral concerns. *Child and Family Behavior Therapy, 10*（1）, 33-46.

Fitz, F. F., Resende, A. P. M., Stüpp, L., Costa, T. F., Sartori. M. G. H., Girão, M. J. B. C., & Castro, R. A.（2012）. Effect the adding of biofeedback to the training of the pelvic floor muscles to treatment of stress urinary incontinence. *Revista Brasileira de Ginecologia e Obstetricia, 34*（11）, 505-510.

Jakobson, E.（1938）. *Progressive relaxation: A physiological and clinical investigation of muscular states and their significance in psychology and medical practice.* Chicago, IL: University of Chicago Press.

Kaminski, J. W., Valle, L. A., Filene, J. H., & Boyle, C. L.（2008）. A meta-analytic review of components associated with parent training program effectiveness. *Journal of Abnormal Child Psychology, 36*, 567-589.

Liberman, R. P., King, L. W., Derisi, W. J., & McCann, M.（1976）. *Personal effectiveness: Guiding people to assert themselves and improve their social skills.* Champaign, IL: Research Press.
（リバーマン，R．P．・キング，L．W．・デリシ，W．J．・マカン，M．（編）安西 信雄（監訳）（2005）．生活技能訓練基礎マニュアル——対人的効果訓練：自己主張と生活技能改善の手引き—— ハンディ版 創造出版）

Liberman, R. P., Massel, H. K., Mosk, M. D., & Wong, S. E.（1985）. Social skills training for chronic mental patients. *Hospital and Community Psychiatry, 36*（4）, 396-403.

Liberman, R. P., Mueser, K. T., Wallace, C. J., Jacobs, H. E., Eckman, T., & Massel, H. K.（1986）. Training skills in the psychiatrically disabled: Learning coping and competence. *Schizophrenia Bulletin, 12*（4）, 631-647.

Miltenberger, R. G.（2015）. *Behavior modification: Principles and procedures*（6th ed.）. Wadsworth.

武藤 崇（2018）．なぜ日本人には「チャレンジング行動」という用語の理解が難しいのか——認知症の BPSD に対する介入におけるパラダイム・シフトの核心—— 心理臨床科学，*8*（1），31-38.

World Health Organization（2010）. *mhGAP intervention guide for mental, neurological and substance use disorders in non-specialized health settings.* Geneva: World Health Organisation.
（世界保健機関（編著）小澤 寛樹・黒滝 直弘・中根 允文（監修）バーニック，P．・山田 聖剛・楠本 優子・野中 俊輔（監訳）（2015）．精神保健専門家のいない保健医療の場における精神・神経・物質使用障害のための mhGAP 介入ガイド 長崎大学大学院精神神経科学教室）

Yucha, C., & Gilbert, C.（2004）. Evidence-based practice in biofeedback and neurofeedback. Wheat Ridge, CO: Association for Applied Psychophysiology and Biofeedback.

第12章

Beck, A. T.（1976）. *Cognitive therapy and the emotional disorders.* New York : Meridian.
（ベック，A．T．大野 裕（訳）（1990）．認知療法——精神療法の新しい発展—— 岩崎学術出版社）

Beck, A. T., Rush, A. J., Shaw, B. F., & Emery, G.（1979）. *Cognitive therapy of depression.* New York: Guilford Press.
（ベック，A．T．・ラッシュ，A．J．・ショウー，B．F．・エメリィー．G．坂野 雄二（監訳）（1992）．うつ病の認知療法 岩崎学術出版社）

David, D., Szentagotai, A., Lupu, V., & Cosman, D.（2008）. Rational emotive behavior therapy, cognitive therapy, and medication in the treatment of major depressive disorder: A randomized clinical trial, posttreatment outcomes, and six-month follow-up. *Journal of Clinical Psychology, 64,* 728-746.

Dryden, W., & Neenan, M.（2004）. *The rational emotive behavioral approach to therapeutic change.* SAGE.

Ellis, A.（1955）. New approaches to psychotherapy techniques. *Journal of Clinical Psychology, 11,* 207-260.

Ellis, A.（1995）. Changing rational-emotive therapy（RET）to rational emotive behavior therapy（REBT）. *Journal of Rational-Emotive and Cognitive-Behavior Therapy, 13,* 85-89.

Ellis, A.（1996）. *Better, deeper, and more enduring brief therapy: The rational emotive behavior therapy approach.* New York: Brunner/Mazel.
（エリス，A. 本明 寛・野口 京子（監訳）（2000）. ブリーフ・セラピー——理性感情行動療法のアプローチ——　金子書房）

Ellis, A., & Harper, R. A.（1975）. *A new guide to rational living.* NJ: Prentice Hall.
（エリス，A.・ハーパー，R. A. 北見 芳雄（監修）國分 康孝・伊藤 順康（訳）（1981）. 論理療法——自己説得のサイコセラピイ——　川島書店）

Harris, R.（2006）. Embracing your demons: An overview of acceptance and commitment therapy. *Psychotherapy in Australia, 12*（4）, 2-8.

Hayes, S. C.（2004）. Acceptance and commitment therapy, relational frame theory, and the third wave of behavioral and cognitive therapies. *Behavior Therapy, 35*（4）, 639-665.

Hayes, S. C.（2009）. A human life is not a problem to be solved: On the outside calm; On the inside dying. *Psychological Today.* Retrieved from https://www.psychologytoday.com/us/blog/get-out-your-mind/200901/human-life-is-not-problem-be-solved（2022 年 9 月 3 日）

Hofmann, S. G., Asnaani, A., Vonk, I. J. J., Sawyer, A. T., & Fang, A.（2012）. The efficacy of cognitive behavioral therapy: A review of meta-analyses. *Cognitive Therapy and Research, 36,* 427-440.

伊藤 絵美（編著）（2013）. スキーマ療法入門——理論と事例で学ぶスキーマ療法の基礎と応用——　星和書店

Kabat-Zinn, J.（1990）. *Full catastrophe living: Using the wisdom of your body and mind to face stress, pain, and illness.* New York: Delacorte.
（カバットジン，J. 春木 豊（訳）（2007）. マインドフルネスストレス低減法　北大路書房）

Kabat-Zinn, J.（2003）. Mindfulness-based interventions in context: Past, present, and future. *Clinical Psychology: Science and Practice, 10*（2）, 144-156.

越川 房子（2010）. マインドフルネス認知療法——注目を集めている理由とその効果機序——　ブリーフサイコセラピー研究, *19,* 28-37.

熊野 宏昭（2010）. 新世代の認知行動療法入門　こころの科学　日本評論社

Linehan, M. M.（1993）. *Cognitive-behavioral treatment of borderline personality disorder.* Guilford

Press.

（リネハン，M. M. 大野 裕（監訳）（2007）．境界性パーソナリティ障害の弁証法的行動療法――DBT による BPD の治療―― 誠信書房）

日本認知・行動療法学会（編）（2019）．認知行動療法事典　丸善出版

大野 裕（2010）．認知療法・認知行動療法 治療者用マニュアルガイド　星和書店

Segal, Z. V., Williams, J. M. G., & Teasdale, J. D.（2012）. *Mindfulness-based cognitive therapy for depression: A new approach to preventing relapse*（2nd ed.）. New York: Guilford Press.

（シーガル，Z. V.・ウィリアムズ，J. M. G.・ティーズデール，J. D. 越川 房子（監訳）（2007）．マインドフルネス認知療法――うつを予防する新しいアプローチ―― 北大路書房）

Szentagotai, A., David, D., Lupu, V., & Cosman, D.（2008）. Rational emotive behavior therapy versus cognitive therapy versus pharmacotherapy in the treatment of major depressive disorder: Mechanisms of change analysis. *Psychotherapy: Theory, Research, Practice, Training, 45*（4）, 523-538.

Teasdale, J. D.（1999）. Metacognition, mindfulness and the modification of mood disorders. *Clinical Psychology and Psychotherapy, 6*（2）, 146-155.

Williams, M., Teasdale, J., Segal, Z., & Kabat-Zinn, J.（2007）. *The mindful way through depression: Freeing yourself from chronic unhappiness*. New York: Guilford Press.

（ウィリアムズ，M・ティーズデール，J・シーガル，Z・カバットジン，J. 越川 房子・黒澤 麻美（訳）（2012）．うつのためのマインドフルネス実践――慢性的な不幸感からの解放―― 星和書店）

Young, J. E., Klosko, J. S., & Weishaar, M. E.（2003）. *Schema therapy: A practitioner's guide*. New York: Guilford Press.

（ヤング，J. E.・クロスコ，J. S.・ウェイシャー，M. E. 伊藤 絵美（監訳）（2008）．スキーマ療法――パーソナリティの問題に対する統合的認知行動療法アプローチ―― 金剛出版）

第13章

Ackerman, N. W.（1958）. *The psychodynamics of family life: Diagnosis and treatment of family relationships*. Basic Books.

（アッカーマン，N. W. 小此木 啓吾・石原 潔（訳）（1965）．家族関係の理論と診断――家族生活の精神力学――（上）　岩崎学術出版社）

（アッカーマン，N. W. 小此木 啓吾・石原 潔（訳）（1970）．家族関係の病理と治療――家族生活の精神力学――（下）　岩崎学術出版社）

Bateson, G.（1972）. *Step to an ecology of mind: Collected essays in anthropology, psychiatry, evolution, and epistemology*. New York: Brockman.

（ベイトソン，G. 佐藤 良明（訳）（2000）．精神の生態学　改訂第2版　新思索社）

Bateson, G., Jackson, D. D., Haley, J., & Weakland, J. H.（1956）. Toward a theory of schizophrenia. *Bahavioral Science, 1*, 251-264.

von Bertalanffy, L.（1945）. *Zu einer allgemeinen Systemlehre. Blätter für deutsche Philosophie.* 18（3/4）Unpublished, but preserved in the Bertalanffy papers.

von Bertalanffy, L.（1968）. *General system theory.* George Braziller.
　　（ベルタランフィ, L. 長野 敬・太田 邦昌（訳）（1973）. 一般システム理論――その基礎・発展・応用―― みすず書房）

von Bertalanffy, L.（1998）. *General system theory.* New York: George Braziller.（Original work published 1969）

de Shazer, S.（1994）. *Words were originally magic.* New York: Norton.
　　（ド・シェイザー, S. 長谷川 啓三（監訳）（2000）. 解決志向の言語学――言葉はもともと魔法だった―― 法政大学出版局）

Fisch, R., & Schlanger, K.（1999）. *Brief therapy with intimidating cases: Changing the unchangeable.* San Francisco: Jossey-Bass.
　　（フィッシュ, R.・シュランガー, K. 長谷川 啓三（監訳）（2001）. 難事例のブリーフセラピー――MRI ミニマルシンキング―― 金子書房）

Fromm-Reichmann, F.（1948）. Notes on the development of treatment of schizophrenics by psychoanalytic psychotherapy. *Psychiatry, 11*, 263-273.

長谷川 啓三（1987）. 家族内パラドックス 彩古書房

長谷川 啓三（1991）. 構成主義とことば, 短期療法の関係 現代のエスプリ, *287*, 5-16.

長谷川 啓三・若島 孔文（編）（2002）. 事例で学ぶ家族療法・短期療法・物語療法 金子書房

東 豊・水谷 久康・若島 孔文・長谷川 啓三（2014）. 匠の技法に学ぶ実践・家族面接 日本評論社

Lidz, T., Cornelison, A. R., Fleck, S., & Terry, D.（1957）. The intrafamilial environment of schizophrenic patients: II. Marital schism and marital skew. *The American Journal of Psychiatry, 114*, 241-248.

Minuchin, S.（1974）. *Families and family therapy.* Cambridge, MA: Harvard University Press.

Paolino, T. J., & McCrady, B. S.（Eds.）（1978）. *Marriage and marital therapy: Psychoanalytic, behavioral, and systems theory perspectives.* New York: Bruner/Mazel.

日本家族心理学会（編）（2019）. 家族心理学ハンドブック 金子書房

佐藤 宏平（2016）. 家族心理学 東北文教大学心理学研究会（編）（2016）. 心理学のエッセンス 日本評論社）

Thoburn, J. W., & Sexton, T. L.（2016）. *Family psychology: Theory, research, and practice.* CA: Praeger.
　　（ソバーン, J. W.・セクストン, T. L. 若島 孔文・野口 修司（監訳）（2019）. 家族心理学――理論・研究・実践―― 遠見書房）

若島 孔文（編）（2004）. 脱学習のブリーフセラピー――構成主義に基づく心理療法の理論と実践―― 金子書房

若島 孔文（編著）（2007）．社会構成主義のプラグマティズム──臨床心理学の新たなる基礎
　──　金子書房

若島 孔文（2010）．家族療法プロフェッショナル・セミナー　金子書房

若島 孔文（2019）．短期療法実戦のためのヒント47──心理療法のプラグマティズム──
　遠見書房

若島 孔文・長谷川 啓三（2000）．よくわかる！短期療法ガイドブック　金剛出版

Wynne, L. C., Ryckoff, L. M., Day, J., & Hirsch, S. I.（1958）．Pseudomutuality in the family rela-
tions of schizophrenics. *Psychiatry, 21*, 205-220.

遊佐 安一郎（1984）．家族療法入門──システムズ・アプローチの理論と実際──　星和書
店

第14章

荒井 浩道（2007）．技法としてのナラティヴ──ソーシャルワークへの応用に向けて──
　駒澤社会学研究. *39*. 1-26.

浅野 智彦（2001）．自己への物語論的接近──家族療法から社会学へ──　勁草書房

Berg, I. K., & Dolan, Y.（2001）．*Tales of solutions: A collection of hope-inspiring stories.* New
York: Norton.
　（バーグ，I. K.・ドラン，Y. 長谷川 啓三（監訳）（2003）．解決の物語──希望がふく
　らむ臨床事例集──　金剛出版）

Berger, P. L., & Luckmann, T.（1966）．*The social construction of reality: A treatise in the sociology
of knowledge.* Garden City, NY: Doubleday.
　（バーガー，P. L.・ルックマン，T. 山口 節郎（訳）（1977）．日常世界の構成──アイ
　デンティティと社会の弁証法──　新曜社）

Burr, V.（1995）．*An introduction to social constructionism.* London, New York: Routledge.
　（バー，V. 田中 一彦（訳）（1997）．社会的構築主義への招待──言説分析とは何か
　──　川島書店）

de Shazer, S.（1994）．*Words were originally magic.* New York: Norton.
　（ド・シェイザー，S. 長谷川 啓三（監訳）（2000）．解決志向の言語学──言葉はもとも
　と魔法だった──　法政大学出版局）

Franklin, C., Trepper, T. S., McCollum, E. E., & Gingerich, W. J.（Eds.）．（2012）．*Solution-
focused brief therapy: A handbook of evidence-based practice.* Oxford University Press.
　（フランクリン，C.・トラッパー，T. S.・ジンジャーリッチ，W. J.・マクコラム，E.
　E.（編）長谷川 啓三・生田 倫子・日本ブリーフセラピー協会（編訳）（2013）．解決志
　向ブリーフセラピーハンドブック──エビデンスに基づく研究と実践──　金剛出版）

Gergen, K. J.（1994）．*Realities and relationships: Soundings in social constructions.* Cambridge,
MA: Harvard University Press.
　（ガーゲン，K. J. 永田 素彦・深尾 誠（訳）（2004）．社会構成主義の理論と実践──関
　係性が現実をつくる──　ナカニシヤ出版）

Gergen, K. J. (1999). *An invitation to social construction*. London: SAGE.

　　（ガーゲン，K. J. 東村 知子（訳）(2004). あなたへの社会構成主義　ナカニシヤ出版）

長谷川 啓三・若島 孔文（編）(2002). 事例で学ぶ家族療法・短期療法・物語療法　金子書房

東 豊（1997). セラピストの技法　日本評論社

McNamee, S., & Gergen, K. J. (Eds.). (1992). *Therapy as social construction*. SAGE.

　　（マクナミー，S.・ガーゲン，K. J.（編）野口 裕二・野村 直樹（訳）(1997). ナラティヴ・セラピー──社会構成主義の実践──　金剛出版）

中河 伸俊（1999). 社会問題の社会学──構築主義アプローチの新展開──　世界思想社

日本家族心理学会（編）(2019). 家族心理学ハンドブック　金子書房

Thoburn, J. W., & Sexton, T. L. (2016). *Family psychology: Theory, research, and practice*. CA: Praeger.

　　（ソバーン，J. W.・セクストン，T. L. 若島 孔文・野口 修司（監訳）(2019). 家族心理学──理論・研究・実践──　遠見書房）

上野 千鶴子（編）(2001). 構築主義とは何か　勁草書房

若島 孔文（編）(2004). 脱学習のブリーフセラピー──構成主義に基づく心理療法の理論と実践──　金子書房

若島 孔文（編著）(2007). 社会構成主義のプラグマティズム──臨床心理学の新たなる基礎──　金子書房

若島 孔文（2019). 短期療法実戦のためのヒント47──心理療法のプラグマティズム──　遠見書房

若島 孔文・長谷川 啓三（2018). 新版 よくわかる！短期療法ガイドブック　金剛出版

Watzlawick, P., Bavelas, J. B., & Jackson, D. D. (1967). *Pragmatics of human communication: A study of interactional patterns, pathologies, and paradoxes*. New York: W.W. Norton.

　　（ワツラヴィック，P.・バヴェラス，J. B.・ジャクソン，D. D. 山本 和郎・尾川 丈一（訳）(1998). 人間コミュニケーションの語用論──相互作用パターン，病理とパラドックスの研究──　二瓶社）

White, M., & Epston, D. (1990). *Narrative means to therapeutic ends*. New York: W.W.Norton.

　　（ホワイト，M.・エプストン，D. 小森 康永（訳）(1992). 物語としての家族　金剛出版）

第15章

伊豫 雅臣（2009). 不安の病　星和書店

今野 義孝（1982). 自閉症児に対する腕あげ動作コントロール訓練法の適用例　成瀬悟策（編）心理リハビリテイションの展開──精神の発達と活性化への働きかけ──（pp.41-56）心理リハビリテイション研究所

今野 義孝（2005). とけあい動作法──心と身体のつながりを求めて──　学苑社

今野 義孝・田中 久恵・大木 道子（1979). 多動児の行動変容における腕あげ動作コントロー

　　ル訓練法の効果について　教育相談研究, *18*, 29-48.

窪田 由紀（2009）. 臨床実践としてのコミュニティ・アプローチ　金剛出版

三木 善彦（1976）. 内観療法入門――日本的自己探求の世界――　創元社

森田 正馬（1928）. 神経質ノ本態及療法　吐鳳堂書店

森田 正馬（1960）. 神経質の本態と療法――精神生活の開眼――　白揚社

成瀬 悟策（1995）. 臨床動作学基礎　学苑社

成瀬 悟策（1998）. 姿勢のふしぎ――しなやかな体と心が健康をつくる――　講談社

成瀬 悟策（編）（2001）. 肢体不自由動作法　学苑社

岡堂 哲雄（編）（1998）. 貢献者の肖像と寄与　現代のエスプリ別冊　至文堂

髙橋 国法（1998）. 学級活動における臨床動作法の適用　臨床動作学研究, *4*, 10-18.

高山 博光（2006）. 内観法と仏教　駒澤大學佛教學部論集, *37*, 325-334.

豊泉 清浩（2004）. 森田療法におけるヒポコンドリー性基調と精神交互作用について　浦和
　　論叢, *33*, 155-176.

鶴 光代（2007）. 臨床動作法への招待　金剛出版

吉本 伊信（1983）. 内観への招待――愛情の再発見と自己洞察のすすめ――　朱鷺書房

人名索引

事 項 索 引

著者紹介

若島　孔文（わかしま　こうぶん） （第 1 章）

1994 年　立正大学文学部卒業

2000 年　東北大学大学院教育学研究科博士課程後期修了

現　　在　東北大学大学院教育学研究科教授　博士（教育学）

主要編著書

『震災心理社会支援ガイドブック——東日本大震災における現地基幹大学を中心にした実践から学ぶ』（共編）（金子書房，2013）

『新版　よくわかる！短期療法ガイドブック』（共著）（金剛出版，2018）

『テキスト家族心理学』（共編著）（金剛出版，2021）

佐藤　宏平（さとう　こうへい） （第 3，4，7，8，13〜15 章）

1997 年　東北大学教育学部卒業

2006 年　東北大学大学院教育学研究科博士課程後期修了

現　　在　山形大学地域教育文化学部教授　博士（教育学）

主要編著書

『事例で学ぶ　家族療法・短期療法・物語療法』（共著）（金子書房，2003）

『事例で学ぶ　生徒指導・進路指導・教育相談：小学校編　改訂版』（共編）（遠見書房，2019）

『事例で学ぶ　生徒指導・進路指導・教育相談：中学校・高等学校編　第 3 版』（共編）（遠見書房，2019）

平泉　拓（ひらいずみ　たく）　　　　　　　　　　（第 2, 5, 6, 9 〜 12 章）

2008 年　立命館アジア太平洋大学アジア太平洋学部卒業

2015 年　東北大学大学院教育学研究科総合教育科学専攻博士課程後期修了

現　在　宮城大学看護学群看護学類准教授　博士（教育学）

主 要 著 書

『いちばんよくわかる　図解臨床心理学』（分担執筆）（成美堂出版，2018）

"New ways of promoting mental well-being and cognitive functions."（分担執筆）
　　　（Laurea Publications, 2019）

『テキスト家族心理学』（分担執筆）（金剛出版，2021）

高木　源（たかぎ　げん）　　　　　　　　　　　（第 3, 5, 8, 12 章）

2015 年　東北大学教育学部卒業

2020 年　東北大学大学院教育学研究科総合教育科学専攻博士課程後期修了

現　在　東北福祉大学総合福祉学部福祉心理学科講師　博士（教育学）

主要著書・論文

「ミラクル・クエスチョンと例外探しの質問に基づくワークシートの効果の検討」（共
　　著）（心理臨床学研究，37，2019）

『テキスト家族心理学』（分担執筆）（金剛出版，2021）

「解決構築と家族構造および養育態度との関連の検討」（共著）（家族心理学研究，35，
　　2021）

ライブラリ 心理学の杜=2

臨床心理学概論

2023 年 9 月 10 日 ©   初 版 発 行

著　者	若 島 孔 文	発行者	森 平 敏 孝	
	佐 藤 宏 平	印刷者	中 澤　眞	
	平 泉　拓	製本者	小 西 惠 介	
	高 木　源			

発行所　　株式会社　サイエンス社

〒151-0051　東京都渋谷区千駄ヶ谷 1 丁目 3 番 25 号
営業 TEL　(03) 5474-8500 (代)　　振替 00170-7-2387
編集 TEL　(03) 5474-8700 (代)
FAX　　　(03) 5474-8900

組版　ケイ・アイ・エス
印刷　㈱シナノ　　　　　製本　ブックアート
《検印省略》

本書の内容を無断で複写複製することは，著作者および出
版者の権利を侵害することがありますので，その場合には
あらかじめ小社あて許諾をお求め下さい。

ISBN978-4-7819-1572-2

PRINTED IN JAPAN

サイエンス社のホームページのご案内
https://www.saiensu.co.jp
ご意見・ご要望は
jinbun@saiensu.co.jp　まで.